JN205887

瀬川至朗＝編著

ニュースは「真実」なのか

「石橋湛山記念　早稲田ジャーナリズム大賞」記念講座2019

早稲田大学出版部

はじめに

早稲田大学政治経済学術院教授
（本賞選考委員）
瀬川至朗

早稲田大学は、石橋湛山記念早稲田ジャーナリズム大賞の受賞者を中心に講師として招聘する記念講座「ジャーナリズムの現在」を開講している。本書は二〇一九年春学期に開講した記念講座の講義録である。授業は九〇分で、講義の後の二〇～三〇分は学生との質疑応答にあてられている。学生は挙手をして積極的に質問をする。質問が途絶えることはまずない。

授業後には、講義で学んだことや感想、意見、質問などを感想票（レビューシート）という形で、毎回、学生に提出してもらい、講師の方々にお送りする。講師からは学生たちにコメントが返ってくる。この双方向のやりとりは授業を実り多いものにしてくれている。今年度の感想票のなかから、それぞれ別の大賞受賞者の講義を聞いた学生の感想を二つ紹介してみよう。

「記事を作るにあたって、吟味・討議・取材を繰り返し、取材班全員が自信も持てるまでとことん事実を突き詰め、どこか他を探しても出てこないような情報を掲載することが醍醐味なのだと感じました。（中略）やはりジャーナリズムの姿として、よりファクトを追求し続けることを最優先に機能維持を目指していくべきなのではないかと思いました」（森友学園・加計学園問題の報道の講義を受けて、社会科学部二年）。

「一時間の番組を作成するのにもその裏には膨大な取材時間や、多くのファクトが存在しているのだと思いました。その中でも特に重要なファクトは隠されているというのもまた事実なんだなと思いました。視聴者が自分で選択的に情報を得ようとしている現代の中で、多面的にファクトを調べ発信するメディアや、番組が存在することに非常に意義があると私は考える」（テレビドキュメンタリーの講義を受けて、先進理工学部二年）。

二つの感想票に共通するのは「隠されたファクトを追求する重要性」である。別の学生は、「事実をつきつめ事実を伝えることの大切さ」が多くの講義で強調されたと感想票に書いている。ここで使われる「ファクト」「事実」という言葉が、「誰かが発言したことをその通りに伝える」とか「記者が見たままを報告する」といった類いではないことはお分かりいただけるだろう。表面的なものではなく、深く追求し、掘り起こした末に得られた、揺るぎないファクトといった意味合いである。たしかに講師の方々は、そのようなファクトの重要性を、繰り返し、学生に伝えてくれたように思う。ジャーナリストが考えるファクトとは、資料や当事者の発言、現場などを、多面的かつ深く丁寧に調査・取材し、その結果得られる「揺るぎない事実」のことである。

たとえば、米国のジャーナリスト、W・リップマン（一八八九―一九七四）は『世論』（上・下、掛川トミ子訳、岩波書店、一九八七年）の第二四章「ニュース、真実、そして一つの結論」で、以下のように指摘している。

「ニュースと真実とは同一物ではなく、はっきりと区別されなければならない。これが私にとってもっとも実り多いと思われる仮説である。ニュースのはたらきは一つの事件の存在を合図することである。真実のはたらきはそこに隠されている諸事実に光をあて、相互に関連づけ、人びとがそれを拠りどころとして行動できるような現実の姿を描き出すことである」（『世論（下）』二二四頁）。

ニュースと真実とは、はっきりと区別されなければならないのである。

ジャーナリズムにおける「真実」とは何だろうか。多くの先人を悩ませてきたこの問題について、リップマンは「隠された諸事実に光をあて、相互に関連づけ」て見えてくるものと説明する。また、B・コバッチらは名著『The Elements of Journalism（ジャーナリズムの原則）』のなかで、複数の目撃者や多くの情報源、多方面の意見取材などに基づく「検証（Verification）」により、対象とする問題の真実に可能な限り近づくことが、ジャーナリズムの本質だと強調している。

これらを私なりに解釈すれば、真実に近づくには、何よりも揺るぎないファクトを掘り起こすことが重要である。ただし、一つのファクトだけでは不十分である。徹底した調査取材により、そうしたファクト群を多面的、重層的に明らかにすることで、真実（現実の真相）に迫ることができる（ただし、地球温暖化のように科学の不確実性が問われる問題も少なくない。その場合は、不確実な側面を誠実に伝えることが真実に近づく道になることも指摘しておきたい）。

本書では、ジャーナリストの方々が多面的かつ徹底した調査・取材で得たファクト群について、それらにどのようにたどり着いたか、生々しい経験や手法が語られる。それぞれが「隠されている諸事実に光をあて、相互に関連づけ」る営みであり、リップマンの言う「真実のはたらき」といえるものだろう。ジャーナリストのそうした地道な営みに思いを馳せながらお読みいただけるとしたら、望外の幸せというほかない。

目次

Ⅲ　人々の現在を可視化する

Ⅰ 今につながる歴史を追い続ける

旧優生保護法を問う

毎日新聞仙台支局記者
遠藤大志

一 「優生保護法」とは何か

「不良な子孫の出生を防止する」ための法律

優生保護法とはどんな法律だったのか、まず簡単に説明します。この法律は、終戦直後の一九四八年に議員立法で作られたもので、遺伝性疾患や精神障害、知的障害などを持つ方々に対する強制的な不妊手術を認める内容となっていました。驚くべきことに、この法律は一九九六年まで存在していたのです。一九九六年に「優生保護法の一部を改正する法律」が施行され、強制不妊手術を可能にする部分だけを削除して「母体保護法」として生まれ変わり、現在に至っています。

国の統計によれば、一九四八～九六年の優生保護法施行期間中に約一万六〇〇〇人の方が強制不妊手術の対象になったとされています。もちろん同法下では、強制不妊手術だけではなく、同意のある手術も行われていました。こうしたケースも合わせれば、約二万五〇〇〇件がいわゆる不妊手術の対象になったとされています。ただ、取材をしてみると、同意という形式はとりながらも、事実上強制的だったとみられるケースもあります。

優生保護法は、「優生上の見地から不良な子孫の出生を防止する」ことを目的に制定されました。法律の根底には、生まれてくる命に優劣を付け、「優れた素質を後世に残していきましょう」という優生思想の考え方があったのです。こうした政策の下で、強制不妊手術が実施されてきたわけです。

優生保護法の成立に関しては、戦後初の女性議員として産児制限の運動などに関わった加藤シヅエ氏や、医系議員の谷口弥三郎氏、福田昌子氏などが中心となって推進し、保守・革新合意の下、全会一致で可決されたという経緯があります。実際に国会議事録を見てみますと、「悪質な遺伝を国民素質の上に残さないようにするため」など、提案理由が国会の場で実際に述べられています。

強制不妊手術の実施状況と件数の推移

国会で作られた法律を運用・推進するのは国です。具体的には国が予算を出して事業を都道府県に任せて実施する「機関委任事務」という形式をとりました。中央が決定し、地方が手足となって動くという構図です。強制不妊手術の件数は一九五五年にピークを迎えました（一三六二件）。その後、件数は下がっていくのですが、一九五七年に旧厚生省（現在の厚生労働省）は各都道府県に対して「予算消化の必要があるので手術をもっと増やせ」という通知を出し、自治体もそうした要請に応えていました。そんななか、北海道庁では、「優生手術（強制）千件突破を顧みて」という、強制不妊手術の成果を記念する冊子を作っていたようです。

強制不妊手術を受けた人のなかには、「素行が悪かった」「貧困で酒浸りの生活を送っていた」など、本来なら強制不妊手術の対象にならないはずの人たちも対象になってしまったケースもありました。

次頁の図表1は、法施行期間中における強制不妊手術件数の推移です。ピークはおよそ一九五五〜五六年頃です。手術は、八〇年代以降ほとんど行われなくなっていましたが、予算だけは一定額が常に計上されていました。実は、平成になってからも手術の実施例が数件あります。

図表2は、都道府県別の手術件数です。強制不妊手術が一番多いのは北海道で、およそ二五〇〇人以上が対象になったとされています。二番目は宮城県で、約一四〇〇人が対象になりました。強制不妊手術は都市部が少なく、地方が多いことがわかります。その理由として、地方自治体同士が競い合ったことがあげられます。また、北海道には障害者が集団で入所する大規模施設が多かったことも理由の一つとされています。

また、その背景には戦後の国内の経済事情もあります。終戦直後、旧満州など「外地」からの引き揚げ者が非常に増加しました。しかし食糧難の時代、人口が増える一方では生活ができなくなってしまいます。したがって、「どうにかして生まれてくる子どもの数を抑制しなければならない」という

図表1　強制不妊手術件数の推移

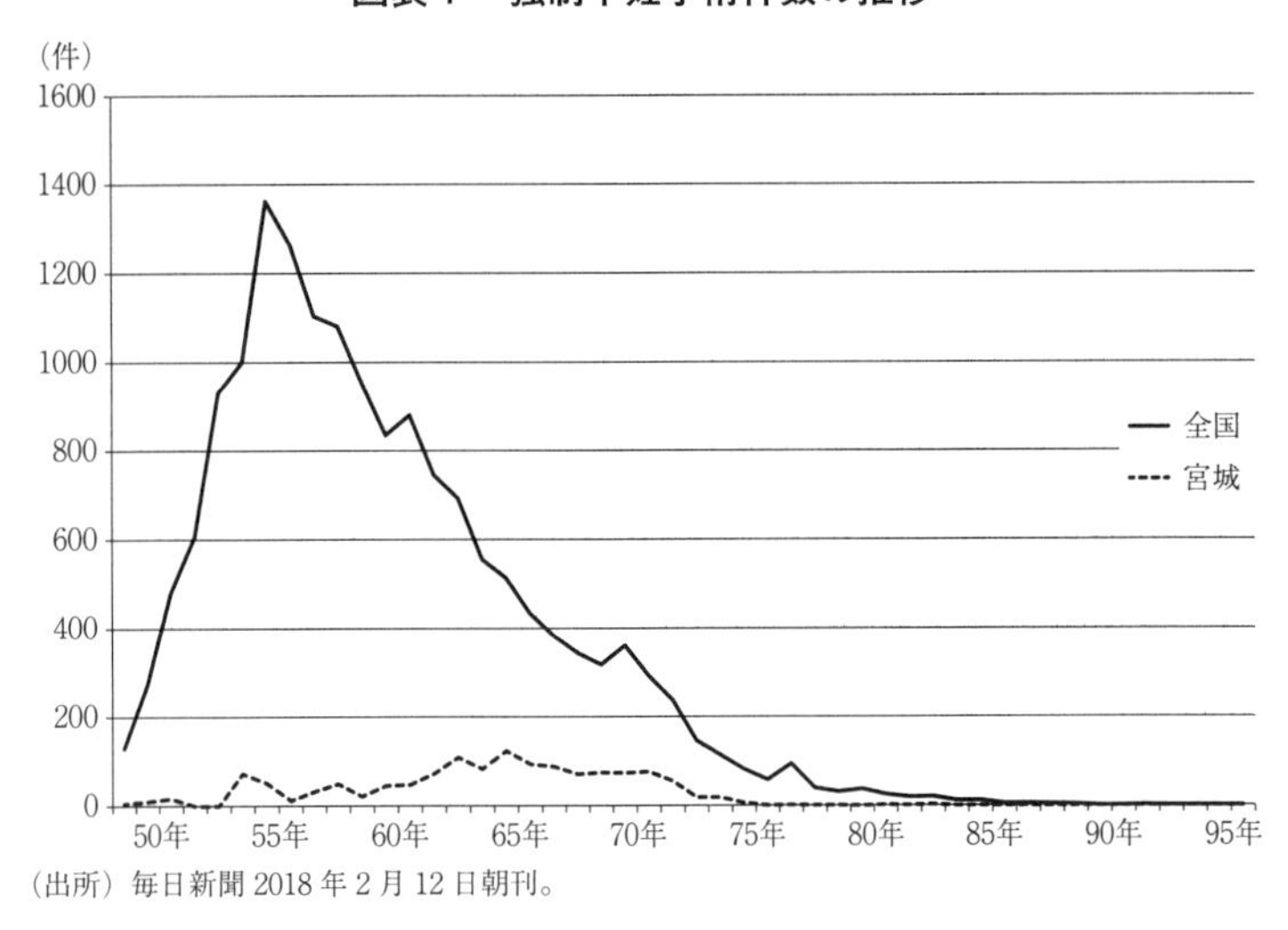

（出所）毎日新聞 2018 年 2 月 12 日朝刊。

図表2　全国の強制不妊手術件数

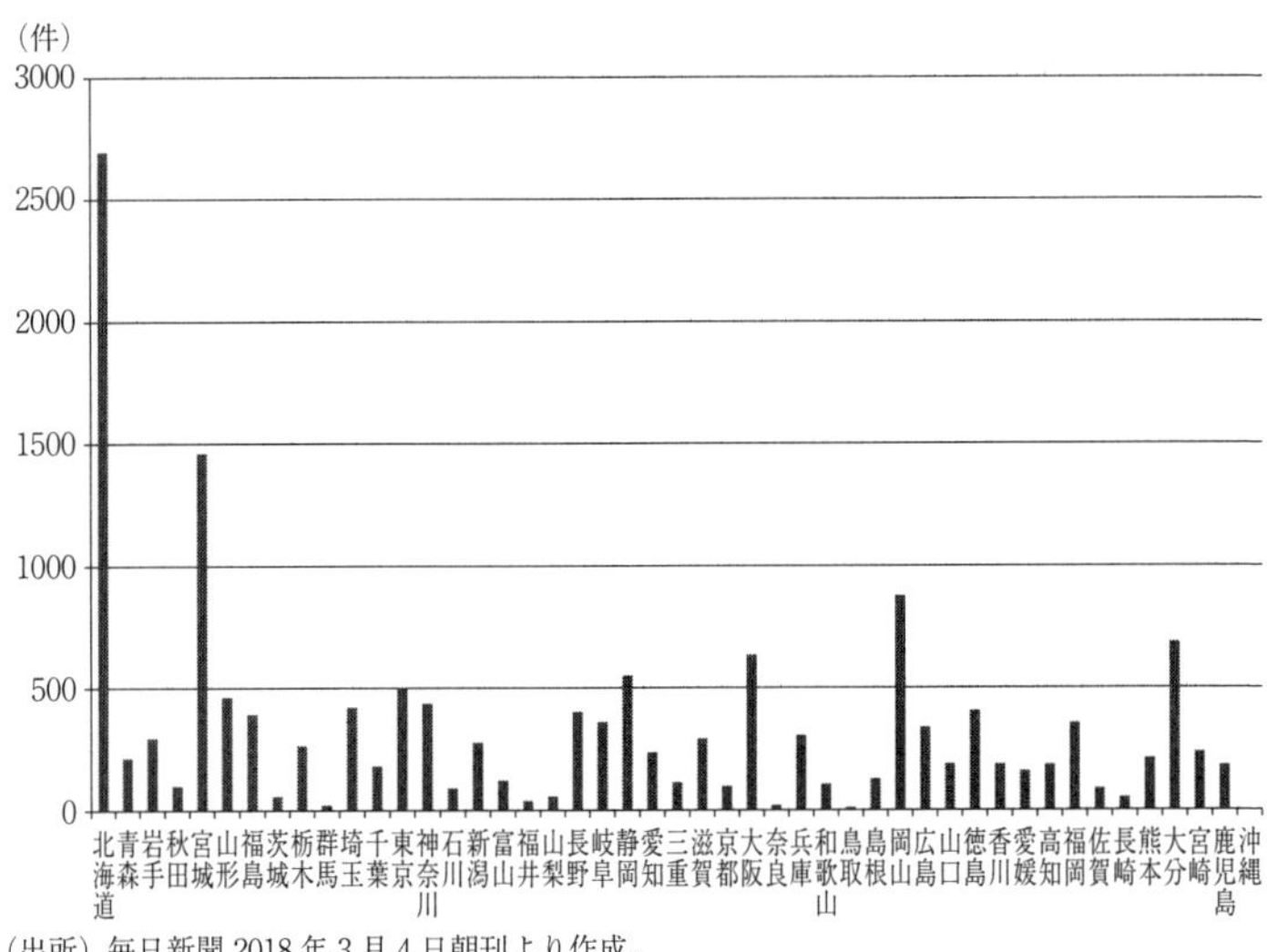

（出所）毎日新聞 2018 年 3 月 4 日朝刊より作成。

考えが出てきました。どういった子どもたちを「残す」のか。ここに「優秀な子どもたちだけが生まれてくるようにしよう」という考え方が生まれたわけです。当時、精神障害や知的障害は遺伝すると考えられてきました。「劣勢な遺伝子を将来に残さないようにしよう」。つまり、産児制限という政策と優生思想が結び付いた形で、強制不妊手術という発想が出てきたのです。

二　強制不妊手術に対する国家賠償請求訴訟

取材の発端からスクープまで

では次に、強制不妊手術の問題に対してどのようにして取材のきっかけをつかみ、一連の報道に発展していったのかを説明したいと思います。

私が前任のさいたま支局に勤務しているとき、ある取材をきっかけに非常に懇意にしてもらっていた仙台在住の方がいました。私は二〇一七年一〇月に仙台支局に赴任したので、赴任した直後にさっそくその方に着任のあいさつの電話をかけました。その際に「ユウセイの弁護団が結成される」という情報を教えてくれたわけです。しかし、当時私は、「優生保護法」の存在を全く知りませんでした。したがって、「ユウセイ」という音だけを聞いて、「郵政」を思い浮かべ、「郵政関係で雇い止めなどをめぐる弁護団が結成されるのだろうか?」などと想像してしまいました。そこで一度電話を切り、インターネットで「ユウセイ」と調べてみると、「優生保護」「優生思想」などの言葉がヒットするわけです。そこで、もう一回電話をかけて、確認したところ、どうも優生保護法に関連して、国を相手に国家賠償請求訴訟を起こすということがわかりました。

そこで、詳しく優生保護法について調べた結果、強制不妊手術を可能にしていた法律だということを知るわけです。ただ、これまでにも優生保護法に関連するニュースは報道されていたので、今回の国賠訴訟についても、周知の事実であると思い込んでいました。しかし、自社の記事データベースを見ても、それをにおわすような記事はどこにも見当たりませんでした。

そこで私は、訴訟を担当することになる弁護士たちへの取材を開始しました。そのなかで、宮城県に住む知的障害の六〇代女性が原告だということがわかったのです。のちほど詳しく説明しますが、この女性は先天的な障害を理由に手術されたのですが、取材を通して実は障害が後天性だということが明らかになりました。法律の内容自体も人権を侵害するものでしたが、運用すらずさんだったのではないかという疑念がここで浮かび上がってきたのです。

優性保護法の問題はスクープだったのか？

スクープというのは、社会に知られていないニュースを他社に先駆けて報じることをいいます。それでは、この優生保護法の問題はスクープだったのでしょうか。

もちろん優生保護法があることは知られていましたし、障害者の支援団体の方々や障害者問題に詳しい記者などは、この法律の問題点は認識していました。決してメディアで扱われてこなかったわけではありません。少ないですが、専門の研究者もいます。また宮城県には、二〇年以上も前から被害を訴えてきた飯塚淳子（仮名）さんという方がいらっしゃいました。飯塚さんは、記録がないばかりに裁判を起こすことができなかったそうです。こうした当事者の声などが、蓄積として存在していました。

したがって、私が今回の話を報じる際は「強制不妊手術を認めていた法律が存在した」ではなく、「強制不妊手術を巡り、史上初の国賠提訴へ」というスタンスで書くわけです。ただ社内では、この姿勢について議論があったと聞いています。強制不妊手術を認めた法律の存在自体は明らかでした。なので、厳密にいうと法律の存在自体はニュースではない。誰も知らなかった人権侵害の事実が存在したことと、その事実をもとに訴訟を提起することでは、どちらがニュースとして重みがあるでしょうか。前者ではないでしょうか。しかし、私にとって「史上初の国賠提訴」の背後には「平成になってもこんな法律が存在していたのか」という驚きも含まれていました。誇れることではありませんが、私を含め国民のほとんどが強制不妊の事実について、そしてこんな法律があったことについて、そもそも知らなかったのではないでしょうか。

「不妊手術初の国提訴へ」というスクープの形で記事は結実しました。

広がる疑問、明らかになる事実

一般的に、スクープ記事が新聞に載ると、大手紙をはじめとした他の主要メディアも、その日の夕刊や翌日の朝刊などで、いわゆる「追っかけ」記事を掲載します。そうすると、「大きな問題である」という共通理解が社会に形成されていきます。

スクープは一度報道して終わりではありません。強制手術について「全国での手術件数は」「いかなる意志決定の下で行われていたのか」「どのような人たちが対象になったのか」「法の運用は適正だったのか」など、さまざまな疑問が生まれてきます。

これらを調べるために、いわゆる調査報道に着手することになります。調査報道というのは、行政など当局の発表に頼らず、メディアの独自調査で事実を発掘していくという手法です。たとえば公文書の掘り起こしなども調査報道の方法の一つです。どのように行うかというと、都道府県庁の行政文書などを、情報公開請求することで入手したりします。そのほかに、今回の場合では、手術を受けた当事者や手術を推進した医師と行政関係者などに取材をすることにしました。

最初のスクープを書いた段階では、私は一人で取材を行っていました。ただ、手術は全国各地で実施されてきました。私一人で各地の文書を請求して関係者に取材することは物理的に難しかったのですが、何と地方支局の若手記者が自発的に参加してくれるようになりました。平行して北海道と宮城県を中心に、手術を受けた人たちが名乗り出るようにもなりました。若手記者も、記事を書けば新聞に大きく載るので、どんどん自発的に取材に参加するようになりました。

都道府県を対象に、手術資料がどれぐらい残っているかを問うアンケートも行いましたが、ほとんど残っていないという状況もわかりました。加えて、違法な法運用の実態も明らかになりました。先ほどの六〇代女性が遺伝性の障害でないにもかかわらず、遺伝性という病名の下で手術されたことや、実験目的でエックス線を生殖器にあてて不妊にさせるという手術方法も行われていたのではないかという疑いも出てきました。

「役所の論理」で進められた強制不妊手術

しかしどのケースを見ても、手術推進側に悪意が感じられませんでした。その背景にあるのは、「不良な子孫を防止しよう」という使命感ではなく、「予算を消化しなければならない」という、いわゆる役所の論理があるのではないかと私は思っています。先ほども述べましたが、手術件数は減っているにもかかわらず、なぜか予算だけは付いているというちぐはぐな状況から見ても、それがわかるのではないでしょうか。

宮城県では、八〇〇〇人分にものぼる手術記録が記載された「優生手術台帳」が見つかりました。ここには、手術を受けた個人の名前や生年月日、あるいは住所などの個人情報をはじめ、病名や手術日などが記されています。提訴に踏み切った六〇代女性は、この優生手術台帳に名前があったおかげで記録を見つけることができ、それで提訴ができたという経緯があります。報道機関も手術の実態を明らかにするため、手術関連資料を開示請求するのですが、行政側はあまり開示したくない情報や個人情報などを黒塗りしてわからないようにしているわけです。いわゆる「ノリ弁」といわれているものです。このように情報公開について後ろ向きな自治体もありました。

役所の論理はときに暴力的です。先ほども触れましたが、強制不妊手術に関して、一九四九年、国が京都府を通じて京都大学など研究機関に回答したレントゲン照射に関する通知を出しています。すなわち、大学が強制不妊手術する際に、「レントゲン照射をしてもいいのか」という質問を行い、それに対して京都府が国に照会した結果「学術研究のための実験であれば、法律で禁じられているレントゲン照射をしてもかまわない」と回答したため、この内容を大学側に文書で伝えていました。

三　被害者の実態

後天的な障害で手術を受けたケース──佐藤由美さんの事例

これまで強制不妊手術を巡り計二〇人が各地裁へ国賠訴訟を提訴しました（二〇一九年四月現在）。ここで提訴者の一部を紹介していきたいと思います。

一番初めに提訴したのは、宮城県の六〇代女性、佐藤由美さん（仮名）です。佐藤さんには重い知的障害があり、一五歳で強制不妊手術を受けました。しかし、家族は佐藤さんの障害が遺伝性ではないということをとずっと信じてきたようです。そこで、宮城県に障害認定の資料を開示したところ、口蓋（こうがい）裂の手術の際の麻酔で障害が残ったという記載がされていて、後天的な障害だということがわかりました。佐藤さんは、自分が手術を受けた事実を知らないできました。それなのになぜ、提訴することができたのでしょうか。

大きな役割を果たしたのは佐藤さんの義理のお姉さんでした。お姉さんが、四〇年前に由美さんの家に嫁いできました。そのときに、義理の母親から、ある日呼び出されて、佐藤さんが不妊手術を受けたという事実を聞いたそうです。詳しい話は聞けませんでしたが、母親の悔しそうな表情が忘れられなかったと述懐されていました。その後、二〇年前から被害を訴え続けてきた飯塚淳子さんの話を知り、「もしや自分の義理の妹が受けていたのはこの手術なのではないか」と思い、弁護団に相談しました。そして、情報公開請求によって当時の記録が見つかり、佐藤さんが受けたのは強制不妊手術だったという事実が判明しました。

佐藤さんは日常会話程度なら話せますが、難しい話はできません。しかし、手術のことを聞くと、「おなかが痛い」というのです。実際に、強制避妊手術のあとに、卵巣嚢腫（のうしゅ）を患っており、手術の影響ではないかといわれています。手術の跡も縦に一三～一四センチのすごくギザギザな傷が残りました。お姉さんは「家畜じゃないのに何でこんなひどい扱いを受けなければならないのか」と、非常に憤っていました。

貧困が原因で手術を受けたケース――飯塚淳子さんの事例

次は、宮城県に住んでいる七〇代女性、飯塚淳子さんのケースです。飯塚さんは障害者ではなく、貧困が原因で強制避妊手術を受けさせられました

飯塚さんは貧困が原因でまともに教育を受けられなかった結果、宮城県が行っていた知能検査で低

い数値を出してしまい、一五歳で仙台市の障害者施設に入所。そして一六歳のときにその施設を出所後、仙台市内で強制不妊手術を受けることになりました。

飯塚さんは、優生保護法が母体保護法に改定された翌年の一九九七年から支援団体と一緒に国への補償交渉に臨んだり、マスコミに出たりと、さまざまな活動を展開してきました。彼女の場合、知能検査資料などの周辺資料は残っていて、そこに「優生手術の必要がある」などの記述が確認できました。しかし、肝心の手術記録が残っていないのです。ただ、手術の傷は残っています。手術を受けた記憶も鮮明です。手術後にもその後遺症から子宮の病を患ったり、子どもができないことを理由に離婚したりと、辛い思いをしてきました。

素行の悪さから手術を受けたケース——北三郎さんの事例

東京都の北三郎さんは、もともと宮城県仙台市の出身です。彼は中学校時代、素行が悪く、教護院に保護され、そのときに手術をされました。施設内の仲間も一緒に手術を受けたと証言しています。北さんは六〇年ほど前から、自分が受けた手術が不妊手術だということは知っていました。なぜ知っていたのかというと、施設のなかで「これは子どもを産めないようにする手術だ」といううわさを施設の仲間から聞かされていたからです。

彼はその後お見合い結婚するのですが、奥さんにはずっと手術されたことを隠してきました。そして、奥さんが白血病で亡くなる直前の二〇一五年に、自分が不妊手術を受けたことを打ち明けるわけです。しかし、奥さんはそのことに対しては何もいわず、「ちゃんとご飯を食べてね」といって、そのまま息を引き取ったそうです。二〇一八年一月に前述の佐藤由美さんが初めて国賠訴訟を提訴しましたが、そのニュースをきっかけに不妊手術は国家による政策だったということを知って、自分も名乗りを上げて闘う決心をしました。最初は報道でも顔を出していなかったのですが、途中から「自分も顔を見せて闘う」と決意しました。

非行が原因で手術を受けたケース——小島喜久夫さんの事例

札幌市に住んでいる小島喜久夫さんは実名と顔を出して被害を訴えています。一〇代後半のときに非行が原因で精神病院に強制入院をさせられました。そこで電気ショックなどの虐待を受け、その後に強制不妊手術をされました。結局、その精神病院を逃げ出し、いろいろな職を転々として結婚をするわけですが、小島さんも奥さんには不妊手術の事実を隠してきました。しかし、一連の報道をきっかけに社会に訴え出る決心をしたといいます。

四　なぜ優生保護法は平成時代まで続いたのか

議論の俎上は「経済的理由による中絶」と「胎児条項の新設」のみ

このような当事者のエピソードから、われわれ取材班が強く感じたことは、そもそも、なぜこのような法律が平成の時代にまで続いていたのかということです。

実はこの優生保護法の問題というのは、国会で何回か議論になっています。ただそれは、強制不妊手術に関する議論ではなく、中絶を可能とする条文をめぐる議論でした。優生保護法は当初、産児制限という目的のために作られましたが、その後中絶の増加が問題視され、七〇年代になると、経済的理由による中絶の削除を国が提案してきました。しかしそれに対して、女性団体が「産む・産まないというのは女性の自由だ」ということでこれに反対し、廃案となりました。

また、国は中絶における「胎児条項」の新設も提案してきました。これは、羊水検査などで胎児に障害があると判明したら中絶してもよい、ということを定めた条項です。この法案に対しては、脳性まひの障害者で作る「青い芝の会」をはじめとした障害者団体が猛烈に反対し、廃案になっています。

ただ、こうした動きにかき消されるかのように、強制不妊手術の問題は見過ごされてきました。女性運動家の米津知子さんは、ご自身がまひを持つ当事者として障害者運動にも関わってきました。現在も、「強制不妊手術に対する謝罪を求める会」の中心メンバーとして活動しています。彼女は「中絶における経済的理由の排除と胎児条項の新設に議論が集中し、強制不妊手術についてはほとんど可視化されてはいなかった」と振り返っています。

声を上げられなかった強制不妊手術の対象者

もう一つ重要なことは、優生保護法の本質的な問題だと思いますが、強制不妊手術の対象になった方々は、自分でものをいうことのできない知的障害者や、教育を十分に受けられなかった人、貧困のなかにいる人々だったということです。こうした方々にとって、自らの被害を自らの言葉で語るのはとても困難なことです。前述の佐藤由美さんも、家族の手により強制不妊手術の事実が判明したのは、手術の四〇年後です。

このように、声を上げることが難しい人たちが手術対象だったという優生保護法の本質こそが、平成まで顧みられることなく続いてきた一番の大きな原因なのではないかと思っています。

五　裁判の争点と今後の課題

初の違憲判決

二〇一九年五月に仙台訴訟の判決があり、中島基至裁判長は法律が憲法違反だったものの、原告の請求は棄却するとの判決を下しました。さまざまな意見はありますが、司法が旧法の違憲性を判断したのは画期的です。

原告と被告・国の主張を整理します。原告側は、憲法一三条が保障する幸福追求権から導かれる「子を産み育てるかどうかを自己決定する権利（リプロダクティブ権）」が侵害されたと主張しました。これを前提に、手術自体の違法性と、法廃止後も救済措置を怠った国と国会の「立法不作為」を追及しました。不作為とは一九九六年に法律が廃止されて二二年も経つのに、国は当事者救済の必要性を理

写真１　仙台地裁へ入廷する弁護団

（出所）著者撮影。

解していたにもかかわらず、何ら保障などの対策を講じてこなかったということです。

一方、国は法律の違憲性について「主要争点ではない」として認否を回避し続けました。その上で、手術自体の違法性については不法行為（手術時）から二〇年を経過すると損害賠償請求権が消滅する「除斥期間」を持ち出し「時間切れ」を主張しました。立法不作為については、国の賠償責任を定めた「国家賠償法」がすでに存在しており、救済法の策定は義務ではないと繰り返しました。

さて、裁判所の判断です。中島裁判長は法律は憲法一三条が保障する「リプロダクティブ権（性と生殖に関する権利）」を侵害していたと明言しました。ちなみに、学説などで言及されていたリプロダクティブ権が司法で認められたのは、わが国では史上初のケースです。ところが、手術の違法性については「除斥期間が認められる」と判断し、立法不作為についても、救済法の必要性は認めながらも「リプロダクティブ権をめぐる法的議論の蓄積が少なく、関連する司法判断が今までなかったことから、（救済立法の）必要性が明白だったということは困難」として、国と国会の責任を免責しました。法律は違憲だったが、それを認識し被害者を救済するのは当時の見識では困難だった、とする判断です。しかし、この判決内容には異論が少なくありません。たとえば、国会は一九九六年の旧法改定時にリプロダクティブ権に基づく政策展開を求める決議を採択した事実などから、「国も国会も旧法の違憲性について認識できた」とする意見もあります。

新里宏二弁護団長は救済立法の必要性を認めながらも、明白ではなかったとする今回の判断を「八合目判決」と表現しました。原告側はあと二合目を登り切るため、仙台高裁に控訴しました。今後も除斥期間の適用と立法不作為が争点となりそうです。

私たちに課せられた課題

判決に先立つ二〇一九年四月、被害者に一律三二〇万円を支給する救済法が成立しました。現在、国が設置した認定審査会を経た一時金支給がスタートしています。ハンセン病やB型肝炎など他の国賠訴訟と異なり、今回は司法判断に先んじて救済法が成立するという、順序が逆転したケースとなりました。救済法の内容自体が当事者たちの訴えを反映する内容でないため、「不十分」との声があります。具体的には法律のなかで謝罪の主体が「国」ではなく「我々」と表記され、責任の主体があいまいだったり、裁判での請求額と一時金の額があまりに乖離していると批判されています。

もう一つの問題は、一応は当事者救済の制度はできたのですが、はたして被害者が声を上げられるのかどうかということです。救済法は個別の手術被害者への被害通知は盛り込んでいません。したがって、手術記録が残っている人についても、家族らの助けがなければ被害者は自分で名乗り出なければならない仕組みなのです。

今でも社会のなかで優生思想はさまざまなかたちで生きています。二〇一六年には、知的障害者施設「津久井やまゆり園」で、元職員が一九名もの入所者を殺害した相模原障害者施設殺傷事件が発生しました。また、最近では新型出生前診断（ＮＩＰＴ）の是非がさかんに議論されています。検査で自分の子どもに障害があるとわかったらどうしますか？　多くの人は「産む」とは簡単に答えられないはずです。丈夫で障害のない子どもの出生を望むのは悪なのでしょうか。線引きはとても難しいのです。「内なる優生思想」といわれますが、われわれはきれいさっぱり完全に克服しなければならないのか、それとも「原罪」のようなものとして今後も背負っていかなければいけないのか。答えは難しいですが、考え続ける価値はあると思います。

最後に、強制不妊の問題について、これまでメディアは何をやっていたのかということについて述べたいと思います。優生保護法は国会、行政、司法、つまり「三権」が絡んで推進されてきた経緯があります。当然ですが、三権を監視すべきメディアは何をやっていたのかという疑問も出てきます。

少なくとも、法施行後に毎日新聞は強制不妊の問題について、ほとんど報じてきませんでした。毎日新聞の記事データベースによると、「優生保護法」という名が最初に登場するのは一九四八年六月二三日付朝刊。「きょうの国会」というその日議論される法案を紹介する欄に短く記載されているだけです。それ以降、旧法を巡る報道については「中絶」に焦点化されていきました。七〇年代に中絶の許可要件から「経済的理由」を削除することと、胎児の障害を理由に中絶を認める「胎児条項」を新設することの是非が話題の中心で、強制不妊手術についてはほとんど触れられていません。一九九七年にはスウェーデンなど北欧諸国で強制不妊手術が行われてきた実態が地元紙の報道で明らかとなり、毎日新聞もその内容を報じましたが、日本における手術の実態についてはほとんど記載がありませんでした。

強制不妊手術ではないにしろ、五〇年代の記事には「精神異常者が凶悪犯罪を引き起こす」など差別を助長するような記載もありました。「メディアは自己批判しないのか」。取材するなかで、関係者から突きつけられた言葉です。厳しい指摘です。個人的には総括や反省が必要だと思うのですが、限界も感じています。つまり、批判される側が自らを批判できるのかと。ましてや強制不妊手術の問題を取材しているのに、一方で身内を批判するということが可能なのか、という迷いや葛藤があります。

それは「反省」というべきでしょうか、それとも「検証」というべきなのでしょうか。旧優生保護法の問題を巡っては、新興のインターネットメディアが旧メディアの責任を舌鋒鋭く批判しています。そうした指摘には素直に襟を正さなければいけないと思っています。アカデミズムにも期待しています。「今と昔では人権感覚が異なっていた」と片付けるのは簡単ですが、少なくとも旧法が廃止される一九九六年の段階で、なぜ報道を通じて社会に問題提起ができなかったのか、という問いに答えることはできません。この問題を考えることは、ニュースの報じ方を含め、今後のメディアのあり方を考える際、大きな示唆に富むものと考えています。

さらにいえば、大学生の皆さんにも問いかけてみたいのです。この問題を克服するためにメディアに必要なものは何かということを、逆に皆さんにも考えてもらいたい。キャンペーン報道「旧優生保護法を問う」に携わった多くの記者は、平成時代に基礎教育を受けた比較的若い世代です。インターネット世代でもある彼ら彼女らの多くは、自らの属する旧メディアのあり方にとても批判的です。ネット上などで「マスゴミ」などと呼ばれて久しいですが、「ゴミ」と投げ捨てず報道の限界を批判的にかつ前向きに議論することはとても建設的だと思うのです。キャンペーン報道の本旨とはだいぶ離れましたが、個人的にはそんなことを考えています。

❖講義を終えて　メディアの役割とは

日本における強制不妊手術は戦前ではなく、「戦後」の問題だ。優生保護法の前身、戦前の国民優生法は「産めよ増やせよ」の家族的国家観の下、公式には強制不妊手術は実施されてこなかった経緯がある。平成期の終わりになって、ようやく昭和期の暗い歴史にスポットライトが当たった格好だ。

しかし、なぜ今になって、優生保護法の問題がクローズアップされたのか。以前から旧法の問題点を指摘してきた立命館大学の松原洋子教授は、毎日新聞のインタビューに理由の一つを「人権意識に敏感な世代が記者の一線にたち始めた結果だ」と答えた。「一九九六年に法律が母体保護法に改定された際、なぜ集中的に報道できなかったのかという批判もある。しかし、当時の状況では難しかった。日本が国連の障害者権利条約を批准したのは二〇一四年。社会にノーマライゼーションの思想が徹底してきたのは実は最近のことなのだ」と付け加えている。キャンペーン報道「旧優生保護法を問う」取材班は私をはじめ小中高を平成期に過ごした若手記者が中心だった。人権意識に敏感な若い世代だったからこそ、法律そのものを問うだけの爆発力があったのではないか。強制不妊を推進した関係者の多くはすでに死亡しているか高齢で、今取材しなければ闇に埋もれてしまう。そんな危惧があった。

「調査報道」とはいえ、今回の一連の報道でやってきたことは、何ら特別なことではなかった。たとえば、各自治体への情報公開請求も、担当課に問い合わせ、どんな資料が保存されているのかあらかじめ聞いた上で、希望する資料の概要を書類に記入し提出するだけだ。もしくは「旧優生保護法に関わる資料のいっさい」と表記すればいい。手術の被害者は担当する弁護士と信頼関係を築き、紹介してもらうことで接触できた。申請に関わった医師や施設関係者らは開示された資料に実名が書いている場合もあれば、すでに論文や著作、ジャーナルなどで証言している場合もある。そうしたノウハウは、新聞社の支局で身に付ける基本的な取材手法だ。

多数の犠牲者が出るなど社会的に注目を集める事件の報道となると、現在では被害者の実名報道の是非を巡り、必ずといっていいほど議論が巻き起こる。手術被害者の取材でも、少なくない当事者が匿名を希望し顔を出すことを望まなかった。だが、報道を続けるうちに、北三郎さんや小島喜久夫さんのように「顔を出して被害の実相を伝えたい」と訴える当事者も現れた。マスメディアが主にネット上で「マスゴミ」などと呼ばれるようになって久しい。ネットに親和性のある若い記者は、実はこうしたネット上の反応にとても敏感だ。「優生」の名の下に、手術を強制された人たちはその存在を国家によって否定されたに等しい。被害者は社会からの差別や偏見を恐れ、沈黙してきた。これが廃止後も続く法律の暴力性だ。だが、今回の報道を通じて、そうした壁を打ち破り、被害者の叫びを社会に届けることができたのだとしたら幸いなことだ。

今回のキャンペーン報道で、毎日新聞は二〇一八年一〇月、日本新聞協会賞を受賞した。受賞理由は「負の歴史を検証し、被害者・家族の悲しみや医師の悔恨などを多角的に報じた一連の報道は、救済制度実現の動きにつなげた」。毎日新聞だけでなく、多くのメディアが強制不妊の問題について報道・検証し、社会的議論を巻き起こした。間違いなく、メディアが被害者救済に大きな役割を果たしたのだ。メディアは社会を変える「プレーヤー」にもなりうると、今ではそう考えている。

先人に学ぶ草の根民主主義とジャーナリズム活動

信越放送記者
湯本和寛

一 「正当性」の先に見えるもの――ジャーナリズム志望の動機

私は、大学時代に国際関係を専攻していましたが、自由主義の国も独裁国家も、みんな自らの正当性を主張していることに気づき、「なぜ人々は自分たちの集団やリーダー、あるいは既存のルールや制度の正当性を信じるようになるのか」ということに関心を持つようになりました。「社会の安定―変動」「戦争―平和」の原理はその先にあると考えたからです。

在学中はアメリカに短期留学をして、主に社会心理学や認知心理学の基礎を学びながら、自分なりの考えを構築していきました。正当性という概念はさまざまな分野を横断するもので、たとえば政治学や社会学とも大いに関わりがあります。また現代社会においては、正当性が構築されるプロセスに、マス・コミュニケーションが大きくかかわっています。そこで大学院の修士課程に進学し、政治社会学やマス・コミュニケーション論について二年間学びました。

学者の道も模索しましたが、自分のこれまで培ったことが多く活かせる職業を考えたときに、地元、長野県の信越放送の試験を受け、採用されました。入社後は放送記者や番組ディレクターとしてニュースや番組制作をしてきました。

今回、ジャーナリズム大賞で表彰されたのは、SBCスペシャルで放送された『消えた村のしんぶん――滋野村青年団と特高警察』という番組です。舞台は長野県の旧滋野村という農村で、そこで発行されていた自治的な新聞が、特高警察によって廃刊に追い込まれるまでを追った番組です。

本稿では、私のジャーナリストとしてのバックグラウンドを踏まえながら、前半で、今回受賞した番組を取り上げ、青年たちの活動の意義や言論弾圧がもたらした結果について考えてみたいと思います。そして後半では、テレビの歴史ドキュメンタリーを作るための実践的なプロセスを示しながら、私のジャーナリストとしてのスタンスやメディアの役割・課題について、考え方を示していきたいと思います。

二　『滋野時報』はなぜ潰されたのか？
――ドキュメンタリー番組『消えた村のしんぶん』をたどる

『滋野時報』とは何か？

番組で取り上げた『滋野時報』は、一九二七（昭和二）年に創刊された新聞です。当時の日本には、主に二〇代前半の青年が加入する「青年団」というものがあり、この団体が社会的な活動を行っていました。滋野村の周辺の地域では、三三あった町村すべてで、青年団によって新聞が発行されていましたが、全国的に見てもこうした状況は非常に珍しいケースでした。その背景には、この地域の養蚕業、製糸業の隆盛があったといえます。

さて、これらの新聞の特徴は、いろいろな人の意見を紹介することで、紙面上でさまざまな議論を闘わせていた点です。新聞の発行にかかる経費は村の出資でしたが、村政への批判も自由に行えました。

批判というのは民主主義の根幹を支える非常に重要な行為です。今は国政でも権力者の側が、批判に対して圧力を加える場面が散見されますが、そうした状況を見ると、当時の農村の方が、よほど見識が高かったのではないかと感じます。

また、新聞には事実を伝えるという機能がありますが、最近では多様な意見を闘わせる場としての「フォーラム機能」というものに注目が集まっています。『滋野時報』は投稿の比重が高かったので、今に先駆けて「フォーラム機能」を実践していたともいえるでしょう。

『滋野時報』の創刊号は残念ながら残っていませんが、翌月の号には次のような言葉が書かれていました。

「よらしむべし知らしむべからずという言葉は過去だ遺物だ、顧みるいとまもないのだ。一歩調で進む時だ。我ら昭和の民はよろしく村政に携わって今まで為政者の為の感の有った政治を捨てて、絶対的の村民のための為政であらしむべく村当局、否、大きくは国政までも注視すべきだ」[1]。

当時の時代状況

当時は大正デモクラシーと呼ばれる時代で、政治的な自由の拡大を実現すると同時に、前近代から近代への移行の時代でもありました。つまり古い慣習やしがらみを断ち切り、理不尽な制度を改革するターニングポイントであったわけです。

一方で中央集権化が進み、国家というものが意識されるようになり、産業の分業化や地域の都市化が一気に進むようになりました。ちょうど、活発な言論活動を行っていた石橋湛山が、「急進的自由主義者」などと呼ばれていた時代です。

長野県では生糸を作る養蚕業が非常に盛んで、海外輸出のための生産の多くを担っていました。とくに信越線の開業後は、長野県で生産された生糸の多くが、鉄道で横浜まで運ばれ、そこから海外へと輸出されていきました。海外情勢が地元経済に直結していたことから、それを知らせるための新聞ができ始め、そこから欧米の思想や哲学も流入する素地が生まれたわけです。

青年たちの知的好奇心の源泉

『滋野時報』の先駆けとなったのが、『青木時報』という新聞です。『滋野時報』より六年早い一九二一（大正一〇）年に創刊されましたが、その創刊号では二六歳の栗林農夫が次のような言葉を記しています。「吾々は自己の生活をよりよくするために、先づ最も近い社会生活の団体としての村を愛さねばならない、理解せねばならない、理解するためには知ることである。理解せしめるには知らせる事である。茲に吾々青年会が青木時報を発行するのは、その仲介機関たらんためである[2]」。

「知る権利」というのは、戦後に生まれてきた概念であり、この時代にはまだその萌芽もありません。しかしそんな時代に、農村地域でここまでの高い見識が培われていたことは驚きです。

また、当時の青年たちは小学校を卒業して、ほとんどの人が進学をせずに働いていました。そうしたなかで、次のような投稿もありました。

「独学は果たして時代遅れか、否、々、独学は一歩も退行しない。俺は小学校卒業だけでは不満で不満で歯ぎしりばかりしたものだ。しかしどうしても家政が許さなんだ俺は　考えた挙句悟り得た。『成功と否とは自己の意思たった一つ』と。教育の最たるは己れ自らに与えるものなのだ[3]」。

とにかく、当時は「村をよくしたい」「社会をよくしたい」という強い思いを持ち、独学で学んでいた人が大勢いたわけです。

詳しく調べてみると、春から夏にかけては農業に勤しみ、秋から冬は皆でお金を出し合って、東京や大阪、京都などから大学教授などを招き、寺に泊まりながら勉強合宿を開いていた事実がわかりました。なかには、京都帝国大学の哲学者である西田幾多郎などが呼ばれたケースもありました。

『滋野時報』も、一部の青年が学んだことを、さらに大勢の人に伝える教育的な役割を果たしました。紙面で喧々諤々の議論を行うことで、おのずと読者の社会的関心が高まったわけです。

当局による取り締まり

こうした自由な活動も、それをよしとしない立場の人々とのせめぎ合いのなかにありました。『滋野時報』創刊の直前にあたる一九二五（大正一四）年に、二五歳以上の男子に選挙権を与える「普通選挙法」が成立しましたが、これと同時に作られたのが、「治安維持法」でした。治安維持法の目的は「国体の変革」「私有財産の廃止」を狙った結社の禁止です。特別高等警察（特高警察）がその役割を担いました。主な対象となったのは、共産主義運動や労働運動です。しかしその後、治安維持法の対象は、自由主義者にも拡大していくことになります。

どうやって新聞がつぶされていったのかを調べていくと、大妻女子大学の里見脩教授が、その経緯をまとめていることがわかりました。[4]しかもその研究に使われた重要な資料が、「長野県社会運動史」という長野県の特高警察のもので、東京大学に所蔵されていることがわかりました。[5]実際に行って閲覧すると、『滋野時報』に対する取り締まりの記述も見つかり、「これは番組化できそうだ」と実感しました。

特高警察の資料には『滋野時報』について「村自治機関紙なるも思想容疑記事多し」と書かれており、『滋野時報』の国策への激しい反発がここからも読み取れます。そして満州事変（一九三一年）な

図表1　ドキュメンタリー『消えた村のしんぶん』制作の意義

【新たな発見・再発見】
①大正デモクラシーの影響を受けた時代の、農村の青年たちの民主的な活動実態を伝えた（政治家や言論人ではない一般の人たち）。
②崇高な精神を持つ、地方のジャーナリズム活動の先駆けを見つけた。
③戦争に突き進む中で、全国規模で展開された言論弾圧（新聞統合等）の（地方での）実態や過程を明らかにした。

【史料の発掘】
④『滋野時報』という農村研究の貴重な史料を掘り起こし再評価した。
⑤言論弾圧を進めた特高警察の史料を掘り起こし、その手法を伝えた。

【功利的な意義】
⑥現在にも通じる歴史的教訓を提示した。

どが起きたこの頃から、発禁処分が相次いでいきます。

また一九三三（昭和二八）年二月四日、長野県では教員をはじめとした六〇〇人以上が治安維持法違反で検挙されるという二・四事件が起きました。これを契機に国策に応じる傾向が強まり、満州に子どもたちを送り出す「満蒙開拓青少年義勇軍」の活動が活発化していきました。満州への移民政策が活発だった長野県は、全国でも最多の三万人もの犠牲者を出すことになってしまいました（全国では二七万人）。

戦争の深化と『滋野時報』の廃刊

その後日中戦争が始まると、さらに大勢の人が戦場へ駆り出されて亡くなっていきます。そうした状況になると、今までは戦争への反対の論陣を張ってきた『滋野時報』であっても、今度は「敵」を憎むようになります。戦争が始まるまでは、日本にはアジアからの留学生も大勢訪れており、国際交流が盛んでした。しかし、戦争が進むにつれて、子どもたちも敵国を憎むような恐ろしい作文を投稿するまでになっていました。こうした感情が、世界各地で泥沼の紛争をもたらしていくわけです。

さて、日中戦争勃発の翌年である一九三八（昭和一三）年から、言論の自由の統制を目的とした新聞統合が始まりました。そして一九四〇（昭和一五）年八月には、ついに『滋野時報』も廃刊を余儀なくされることとなり、村出身の兵士の行き先や死亡情報すら、知る術を持たなくなってしまうわけです。

三　歴史ドキュメンタリーの制作過程——その実践と考え方

「ジャーナリストも歴史家である」

本節では、番組制作の実践と、その背景となる考え方について述べていきたいと思います。

まず今回の番組のカテゴリーは、「歴史ドキュメンタリー」です。歴史を学ぶということは、そこから現在の指針となる教訓を得ることが一つの大きな目的となります。

私が手掛けた歴史ドキュメンタリーには、『ボルネオ島　死の行軍——戦後七〇年〝忘れられた悲劇〟』（二〇一五年）という番組があります。東南アジアのボルネオ島で起きた「サンダカン死の行進」という歴史的事実をテーマに作りました。

私はこの番組を制作するときに、被害者であるオーストラリア兵のご子息を取材しました。大学教授でもある彼は、日本側の関係者を訪ねて、聞き取りもしながら、父親のたどった歴史の検証を続けていました。私は、この彼とメールのやり取りを何十回も行いました。

あるとき私は彼に、「淡々と歴史を語るだけでも、今生きている誰かを傷つけてしまう難しさも感じる」というメールをしました。すると彼からの返信のなかに「We must as historians pursue the truth（われわれは歴史家として真実を追い求めなければならない）」という言葉がありました。このとき私は、番組制作者（ジャーナリスト）も「歴史家」なのだと強く自覚させられたのです。

ジャーナリズム活動と歴史学は「いま」「ここ」にない事実を伝えるという点では、そのスパンの差こそあれ共通しています。「ジャーナリズムは歴史の第一稿である」という有名な言葉もそれを示唆しています。

歴史とは「客観的・中立的な事実」なのか？

では、そもそも歴史とはどのようなものなのでしょうか。イギリスの歴史学者であるE・H・カーは、「歴史とは歴史家と事実との間の相互作用の不断の過程であり、現在と過去との間の尽きることを知らぬ対話なのである」と述べています[6]。またフランスの社会学者であるM・アルヴァックスは『集合的記憶』という本のなかで、「準拠する集団や社会に共有されている記憶」だと論じました[7]。

それらに従って考えてみると、歴史は、時代ごとに解釈を繰り返すことで、拠って立つ視点も変わっていくものだということができます。つまり、メディアが歴史を伝えるということは、特定の世界観が生産され、再生産されるプロセスでもあるのです。

過去の出来事を語るとき、私たちは非常に多くの情報のなかから、特徴的なことを取り出して相手に説明します。たとえば、冒頭の自己紹介は、読者を想定した上で、本稿のテーマに関係のありそうなストーリーを現在の視点から振り返りました。私の学生時代の生活や関心は、実際はもっと多様であったわけですが、情報を取捨選択し、それを編集して伝えたのです。したがって、何かを伝える際に、「公正中立」であるということは厳密な意味ではありえません。同じように、自分が重要だと感じ、伝えたいと思う事実のエッセンスを抜き出して、物語にするのがドキュメンタリーなのです。ドキュメンタリーは、作り手が置かれた状況や経験の違い、着眼点などによって変わってくるわけです。今回の番組に関しても、制作の目的、そして早稲田ジャーナリズム大賞を受賞した意味は、今の時代背景に拘束されているともいえます。

一次史料の重要性と注意点

では異なる歴史観が独善に陥ることなく、説得力を持つためにはどうしたらよいのでしょうか。

そのためには、裏の取れている証言やデータなどの一次史料が不可欠です。特に生の証言は非常に重要です。年を追うごとに証言者は減ってきていますので、今聞いておかなければわからなくなってしまうことは数多くあります。何十年もの沈黙を破る関係者の証言で、事実が明らかになることもありますし、それを引き出すのもジャーナリストの力量です。また、日記や公文書をはじめとする文献資料にも大きな意味があります。

一方で、こうした史料そのものの妥当性を吟味する「史料批判」という考え方があります。人は自分にとって不都合なことは、なかなか語りません。史料が本物かどうかに始まり、史料を残した人の先入観や内容の美化、利害の反映などにも注意が必要です。したがって、複数の史料を突き合わせることも大切です。今回の番組制作では、弾圧した側とされた側という相反する視点の史料が残っていたことの意味は大きく、それを比較することによって時代の様子を読み取ることができました。

物語化の必然性

ドキュメンタリーは必ず物語性を帯びるということも、自覚しておく必要があります。つまり、一つひとつの事実をつなぎ合わせて、何かを語ろうとすれば、そこに時間の流れや因果関係が生まれ、物語としての要素が生じるということです。法政大学の津田正太郎教授は「ジャーナリストは、社会で共有されている『集合的記憶』や『神話』に大きく影響されながら、そうした神話を再生産するような形で物語の選択を行う傾向がある」と指摘しています(8)。このとき、情報を受け取る人が理解しやすい「ヒーロー」「悪役」といった既存のカテゴリーにあてはめて、複雑な物事を単純化してしまう側面があるといいます。陳腐な型にはまっていないか、常に自省することが大切です。

また手に入った史料に過度に依存して、物語を構成してしまうことがあります。そうした際に、情報が取捨選択され、「語られなかった事実」が「なかったこと」にされやすいことにも注意が必要です。

四　ジャーナリスト「個人」としてのスタンス

自分の偏見とどう向き合うか

ジャーナリストは、物事を解釈する自分の視点にも思いをめぐらす必要があります。二〇世紀初頭に活躍したアメリカのジャーナリスト、W・リップマンは「われわれはたいていの場合、見てから定義しないで、定義してから見る」という言葉を残しました。[9]

今ネット上には、過激な差別的言説が多く見られますが、感情的な決めつけが少なくありません。同様に、日本が戦争に至る過程では、メディアが国民の感情を大いに煽ったという事実があるわけです。そうしたメディアの扇動と、実際に身内や知り合いなどが戦争で亡くなったりする現実とが相まって、ますます狭隘な自己論理に陥っていった歴史があるのです。

したがって、それらを否定する立場の経験や想像力があるかどうかということも、ジャーナリストにとっては非常に重要な要素です。かつて自民党のブレーンだった村上泰亮という学者が、「自分が直面する世界のイメージや生活像を、できるだけ広く筋を通して考えてみる」こと、つまり「一貫性（インテグリティ）を、絶えず求めることが思想である」と指摘しました。[10] 時代は変わり、目先の利益を優先し、他をかえりみない今の政治、そしてメディアに、「思想」は果たしてあるでしょうか。

ジャーナリズムを取り巻く「権力」との対峙

それからジャーナリストの役割としてよくいわれるのが「権力との対峙」です。今私が危惧しているのは、「公益や公の秩序」という文言で、言論の自由や表現の自由を制限しようとする自民党の憲法草案です。その根本には、治安維持法にも通じる発想や、公権力が間違ったという歴史的教訓の欠如があるのではないでしょうか。

こうした時代状況があるなかで、番組では権力に物を申す青年団が、権力側から潰された事実を描きました。そこには、「権力の暴走に気をつけろ」というメッセージが込められています。しかし、権力というものは、身近な組織や集団内にも存在しています。たとえば青年団のなかにも、主流の考え方に物がいえないといった権力関係が存在していたはずです。支配的な価値観の蔓延によって、自覚的か無自覚的であるかの違いはあるにせよ、誰もが「同調圧力」を受けているのです。結果として『滋野時報』には、権力によって「消された」側面だけでなく、自ら「消えていった」側面が、少なからずあるのです。個々人の弱さを自覚し、集団の熱狂に警戒することも、ジャーナリズムの一つの使命ではないかと思っています。

またジャーナリストは、空気を読むセンスは必要ですが、しかし、あえて空気を読まないことも重要です。アメリカの社会哲学者であるE・ホッファーは、「慣れ親しむことは生の刃先を鈍らせる。おそらくこの世界において永遠のよそ者であること、他の惑星からの訪問者であることが芸術家の証なのであろう」と示唆に富む言葉を残しています。(11)

逆に「空気を読む」ことの行きつく先は「忖度」です。ジャーナリストは、このことを肝に銘じておかなければなりません。

「合意」を自明視せず「逸脱」を排除しない

慶應義塾大学の山腰修三准教授は、ある学者のモデルを使ってジャーナリストの活動を図式化しました[12]（図表2：Hallin 1987＝山腰 2012）。「正当な論争の領域」では、政治過程における既成のアクターによって行われる論争が取り上げられます。そしてこの領域では、ジャーナリストは自らの職業倫理や原則を重視しつつ報道を行います。しかし、ほかの二つの領域「合意の領域」「逸脱の領域」では、職業倫理や原則よりも、社会の価値の分布状況や序列に、強く規定されるというのです。

すなわち「合意の領域」では、ある争点や出来事は論争とはならず、ジャーナリストはすでに合意されている価値を擁護し、称賛することになります。

それに対して「逸脱の領域」に位置づけられた政治的アクターやその主張は、公的な政治の場から排除され、「異常なもの」「敵」として表象されます。こうした排除の根拠となる境界は、時代や社会によっても異なってきます。たとえば、ＬＧＢＴの権利に関する議論もそうですし、アメリカではかつて酒が非合法でしたが、今では大麻の合法化までもが進んでいます。「合意の領域」や「逸脱の領域」に、社会の矛盾や改善の余地がないか、俯瞰して考えることが大切です。

こうした際に注意すべきなのは、曖昧なもの、グレーなものを排除して二分法で理解しようとする

図表2　合意、正当な論争、逸脱の各領域

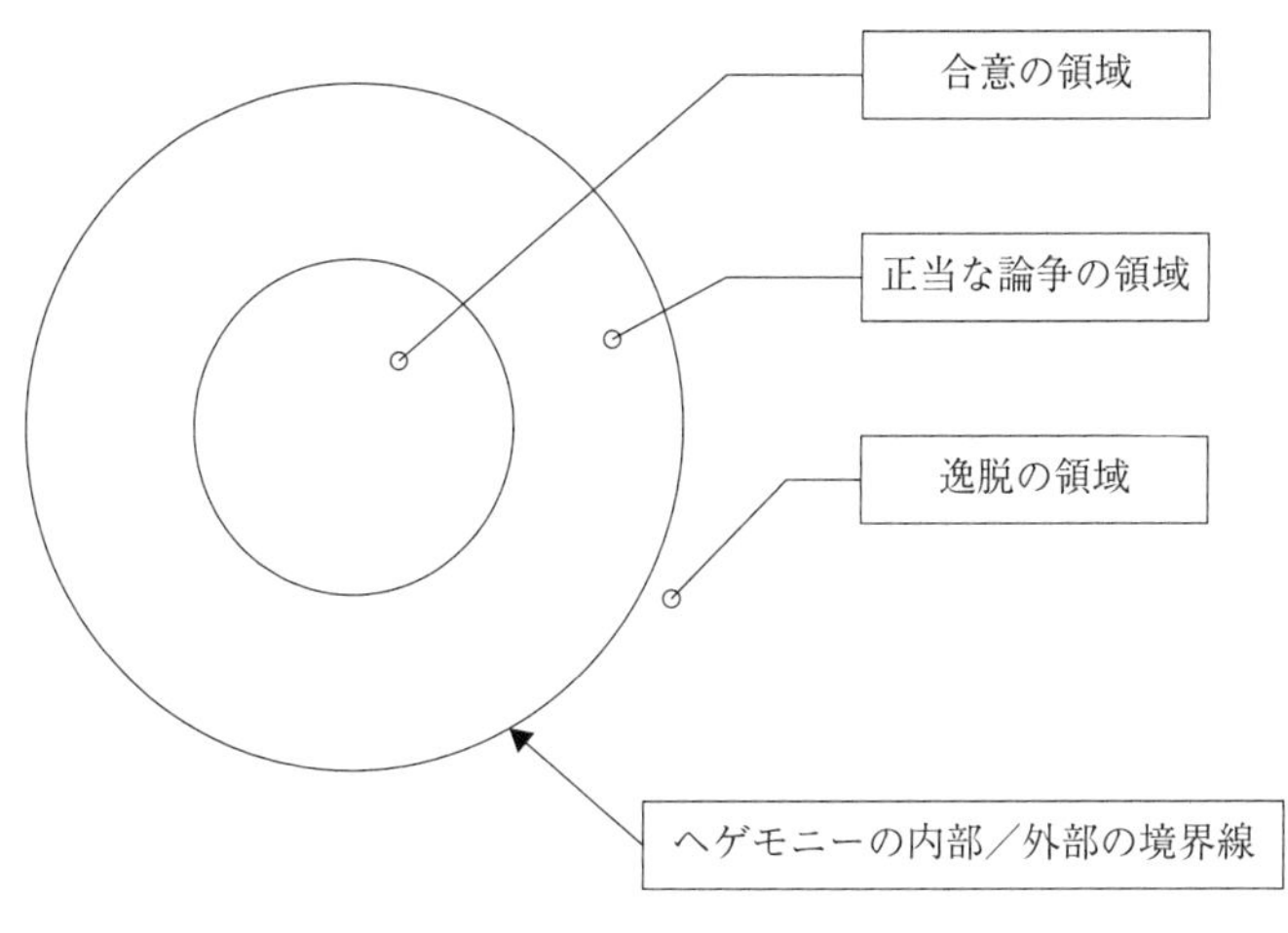

人間の傾向です。特にテレビのニュースは「白か黒か」「善か悪か」という伝え方になりがちですが、現実はそう単純ではありません。また、凶悪犯罪の動機を伝える際に、「心の闇」などという表現を用いてその解明を放棄し、思考停止する例も見受けられます。

多様な立場・考え方とどう向き合うか

ではジャーナリストは、多様な立場・考え方に対してどう対峙すればよいのでしょうか。一つの考え方として、B・ラッセルの言葉が参考になります[13]。

ラッセルは、哲学を学ぶ態度として、一度、対象となる教説に対して、尊敬も軽蔑も捨てて「仮定的同情」をもって臨み、それが達成できたところで、批判的態度を復活させるべきだと述べました。さらに、いかなる人も「完全で最終的な理論に到達したことがない」のだから、自分にとっていかにバカげているとと感じられる主張であっても、排除するのではなく、その論理に至った理由について考えるべきだといっています。

そして、「このように歴史的にまた同時に心理的に想像力を働かせてみると、われわれの思考の範囲が拡大されて、われわれ自身が抱く偏見の多くが、異なった知的気分をもつ時代がくればどれほどバカげて見えることだろう、という点の理解が助けられるのである」と述べています。

商業主義とジャーナリスト

最後に、ジャーナリストは、商業主義とどのように向き合うべきかについて述べたいと思います。特に昨今、テレビでは、ドキュメンタリーや硬派な報道番組はほとんど作られなくなりました。これは、番組制作を市場原理(視聴率)に任せることで進んでしまったテレビの退廃の一つです。

かつて私が経済番組を作ったとき、二宮尊徳の「道徳なき経済は罪悪であり、経済なき道徳は寝言である」という言葉を紹介しました。これをマス・メディアに当てはめれば、社会の公器を自任するメディアが、「道徳なき経済」に走ることはその存在意義を自ら否定することになりますし、元手がなければ活動できないという後者の側面もあるでしょう。たとえば、『滋野時報』の発行も村の財政に支えられたものでした。しかしその後、道徳と経済の両方がつぶれていきそうな状況下でも、彼らは「経済なき道徳」を追い求めました。物資がないのに敗戦の二年後に復刊したのも、その表れといえるでしょう。私は、ジャーナリストに求められるものは、まさにその精神なのではないかと思っています。

残念ながら利益至上の商業主義が、売れる新聞を生み出し、戦争に加担していったという事実＝歴史的教訓があります。日露戦争以後、一九四五年の敗戦に至るまで、日本の大新聞はそうした状況にあったわけです。

プラグマティズム的な発想をする石橋湛山であれば、従来の制度や慣習にとらわれず「現在の仕組みがだめならば、道徳的にふるまえるように、無意味な競争に陥る仕組みそのものを変えるべきだ」と改革を求めることでしょう。しかしいまだに、日本の商業ジャーナリズムのなかに、その動きが顕在化していないことは非常に残念に思います。

五 「空気を読まない」ことのすすめ

私は高校生の頃、ＮＨＫラジオの『ビジネス英会話』でアメリカの心理学者であるＷ・ジェームズの次のような言葉が紹介され、感銘を受けました。「The art of being wise is the art of knowing what to overlook（賢く生きる術とは、何を見過ごすかを知ることである）」。つまりこれは、「有限な人生のなかで、物事の軽重を見極めて、ささいなことにとらわれずに大事なことをやりなさい」という意味です。まさに実践を重視したプラグマティズムの最たるものといえるでしょう。

しかし一方で、過去を学ぶなかで、次のようなことも感じるようになりました。すなわち「The

art of being wise is the art of knowing what NOT to overlook（賢く生きる術とは、何を見過ごしてはならないかを知ることである）」。これは、「見過ごしてはならないことを見過ごしていると、あとで必ずしっぺ返しを食う」ということです。ジャーナリストを目指す皆さんは、ぜひとも見過ごしてはならない部分で「空気を読まない」ことも大切してください。

（1）『滋野時報』二号（一九二七年一月）。
（2）『青木時報』創刊号（一九二一年五月）。
（3）『滋野時報』七号（一九二八年六月）。
（4）里見脩『新聞統合――戦時期におけるメディアと国家』（勁草書房、二〇一一年）。
（5）長野縣特高課編『長野県社会運動資料』（全二一冊、一九三〇～四〇年代前半・出版年不詳）。
（6）E・H・カー（清水幾太郎訳）『歴史とは何か』（岩波書店、一九六二年）、四〇頁。
（7）M・アルヴァックス（小関藤一郎訳）『集合的記憶』（行路社、一九九九年）、四五―九九頁。
（8）津田正太郎「ニュースの物語とジャーナリズム」大石裕編『ジャーナリズムと権力』（世界思想社、二〇〇六年）、六二―八〇頁。
（9）W・リップマン（掛川トミ子訳）『世論（上）』（岩波書店、一九八七年）、一一一頁。
（10）村上泰亮『反古典の政治経済学（上・下）』（中央公論社、一九九二年）、三一―一二頁。
（11）E・ホッファー（中本義彦訳）『エリック・ホッファー自伝――構想された真実』（作品社、二〇〇二年）、一四七頁。
（12）山腰修三『コミュニケーションの政治社会学――メディア言説・ヘゲモニー・民主主義』（ミネルヴァ書房、二〇一二年）、一三四―一三五頁。
（13）B・ラッセル（市井三郎訳）『西洋哲学史1』（みすず書房、一九七〇年）、四八頁。

❖講義を終えて　自由・民主主義・ジャーナリズムの復権に向けて

講義のあと、受講者からの感想を受け取りました。歴史は解釈であること、物語化の制約、使用する言葉の大切さ……等々、印象に残ったポイントもさまざまだったようで、まさに同じ講義を聞いても「解釈は多様」であったと思います。

講義内容は少し難しいかと思いましたが、当初の想定以上に、伝えたい意図は汲み取ってもらえたのではないかと感じました。今回の講義は、将来のジャーナリストとして、また広く民主主義社会の成員として、政治や社会を考えていく上でのヒントやきっかけを一つでも得てもらえれば……というのがねらいでした。

講義で繰り返し指摘したポイントは、自分の世界観を絶対視すると他人との齟齬が起き、破滅に陥りやすいということ、俯瞰することや自省することの大切さでした。人間は、自らが信じる世界観やそこで称賛される価値を守るために、死ぬことすらあります（殉死や殉教など）。それが人と人との「争い」のなかで生じると、悲劇をもたらす結果になることは数多くの歴史が伝えています。番組で扱った戦争はその極致でした。現在も、ニュースが伝える問題を見ると、自己の論理に陥っている事例には事欠きません。自由や民主主義というのは、個々人の考えや多様な生き方を保障するものですが、同時に、他人のそれを尊重する「寛容」の精神や、自分の信念を疑う「誠実さ」「忍耐力」なども求められます。

「物語化」による善・悪の単純な判断の危険性についても、多くのコメントが寄せられました。戦時中の特高警察はさまざまな場面で悪の象徴のように描かれます。しかし、実は、今回の番組で依拠した資料は、元特高警察の有志数人が、「後世の貴重な記録になるだろう」という高い見識のもとに、残したものでした。「証拠隠滅」のために、破棄を命じられていたはずの文書です。すでに物故され、直接、話を聞けなかったのは残念ですが、人間的にも魅力的な方々だったのではないかと思います。問題は、個々人としていくら尊敬できる人でも、組織の同調圧力や「空気」にあらがえず、ときとして誤った方向に進むということです。それは、決して過去のこと、遠い場所での出来事ではないはずです。

受賞した番組の制作、そして今回の講義を準備するに当たって感じたのは、二〇世紀初頭に活躍した石橋湛山をはじめとする言論人、そして信州の農村の若者たちの意識の高さでした。ジャーナリズムの歴史のなかでも、ある意味で輝かしい時代であったと思います。一方で、現在、ジャーナリズムに向けられている視線は厳しいものがあります。「権力に対峙する姿勢が軟弱だ」という叱咤とともに、他方「恣意的な偏向が過ぎる」という声もあります。感じるのは、自由や民主主義の理念すら形骸化するような状況において、社会のなかで、ジャーナリズムの位置づけの再認識が必要ではないかということです。

今回受賞した番組について、識者も含めた幾人かに「ドラマ化したらよいのではないか」と勧められました。アメリカでは、近年でも『スポットライト』や『ペンタゴンペーパーズ』など、実話を題材にして、ジャーナリズムの社会的な役割を描く作品が、いくつも作られてきました。講義のときに、日本には少なくて残念という話をしていたところ映画『新聞記者』が制作されました。娯楽という要素も踏まえながら、なぜメディアが必要なのか、またジャーナリズムはどうあるべきかのエッセンスを示しています。

ドキュメンタリーはドキュメンタリーの役割を果たしながら、ジャンルを超えて、社会の理想的なあり方を模索する作品が数多く生まれてくることに、大きな期待を寄せています。

テレビドキュメンタリーの役割とは何か

NHK大型企画開発センター　チーフ・プロデューサー
三村忠史

一　調査報道としてのテレビドキュメンタリー

取材者が能動的に情報を掘り起こす「調査報道」

私は一九九六年に、NHKにディレクターとして入局しました。最初の赴任地は島根県で、二〇〇〇年に東京へ異動となり、それ以来ドキュメンタリー番組を制作しています。

二〇年近くテレビドキュメンタリーに関わっていますが、この仕事が嫌いなったことはなく、今でも強いやりがいを感じながら番組制作にあたっています。

ドキュメンタリーは、社会のさまざまな事象や人物を記録したり、あるいは過去に遡って近現代の史実を確認・提示するなど、私たち制作者が視聴者の目に成り代わって社会を見る役割を果たしています。なぜ私が二〇年間近くも、ドキュメンタリーに魅了されてきたのかというと、何者でもない自分がカメラという目を通して社会を凝視することで、世界を認識することができるからにほかならないように感じています。

テレビの場合、日々のニュースを報道する記者が第一列にいるとすれば、ドキュメンタリーを作るディレクターは第二列にいて、社会を少し引いた立場から観察し、ときに長期間にわたって事象を取材・記録します。ドキュメンタリーが扱う題材は、私がこの一年間に制作に関わった番組（図表1）を見ていただければわかる通り実にさまざまです。

NHKが放送するドキュメンタリーの一つ「NHKスペシャル」は、平成元年に始まり、これまでに三〇六六本（二〇一九年四月末現在）の番組が放送されました。テーマは、政治、経済、社会、科学、国際、歴史、スポーツと多岐にわたりますが、「調査報道」はあらゆるテーマを横断してこの番組の重要な手法になっています。

皆さんが、毎日接しているニュースは、各官公庁や警察・企業の「記者クラブ」に所属する記者が、そこでリリースされた一次情報をさらに追加取材して記事にするケースが一般的です。一方、調査報道は、取材者が能動的に情報を掘り起こし、社会の知られざる一面や、時に意図的に隠された課題に光を当て、読者や視聴者に公開するものです。

テレビドキュメンタリーが持つジャーナリズムの機能として、この「調査報道」は欠くべからざる

図表1　この1年間で制作したドキュメンタリー
（すべてＮＨＫスペシャル）

放送時期	番組タイトル
2018年 5月	日本人と憲法～1949-64 知られざる攻防～
2018年 9月	シリーズ未解決事件　警察庁長官狙撃事件
2018年 10月	平成史スクープドキュメント①　大リーガー　ＮＯＭＯ
2018年 12月	平成史スクープドキュメント②　バブル　終わらない精算
2018年 12月	平成史スクープドキュメント③　“劇薬”が日本を変えた
2019年 2月	平成史スクープドキュメント⑤　ノーベル賞会社員
2019年 4月	平成史スクープドキュメント⑦　自衛隊　変貌の30年
2019年 4月	平成史スクープドキュメント⑧　情報革命　ふたりの軌跡
2019年 4月	平成　最後の晩餐～日本人と“食”の30年～

手法です。新聞や雑誌など、活字による調査報道は、その情報量において圧倒的な密度を持っているのが特長です。一方でテレビを媒体とする調査報道は、活字に比べて情報量では劣りますが、逆に映像の持つ訴求力が圧倒的に大きく、別の力を持っているのが特徴です。

変遷する調査報道の手法

最初に、ＮＨＫスペシャルにおける調査報道とはどのようなものなのか。これまでに数多くの調査報道が放送され、たとえば二〇〇六年放送の『ワーキング・プア』のように、時に社会を大きく動かす駆動力にもなってきましたが、ここでは近年私が担当した番組を事例に解説したいと思います。

一本目は、二〇一四年四月に放送した『調査報告　女性たちの貧困』というＮＨＫスペシャルです。この番組を制作するきっかけは、あるディレクターが、風俗業で働いている女性のなかにシングルマザーや学生が多いという事実を知ったことでした。ディレクターは、若い世代への社会保障が乏しいという現実のなかで、風俗業がセーフティーネット代わりになっているのではないかという仮説を立てて周辺取材を進め、「若い女性の貧困」という社会的課題を掘り当てました。ある種、典型的な調査報道といえます。一方で、調査報道の新たな手法を開拓しようという模索も続けられています。その嚆矢の一つとなったのが、二〇一三年三月に放送したＮＨＫスペシャル『いのちの記録を未来へ～震災ビッグデータ～』という東日本大震災をテーマにした番組です。

これは調査報道の一つの手法として、ビジネスの世界で注目を集め始めていたビッグデータを初めて用いたドキュメンタリーでした。通常の調査報道は、先ほどご紹介した「女性たちの貧困」のように、さまざまな対象（点）を取材し事実を掘り下げ、その点をなるべく多く集めることによって、社会の「ある面（課題）」を照射することで警鐘を鳴らします。

一方、『震災ビッグデータ』というドキュメンタリーは、現場の取材からではなく被災者の携帯電話の位置情報や避難車両のＧＰＳなど膨大な電子情報を解析することから始まります。東日本大震災の課題全体像をビッグデータを用いて「面」として捉え分析し、従来の調査報道では指摘し得なかった課題を提示しようという試みです。それぞれの手法には一長一短あり、どちらが優れているというものではありません。今、ＮＨＫスペシャルでは従来型の取材手法とビッグデータをミックスさせる調査報道が増えています。

欧米ではこうしたビッグデータなどを利用した「データジャーナリズム」が隆盛ですが、一口に調査報道といってもその手法は多彩で、ＩＴ技術の発達で今後ますますバリエーションは増えていくと思います。

二　テレビドキュメンタリーに求められる三つの要素
——ＮＨＫスペシャル『戦慄の記録　インパール』を事例にして

「スクープ性」「タイムリー性」「切り口の斬新さ」

ＮＨＫスペシャルは、①スクープ性、②タイムリー性、③切り口の斬新さ、の三つが求められるといわれてきました。「スクープ性」とは、これまで報じられたことのない情報をいち早く伝えること。「タイムリー性」は、その情報を時宜にかなって放送すること。そして「切り口の斬新さ」は、これまでにない演出や見せ方を実現させることをいいます。私は先輩たちから、このうちの一つでも達成できれば番組は成功で、三つ揃えば大成功だと教えられてきました。加えて、この三条件を敷衍した形で求められるのが、その番組が「普遍性」を有しているかどうかです。時代の経過や社会に流通する膨大な情報に淘汰されない「力」といい換えてもよいかもしれません。

インパール作戦とは何か

では、二〇一七年に放送したＮＨＫスペシャル『戦慄の記録　インパール』という番組を通して先ほどの「スクープ性」「タイムリー性」「切り口の斬新さ」について検討していきたいと思います。

まずＮＨＫではどのように番組が作られるかというと、制作者が企画の狙いや内容を、Ａ４のペーパー一枚の提案書にまとめて、それを番組の最終責任者に採択してもらうところから始まります。これは数分の短いリポートでも、一〇〇分を超えるドキュメンタリーでも変わりません。ディレクターたちはＡ４一枚の提案書に先ほどの三条件を書き込んで、自分の企画を実現させようとします。

では『戦慄の記録　インパール』の制作がどのようにスタートしたかというと、放送前年の秋に、三人のディレクターが、Ａ４の提案票に自らが考えた「三条件」を書き込んで持ち寄ったところからスタートしました。

インパール作戦とは、太平洋戦争末期、日本軍がビルマ（現在のミャンマー）から、インド東北部にあるイギリス軍の拠点、インパールを攻略しようとした作戦です。甚大な犠牲者を出した太平洋戦争のなかでも最も無謀な作戦といわれてきました。

日本軍が決行したのは川幅六〇〇メートルにも及ぶ大河と二〇〇〇メートル級の山々が連なる険しい山岳地帯を超え、四七〇キロメートルも行軍するという作戦でした。しかし誰一人として目的地であるインパールの地を踏むことはできず、およそ三万の人々が命を落としました。三週間という短期決戦をもくろんだ作戦は数カ月に及び、補給も度外視していたために兵士たちは密林のなかで飢え、病に倒れていきました。飢えた兵士たちが行き倒れた道が「白骨街道」と呼ばれるほど、凄惨な結末でした。しかし、戦場の現実を無視して作戦を強行した陸軍の上層部は、戦後もその責任に向き合おうとはしませんでした。イギリスに残されていたインパール作戦に関する膨大な機密資料を調べてみると、終戦直後、連合国軍が大本営の参謀や現地軍の司令官ら一七人を尋問していたことがわかりましたが、皆一様に、自らを正当化していました。

現代に通底する軍の無責任体制――タイムリー性

この番組の提案が採択された最大の理由は、ミャンマーとインドの取材許可が下りたからです。ミャンマーとインドの国境地帯は少数民族間の紛争が頻発していたため、長らく外国人が現地に入ることが許されてきませんでした。しかし制作チームの一人のディレクターが交渉を続けた結果、初めて全行程を走破することができることになり、それで提案が採択されたわけです。

現地の厳しい自然環境を初めて記録するだけでも「スクープ性」はありますし、それだけでも作戦の無謀さを伝える番組は成立したと思います。しかし、それだけで十分なのか、先ほどの三要件のうち「タイムリー性」をどう考えるのかをめぐってスタッフの間で議論となりました。なぜ今、七〇年以上前のインパール作戦を描く必要があるのか。無謀な作戦が引き起こしたこの惨劇のなかに現在の日本社会に通底する何かがあるのではないかということを考え、その共通項を探っていきました。

曖昧な意思決定。上司や組織への忖度（そんたく）。結果への無答責。これらは、現代日本の弊害としてよく口にされる言葉です。インパール作戦はまさにこれらの弊害が煮詰まったような作戦でした。私たちは、現代に通じる番組にするために、ミャンマーからインドへの現地取材だけでなく、インパール作戦の立案・認可、作戦に至る他の戦況や背景、作戦後の後日談まで、取材し尽くすことを確認し番組制作にあたりました。

その結果かはわかりませんが、番組放送後、ツイッター上には「#あなたの周りのインパール作戦」という#（ハッシュタグ）が登場し、ブラック企業やブラックバイトで働く若者たちや、理不尽な業務命令や責任を取ろうとしない上司に憤りを覚えている人々によって、自分の境遇をインパール作戦になぞらえるツイートがあふれました。過去を取材対象にとる場合でも、今に通底するものを意識することで、視聴者が身近に感じてくれることもあることを再認識しました。

徹底した取材で新史料を発掘――スクープ性（その1）

次に、『戦慄の記録　インパール』では、どのように「スクープ性」を獲得したかということについてお話ししたいと思います。結論からいえば、取材で得た膨大な情報の一部しか紹介しきれないほど、あらゆる取材を尽くしたことで、スクープ性にたどり着けたということができます。

具体的には、インパール作戦に参加した将兵のうち、生存されているほぼすべての方を取材をしました。インパール作戦には三つの師団が参加しましたが、その師団に関する史料を洗い直し、現地の指揮官や軍の高官、あるいは作戦の認可に関わった大本営の参謀の遺族などをしらみつぶしに取材したのです。

現地・第一五軍の司令官だった牟田口廉也中将に仕えた齋藤博圀さんという元少尉は、番組で最も重要な役割を担いました。齋藤元少尉をディレクターがどのように探し出したかというと、まず大阪でご存命だった元二等兵の方に会い、その方から作戦で亡くなった父親の足跡を探し続けているという六〇代の遺族をご紹介いただき、さらにその方から齊藤元少尉の存在をお聞きしたことがきっかけでした。

このとき、齊藤元少尉の所在はまだわかりませんでしたが、どうやら作戦中に日誌を書いていたということをディレクターは聞きつけます。その日誌が番組の鍵を握ると直感したディレクターは、あらゆるつてをたどって齋藤元少尉が静岡県に住んでいることをつきとめて訪ねるのですが、ご自宅にも不在でした。ディレクターは三〜四日かけて近所の聞き込みを行い、入院先の病院を何とか探し当て、面会することができました。しかし入院先なので、当然そこには日誌はありません。齊藤元少尉に日誌の在り処をお聞きすると、自宅のとある場所を示されました。ディレクターは別の場所で暮らしていた齋藤元少尉の奥様に同行していただき、ようやく日誌を発見することができました。現地で綴っていた日誌には戦場のリアリティが生々しく表現され大きな反響を呼びました。

ただこれはほんの一例で、番組で紹介している事実やエピソードは、それを発掘するために、すべてこうした迂遠なプロセスをたどっています。これこそが、調査報道の調査報道たる所以です。

作戦を指揮した将官の遺族の出演を実現——スクープ性（その2）

もう一つの事例をご紹介しましょう。インパール作戦を決行した指揮官は、先ほどの齋藤元少尉が仕えた牟田口廉也中将ですが、孫である照恭さんに番組にご出演いただきました。照恭さんには番組の意図をお話しした上で、牟田口中将の遺品や肉声などを提供いただきました。牟田口中将の遺族が初めて証言したこともまた大きな反響を呼びました。私たちは、牟田口中将の作戦指導について、史実としてきちんと紹介することを説明し、照恭さんにもそのことをご理解いただいたと思っていました。しかし、番組放送後、牟田口中将についてインターネットを中心に厳しい評価が相次ぎ、照恭さんをはじめご親族の方が不愉快な思いをする結果となりました。

私たちは、誠意を尽くしてご出演いただいたつもりだったのですが、放送の影響力はやはり大きく、このような事態を招いてしまったことについて延べ一〇回以上足を運んでお話させていただき、何とかご理解を得ることができました。私は長く番組制作に携わってきましたが、時にドキュメンタリーは図らずも人を傷つけてしまう場合もあることを再確認し、戦争を取材するということの重さを痛感しました。

ビッグデータの活用――切り口の斬新さ（その1）

最後に「切り口の斬新さ」ついてお話ししたいと思います。この番組では、オーソドックスな構成に加えて二つの「切り口」を用意していました。その一つは、先ほどお話ししたビッグデータの活用です。私たちは作戦に参加した三つの師団の戦没者名簿を可能なかぎり収集し、兵士が命を落とした場所や日付、死因などを地図上に落としていきました。インパール作戦は、「白骨街道」を生んだ凄惨な作戦です。私たちは、ビッグデータの手法を用いることにより、その「凄惨さ」の可視化を試みました。戦没者情報を時系列で地図上にプロットすると、三万の戦死者のうち、半数以上は、作戦中止後、すなわち撤退中に命を落としていることがわかりました。さらに死因は病死が過半を占めました。戦争といえば、戦闘中に命を落としたと考えがちです。しかしインパール作戦においては、戦うことすらできず、撤退中に多くの兵士が命を落としていたのです。それは世界屈指の雨量となる雨季の季節に、飢餓と病気に苦しみながらの「地獄の撤退戦」だったことを物語っています。このように、戦わずして多くの命が失われた事実をビッグデータによって可視化することで、私たち自身もその凄惨さを再認識させられました。

訴求力を高める演出の工夫――切り口の斬新さ（その2）

もう一つの「切り口の斬新さ」として番組をご覧になった方に指摘いただいたのは齋藤元少尉に関する構成についてでした。番組は、齋藤元少尉の日記を軸の一つに展開しました。普通の番組であれば、ご存命の齋藤元少尉を番組の冒頭から登場させるのが王道です。しかし今回は、あえて、その選択をとらず、日記だけで番組を展開させせました。視聴者のなかには、日記の主である齋藤元少尉はすでに亡くなっているものと思ってご覧になっていた方も多いかもしれません。

しかし私たちは七三分の番組の残り一分で、齊藤元少尉が登場するという構成を採用しました。齋藤元少尉は「戦争の内実を知っちゃったらつらいです」と万感を込めて語り、号泣します。齊藤元少尉へのインタビューはほかにも撮影していましたが、番組で使用したのはこの部分だけでした。

齋藤元少尉のインタビューを番組のなかにちりばめてしまうと、全く別の印象を持つドキュメンタリーになっていたでしょう。このような構成がかえって、戦慄の記録を書き続けてきた元少尉の証言の重さを際立たせることにつながったのかもしれません。

これまでにご説明してきたような、「タイムリー性」「スクープ性」「切り口の斬新さ」という三つの条件に留意しながら、私たちは『戦慄の記録　インパール』を制作しました。

三　放送後の視聴者からの反響を考える

ドキュメンタリーのベースは「主義主張」ではない

テレビドキュメンタリー制作の醍醐味の一つに、放送後の反響があります。以前と違い、最近ではインターネットやSNSが発達したこともあり、より多くの声がリアルに届けられるようになりました。

『戦慄の記録　インパール』の場合は、およそ一カ月にわたり、メールや手紙が三〇〇件以上も届きました。ここまでの反響はNHKスペシャルのなかでも異例でした。こうしたなかで、「自分の父親もインパール作戦に参加したが、生前何も語らずに亡くなってしまった」という方の声がたくさん寄せられたことをきっかけに、遺族の戦後を描く関連ドキュメンタリーも制作しました。

一方で、私を名指しで批判するツイッターの声もありました。「NHKで『インパール』と、『憲法と日本人』（翌年五月に放送したＮＨＫスペシャル）を制作した三村忠史は、『ある文民警察官の死』（前年八月に放送したＮＨＫスペシャル）で、早稲田ジャーナリズム大賞を受賞したことがある。左翼偏向メディア業界からのごほうびである」（『　』と（　）は筆者による）というツイートがその象徴でした。番組を制作すると、よい反響ばかりでなく、こうした批判的な反響があるのも事実です。しかしだからといって、萎縮をして番組を作らないという選択肢にはなりません。

なぜなら、テレビドキュメンタリーの調査報道は「主義主張」があって作っているわけではないからです。テレビドキュメンタリーは、最初から主義主張に基づく「伝えるべきメッセージ」ありきで制作するものではありません。そのようなドキュメンタリーに訴求力はありません。なぜなら「主義主張」で作られる番組はそれにそぐわない事実を削ぎ落としていってしまうからです。本来、事実とは実に豊かで、制作者の意図をはるかに凌駕する奥行きを備えています。だからこそ多くのテレビドキュメンタリーの制作者は「主義主張」のために番組を作っているのではないと私は思っています。

事実の検証・提示こそが使命

ではなぜ番組を作るのか。たとえば今、歴史修正主義といわれるような先の大戦をいたずらに美化する傾向が顕著になっています。当然、戦前戦中の時代によきものはあります。テレビドキュメンタリーは、そうしたことも踏まえながら、繰り返し日本の戦争に関して調査報道し、検証・提示していくということも使命の一つだと思っています。

インパール作戦以外にも、さまざまな戦地で、膨大な人々が命を落としました。日本人だけで三一〇万人。アジア全体でいえば、正確に換算することもできないほどの人々が犠牲になっています。このことの意味を検証し続ける作業は、テレビドキュメンタリーの責任だと思っています。ですから、批判にさらされることは気が滅入ることではありますが、そのことによって番組制作を止めることはありえないのです。

四　ネット時代の問題と課題

「偏った事実」「偽りの事実」の蔓延

では次に、これからのテレビドキュメンタリーの課題について考えてみたいと思います。最近同僚たちとよく話しているのが、「フェイクニュース」「ポスト・トゥルース」「オルタナティブファクト」についてです。「ポスト・トゥルース」は、『オックスフォード辞典』が二〇一六年の「今年の言葉」に選んだほど、世界を席巻した言葉です。客観的な事実や真実より、虚偽であっても感情的な言葉や空気が世論形成に大きな影響を与える状況のことをいいます。アメリカのドナルド・トランプ大統領の言葉を思い浮かべればよいかもしれません。

こうした状況に加えて、今、「フィルターバブル」と呼ばれる状況が生まれています。フィルターバブルとは、インターネットにおいて、利用者が好ましいと思う情報ばかりが選択的に提示されることをいいます。たとえば、皆さんのツイッターのタイムラインを見ると、自分の考え方に近いタイムラインがたくさん並んでおり、逆に自分と考えの違うものはあまり並んでいないのではないでしょうか。

つまり、自分の見たい事実だけを見るという状況が顕著になっていくなかで、ドキュメンタリーをどのように作り、どのように事実を提示していけばいいのかということに、ここ数年頭を痛めながら考えています。

すれ違う意見、届かないメッセージ

そうした問題意識を持ちながら制作した番組を二本ご紹介させていただきます。一本目は、「平成史スクープドキュメント」というNHKスペシャルのシリーズの第七回『自衛隊　変貌の30年』という番組です。太平洋戦争の経験を教訓に専守防衛の下で活動してきた自衛隊が、平成の三〇年間に想定外の事態に相次いで直面し、そのたびに変化を求められてきました実態を明らかにしたものです。具体的には大きな転機となった「朝鮮半島危機（平成六年〜）」「9・11同時多発テロ（平成一三年〜）」「陸上自衛隊のイラク派兵（平成一六年〜）」を焦点化し、変貌する自衛隊の知られざる舞台裏を明らかにし、そこから次の時代に求められる自衛隊の未来を読み解きました。

自衛隊は、災害支援の現場以外では一般の人がリアリティをもってイメージすることが難しい組織です。さらに安全保障の問題は、立場によって意見が大きく異なります。したがって、それぞれの立場の人が、それぞれの目線で事実を見るという傾向の強いフィルターバブルの時代において、そもそも意見の分かれがちな安全保障や自衛隊をテーマにした番組を制作するということは容易なことではありませんでした。

私たちは徹底した取材に基づいて、峻別した事実を提示したつもりでしたが、ツイッター上には、「防衛の実情より護憲論を優先した左派野党と、準備された棺の数をセンセーショナルに報じるメディアすべてがおかしい」という保守的な考えを持った方の意見や、「自衛隊に反対する専門家が登場しない公平性に欠ける番組」という護憲派の人の意見などが、それぞれリツイートされていました。

そうした意見が出ること自体は悪いことではありませんが、しかし両者の意見が交わることなく、しかも両者に番組のメッセージが届いていないということについて、私は非常に危機感を感じています。では、どういうドキュメンタリーなら、それぞれの立場の人にきちんとメッセージを届けることができるのでしょうか。わたしたちは今も、試行錯誤を続けています。

新たな時代のテレビドキュメンタリーとは

もう一本ご紹介したい番組は、先ほどと同じシリーズ「平成史スクープドキュメント」の最終回『情報革命　ふたりの軌跡』です。

インターネットの登場によって、私たちが報じる情報も個人が発信する情報も、スマートフォンなどのメディアで等価として表示されるので、情報の優劣がつきにくい時代状況となりました。こうしたなかで、私たちマスメディアは、一体どのようにあるべきかを検証した番組です。

たとえば、「インタビュー映像はマスメディアが都合のいいところを切り取っているだけなのではないか」という批判があります。最近では、多くのマスメディアは、記者会見やインタビューの全文掲載を行うようになりました。ＮＨＫの場合、インタビューや記者会見などのニュースにＱＲコードを掲載し、そこにアクセスすれば全情報が閲覧できるようにするなど、一〇年前には考えられなかったような変化を見せています。

『情報革命　ふたりの軌跡』では、インターネットの登場によるこの三〇年のメディア環境の変化を振り返りました。マスメディアが情報の王様だった時代は過去のものになろうとしています。日本のテレビドキュメンタリーの草分けは、一九五七年に始まったＮＨＫの「日本の素顔」ですが、技術的な変化はあっても、基本的にはカメラで撮影した映像を編集・構成し伝送路に乗せて視聴者に届けるというスタイルは一環して変わってきませんでした。インターネットの爆発的進化でこうした技術を有する放送局の優位性はすでに失われようとしていますし、スマートフォンが当たり前の時代を生きる若い世代が最も接するメディアがテレビに戻ることはありえません。

『情報革命　ふたりの軌跡』ではエンディングにそのことを象徴する若者を取り上げました。ボイスアップジャパンという団体を主宰する国際基督教大学の山本和奈さんです。山本さんは『週刊ＳＰＡ』の企画「ヤレる女子大学生 RANKING」の記事に抗議し、署名サイトで五万人の署名を集めて『週刊ＳＰＡ』編集部との対話を実現した方です。山本さんは、編集部との会談内容も『週刊ＳＰＡ』に特集として自由に記事化してもらい、議論を広く公開・共有されるよう試みました。通常の反対運動なら、問題の記事を断罪して謝罪を勝ち取ることで終わるのですが、山本さんの場合は個人でマスメディアと対話をし、山本さん自身もＳＮＳで情報を発信し、個人やマスメディアの垣根を越えた大きなうねりを生み出しました。

少し話が飛躍するように聞こえるかもしれませんが、こうした問題定義と対話の場の形成は、かつてはテレビドキュメンタリーが出発点になることが少なくありませんでした。山本さんのケースを見てもテレビというメディアが寡占的地位はすでにないことは明らかです。では、テレビドキュメンタリーとはこうした時代にどう存在価値を示していけばよいのか。私は、テレビドキュメンタリーに期待されるミッションの一つとして、民主主義の健全な発達への貢献があると個人的に考えています。メディア環境の激変と個人の情報発信は、基本的に一方通行性しか持ち得なかったテレビドキュメンタリーのあり方に根源的な変化を促していくでしょう。しかし、形はどう変化していってもテレビドキュメンタリーに課せられたミッションは不変だと信じています。

❖講義を終えて　テレビドキュメンタリーの「拘束」について

　母校で、二年連続で「ドキュメンタリー」や「ジャーナリズム」についてお話させていただく機会を得たことは、日頃の自分の職業の意味を見直す上でとても有意義であり、さらに、まだ私たちの仕事への「共通語」（それはときに馴れ合いにつながります）を持たない、学生の皆さんと「言葉」をやりとりすることは、とても魅力的なことでした。また、学生の皆さんからいただいた感想も、日々易きに流れがちになる自らを強く奮い立たせる刺激に満ちたものでした。そのなかで、ある学生からいただいた感想をもとに再びテレビドキュメンタリーについて考察させていただきたいと思います。その感想とは「NHKスペシャルは問題の構造を簡単にして思考停止状態に陥っているような感じをどうしても受けてしまいます。（中略）三村さんご自身は本当に番組構成に満足されているのでしょうか？」というものでした。この問いは、テレビドキュメンタリーが持つ一つの本質を射貫いています。なぜなら、その本質が持つ「構造性」からテレビドキュメンタリーを自由に制作することは、半ば不可能だからです。

　テレビドキュメンタリーは、ドキュメンタリー映画とは異なり、〝時間〟に拘束される性格を生まれながらにして持つものです。たとえばNHKスペシャルは、毎週日曜日夜九時から「四九分番組」としてプログラムされます。取材の進捗、事実の多義性・複雑性の如何に関わらず、事前に決まった編成（テレビ欄をイメージしてください）にプログラムされることで放送されていきます。もう一つの拘束されるものがあります。それはテレビドキュメンタリーが〝マス〟つまり〝不特定多数〟の〝大勢の視聴者〟を対象とすることを念頭に置いていることです。マスメディアであるテレビにおいて「わからなさ」より「わかりやすさ」が優位性を持つとされるのが現実としてほとんどなのはそのためです（当然、そうではないという考えもありますし、その枠組みを壊そうとする試みはあります）。

いずれにせよ、この二つの「拘束」はテレビドキュメンタリーの制作の前提であり、それを前提としない限り、テレビドキュメンタリーを伝送路にのせ、視聴者に公開・共有することはできません。

その上で、学生の方からの「問い」に戻ります。誤解を恐れずいえば、この問いはテレビドキュメンタリーを制作したことがない者の「青臭い」ものだと思います。なぜ「青臭い」かというと、私たち制作者がその問いにどんな自覚的であろうと、問いが指摘するテレビドキュメンタリーの限界は、テレビドキュメンタリーに内包されるもう二つの「拘束」が存在するかぎり、克服することはほぼできそうにないからです。一方で、私たち制作者が、学生が投げかけてくれた「問い」を視野の外に置いていると いうことでは決してありません。「クローズアップ現代」のキャスターを二三年間務めた国谷裕子さんは、一つのテーマを「わかりやすく伝えすぎること」への違和感を常に語っていました。どんなテレビドキュメンタリーでも、どう重層的に伝えるか、最後まで試行錯誤を続けています。なぜなら、現実というものの奥行きは、テレビジョンの一つのフレームのなかにおさまるものでは決してないからです。学生の方からの「問い」と、テレビドキュメンタリーの二つの拘束、それは私たちが直面し続けるパラドックスなのです。

歴史のなかから沖縄を考える

NHK沖縄放送局ディレクター
松岡哲平

一　アメリカ国防総省のニュースリリース

二〇一七年九月一〇日にNHKスペシャル『スクープドキュメント　沖縄と核』という番組を放映しました。この番組を作成するにあたり、どのように着想し、どのような取材をもとに作り上げていったのかについてお話ししたいと思います。

人の心に訴えかける番組を作りたいと思っていますが、いつもそううまくいくわけではありません。今回の番組では、事実と人間の感情を、どうやって積み上げていくべきなのか、制作を通じて自分自身が勉強になったので、そのことについてもお話ししたいと思っています。

「沖縄と核」というテーマを構想したきっかけは、二〇一六年二月のアメリカ国防総省のニュースリリースでした。そこには、「一九七二年五月一五日の本土復帰前の沖縄に核兵器を配備していた事実について、機密を解禁する」とありました。とありました。私がこのニュースを知って驚いたのは、復帰前の沖縄に核兵器が配備されていたことは世間では「暗黙の了解」だったにもかかわらず、そのことをアメリカは公式には、今まで一切認めていなかったということです。暗黙の了解だったというのは、たとえば、沖縄が本土復帰を目指していた頃のスローガンは、「核抜き本土並み」だったことからもわかります。核があったということを人々が認識していたからこそ、「核抜き」を叫んだわけです。にもかかわらず、二〇一六年になるまで公式にはその事実は秘密だった。この驚きが番組制作の一つの出発点となりました。

このニュースと同時に、関連する写真もアメリカの研究機関からリリースされました。たとえば写真1は沖縄で撮られたものですが、これは「メースB」という核ミサイルを写したものです。写真2は嘉手納基地で戦闘機に爆弾を積み込んでいるところを写した写真ですが、添付文書には、「核爆弾マーク28」であると書かれています（いずれも米国立公文書館所蔵）。広島型原爆の約七〇倍という想像もできないような破壊力を持つ核兵器が沖縄にあった事実を生々しく示しています。

そのとき私は、「このタイミングで取材すれば、新しい資料や、当時核兵器の運用に関わっていた兵士たちの証言を得られるかもしれない」と思い、「沖縄にかつてあった核兵器」をテーマに取材を始めたのです。

写真1　核ミサイル「メースB」

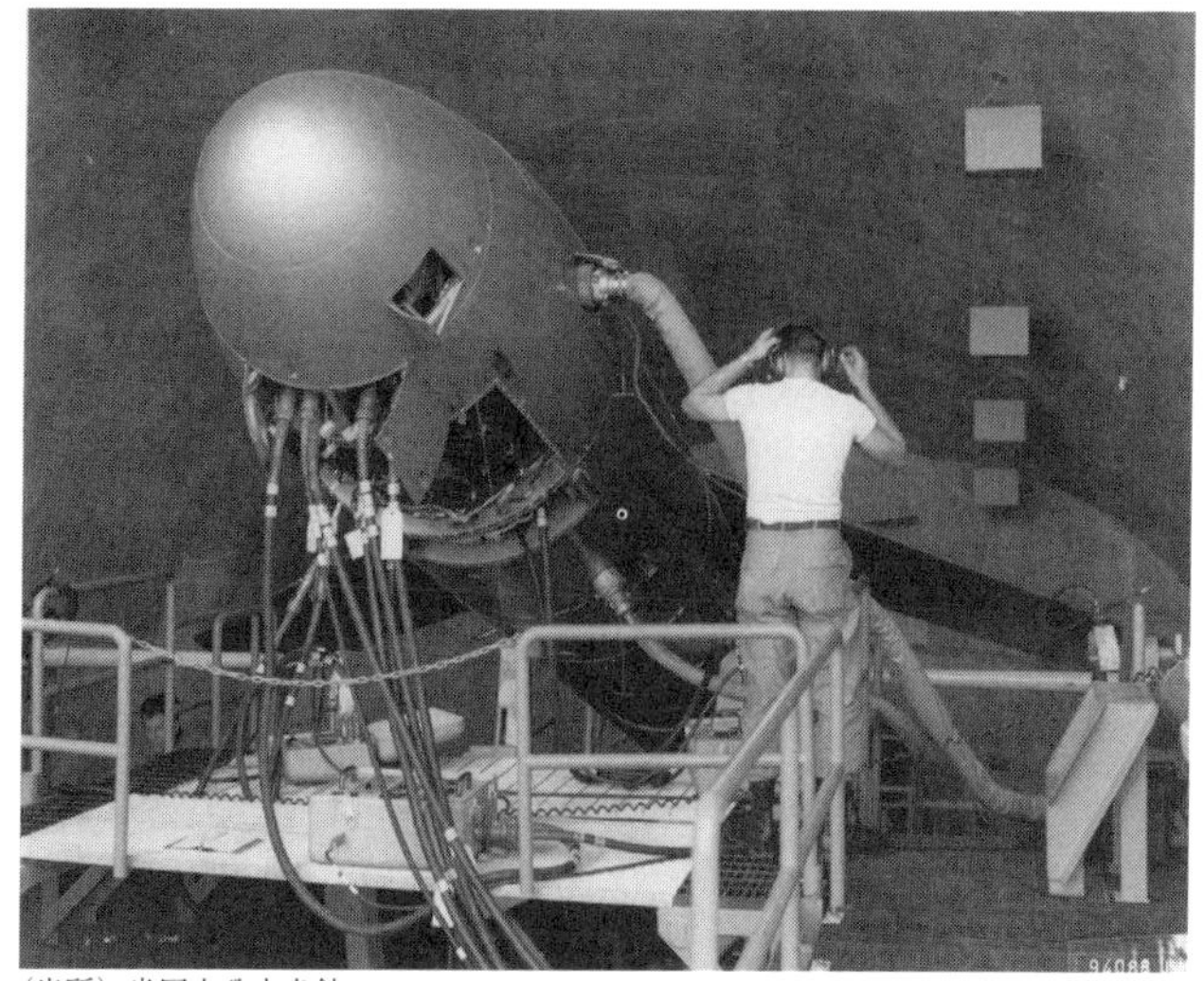

（出所）米国立公文書館。

写真2　核爆弾「マーク28」

（出所）米国立公文書館。

二　沖縄における核兵器の歴史

「ニュールック戦略」と沖縄への核兵器配備

沖縄における核兵器の歴史について少し振り返ってみたいと思いますが、沖縄に核兵器が配備されるようになったのは一九五〇年代の半ばだとされています。当時の大統領アイゼンハワーは、通常兵力を削減して国防費の節減を図りつつ、世界各国に核兵器を配備して共産圏に対する抑止力の維持を図る「ニュールック戦略」を始めました。

当時、日本周辺でも東西両陣営が対立する冷戦構造が顕在化していました。その一つの現れが朝鮮戦争（一九五〇～五三年）です。同時に中国と台湾をめぐる情勢も緊迫しており、一九五四年と五八年の二回にわたって台湾海峡危機が起こりました。こうした朝鮮半島や台湾をめぐる状況を背景にして、アメリカは両地域に近い沖縄に核兵器を配備することになります。

当初は日本本土がターゲット

ただアメリカは、いきなり沖縄に核兵器を持ち込んだわけではなく、実は日本本土に配備することも考えていました。たとえば朝鮮半島に出撃する場合、地図を見てみるとよくわかりますが、沖縄から行くよりも九州あたりから行くほうが距離的に近い。台湾の場合は沖縄のほうが近いですが、しかし、必ずしも沖縄でなければならないというわけではなく、むしろ本土のほうが戦略的にも好都合な側面があります。そのため当初軍（国防総省）は、日本本土への核兵器の配備を考えました。それに対して国務省がストップをかけました。広島・長崎への原爆投下や第五福竜丸の被爆などの経験によって日本の反核感情が高まっていたため、「日本本土に核兵器を持ち込むことは賢明な選択ではない」と判断したのです[1]。

一方で同じ頃、沖縄に基地を建設するための調査報告書には、「沖縄では核兵器の貯蔵や使用の権限に対し、外国政府による制限が存在しない」と書かれています[2]。つまり、「沖縄は日本本土に比べ、核兵器を配備するのに都合がいい」ということです。こうした事情を背景に、核兵器の沖縄配備が進められたのです。

核兵器は、遠距離から敵の基地や都市を破壊するために使われる「戦略核」と、戦場で通常兵器の延長線上で使われる「戦術核」とに大別できますが、沖縄には後者の戦術核が配備されていました。

図表1は、米国防総省が解禁した核兵器に関するわずかな資料の一つで、アメリカ本土以外に配備した核兵器の数を国・地域別にグラフで示しています（National Security Archive の論文 "Where They Were" より）。これを見ると、太平洋地域のなかでいかに沖縄が、ほかのどの国・地域よりも多くの核兵器が配備されていたかがわかります。

しかし、こうしたグラフでは、抽象的な数しかわからず、実際に沖縄でどのような兵器が、どのような兵士たちによって運用されていたのか、手触りのある状況は伝わりません。そこで、取材をさら

図表１　米国防省が解禁した核兵器の数の国・地域別グラフ

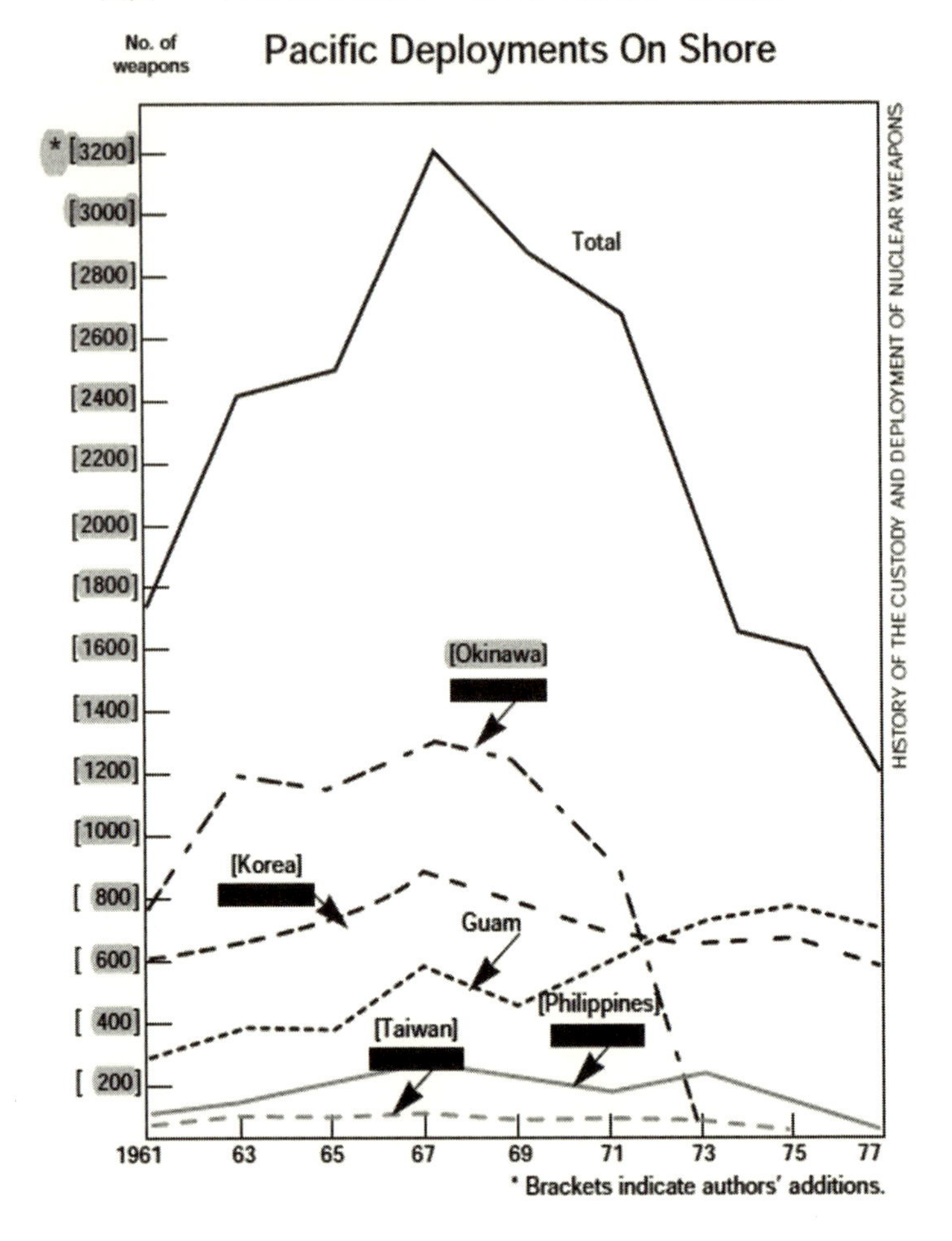

に深めていくことになりました。

三　膨大な資料のなかから見つけた新しい事実

一次資料発掘とその読み込み

番組の制作チームとしては、企画を立てた私のほかにもう一人ディレクターがいました。また、アメリカ在住の「リサーチャー」にもアメリカでの取材を依頼しました。リサーチャーは、米国立公文書館や軍の図書館などに所蔵されている膨大な文書・映像などの収集を行うと同時に、当事者の証言を掘り起こすために、兵士の同窓会ネットワークをたどりながら元兵士に直接話を聞いていきました。この二人のリサーチャーの活躍がなければ、今回の番組はできなかったと思います。

文書担当のリサーチャーは、各地で集めた資料をスキャンしてPDF形式でどんどん送ってくれます。数えてみたら、最終的に一五〇〇点にも上りました。重要なことは、すべての資料にきっちり目を通すということです。一年間の取材期間の前半戦は、これらの英文資料を精読することが私の主な仕事でした。リサーチャーの仕事は、あくまで一次資料を集めるところまでです。それらを読み込み、知られていない事実を発見し、それらを組み合わせて視聴者に伝わるストーリーを紡いでいくのはディレクターの仕事です。

新しい事実の発見こそが番組を引っ張っていく推進力になります。ですので、資料を丁寧に読み込むことは、人に会って話を聞くのと同じぐらい重要なことだと私は思っています。無味乾燥な文書のなかにどれだけ興味深い事実を発見ができるかが勝負です。研究者もまだアクセスしていない文書にたどりつき、まだ指摘されていない事実や事実関係を掘り起こすことができたときはとても快感です。

今回は、戦後の日米関係や安全保障論を研究する琉球大学の我部政明教授に重要なヒントをもらいました。最初にお会いしたとき、我部さんは、「マクスウェル空軍基地に行ったらいいかもしれない」と、ぽろっとおっしゃったのです。

アメリカ南部のアラバマ州にあるマクスウェル空軍基地は、研究機関を併設しており、世界中に展開するアメリカ空軍の部隊資料を収蔵しています。我部さんは、「マクスウェルは田舎だからまだ行ったことがないんだよな」というのです。私は、「なるほどいいことを聞いた。我部さんがまだ行ってないのであれば、何か新しいものが出てくるかもしれない」と考えました。そこでリサーチャーにマックスウェル空軍基地に行ってもらい、たくさんの新しい資料を送ってもらうことができたのです。

また今回は、多くの元兵士たちの証言も得ることができました。一〇〇人以上の方々に取材をしました。カメラを使ってインタビューしたのは一〇人程度でしたが、実はその背後でたくさんの証言をとりクロスチェックをしているわけです。

伊江島の事故から見えてきた核兵器配備の事実

発見の一つが、伊江島という沖縄本島の西側に浮かぶ小さな島の歴史です。この伊江島が、沖縄に配備された核兵器にとって非常に重要な場所だったのです。

写真3は、作業する農家の頭上すれすれを飛ぶ戦闘機が写っています。写真4は、巨大な爆弾の横に立つ男性です。この写真を持って伊江島で話を聞くと、この人物が健在であることがわかりました。そして、写真5の女の子は、写真4に写っていた男性の娘なのですが、爆弾の残骸の上に立っています（写真3〜5は杉本信夫氏提供）。実は当時の伊江島は核爆弾の投下訓練の場所となっており、その練習用の爆弾がたくさん落下してくるため、島の人はこれを拾ってスクラップとして売ることをなりわいにしていました。

ただ、こうした爆弾には練習用とはいえ、内部に火薬が含まれていました。戦闘機のパイロットが、自分が投下した爆弾の位置を確認するため、火薬が発火して煙を出すのです。ところがその火薬がうまく着火せず、スクラップとして拾われたあとに爆発し男性二人が亡くなるという悲惨な事故も起きていました。

なぜ伊江島の人たちがスクラップ拾いをしなければならなかったのか。背景には米軍による土地接収の問題がありました。米軍は、住民の土地を強制的に接収し、住民はしょうがなく米軍から提供されたテントに移り住んでいました。では、米軍はそもそも何のために住民の土地を接収したのでしょうか。今回マクスウェル空軍基地から得られた文書に「ＬＡＢＳ訓練のために住民の土地を収用した」と書かれていました(3)。

この「ＬＡＢＳ（ラブス）」というのは、飛行機が核爆弾の投下する方法です。通常の爆弾であれば、

写真３　作業する農家の頭上すれすれを飛ぶ戦闘機

写真４　巨大な爆弾の横に立つ男性

写真5　爆弾の残骸の上に立つ女の子

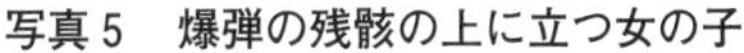

飛行機は真下に投下すればいいわけですが、核爆弾の場合は真下に投下すると、パイロットも核爆発に巻き込まれてしまうリスクがあります。それを避けるための方法がＬＡＢＳです。まずは低空飛行してターゲットに近づき、手前で急上昇します。そして爆弾をリリースすると同時に機体は宙返りして反対方向に脱出します。こうすることで、爆弾が放物線を描いてゆっくりと落下するまでの間にパイロットは現場から離れることができます。伊江島は、このＬＡＢＳの訓練場となっていたのです。

写真６は当時の伊江島の米軍基地を空から撮った写真ですが、爆弾投下訓練用の「的」ができているのがわかります（国土地理院所蔵）。ＬＡＢＳという投下方法

写真6　当時の伊江島の米軍基地の空撮写真

は、とても難しい技術で、落下した爆弾が的の中心を外してしまうこともしばしばでした。米軍の文書にはこう書かれています。「下手くそなパイロットは的を外しがちだ。このままでは、周辺の住民に危害を加えてしまうかもしれない。であれば、住民の土地を接収して練習場を拡大し、的を大きくするしかない」。とんでもない理屈ですが、核兵器が沖縄に置かれたことが、そこで暮らしていた住民の生活をどのように脅かしたのか、米軍の資料からリアルに浮かび上がってきました。

なぜ米兵の証言が得られたのか

放送後、多くの方から、「よく元米兵たちの証言が取れたね」といわれることが多かったのですが、その質問の背景には、「そんなやましい話を」という前提があります。私自身も、「核兵器を扱っていた元兵士のインタビューは、そんなに簡単には取れないだろうな」と思っていました。しかし取材を始めてみると、多くの元米兵は取材を歓迎してくれました。もちろん、「機密があって答えられない」という人も多いのですが、意外にも「よくぞ聞きに来てくれた」と歓迎してくれるパターンが多かったのです。それはなぜか。核兵器を扱う部隊は、米軍のなかでもエリート部隊で、その部隊に入るためにはいろいろな試験をパスし、特別な資格を得ることが必要でした。核を扱う部隊にいたことは誇りであり、当時のエピソードは「武勇伝」なのです。核兵器を扱っていたことに「やましさ」など感じてはいませんでした。

日本は世界で唯一の被爆国です。私たちはみんな、小さな頃から広島や長崎の被爆者の写真などを見て育っていると思います。核兵器が、人間にどんなにむごいことをしてしまうのかということを、私たちは頭に焼き付けて育ちます。だからこそ、「それを扱っていた兵士はきっとやましい気持ちを持っているのだろうな」と想像してしまいます。しかし、同じ過去でも、アメリカの元兵士に見えている風景は全然違います。核兵器は、第二次世界大戦を終わらせた「最終兵器」であり、その後の冷戦時代にアメリカ及び西側諸国を共産主義の脅威から守った「最強の兵器」なのです。彼らは、そうした仕事に従事した自分の過去を誇りにしています。

難しいテーマで取材を始める際、つい、「こんなインタビューは取れるわけない」とあきらめてしまいそうになることがあります。しかし、実際にはそれは思い込みに過ぎず、意外にも簡単に取れてしまうことがあるものです。逆に、「簡単だろう」と思っていたインタビューや取材に大変苦労するケースもあります。同じ事象でも人によって見えている風景が全然異なるということ、だからこそ、先入観を排して取材にのぞむことが大切だと改めて思います。

番組放映の影響

番組の放送後に、反響がいくつかありました。たとえば沖縄県議会では、「今も沖縄に核兵器があるのではないか」といった質問が出されました。番組を見た視聴者のなかにもそう思った人がとても多かったようです。

沖縄県は、県議会での質問を受けて、外務省に対し、「かつて沖縄で起きた核兵器をめぐる事故の詳細」「当時の核兵器の配備状況」「今も沖縄に核兵器はあるかどうか」などについて問い合わせを行いました（沖縄の本土復帰前の状況については「政府として承知していない」、現在については「現時点において沖縄に核兵器が存在をしていないことについては何ら疑いの余地がない」というのが外務省の回答でした）。

また、緊急時における沖縄への核兵器の再持ち込みを認める、いわゆる「核密約」が日米間で結ばれた事実がすでに明らかになっていますが、その核密約が今も有効なのかどうかということも問い合わせが行われました（「現在は有効ではない」というのが外務省の回答でした）。

加えて、番組を契機にして、「核兵器から命を守る県民共闘会議」という市民団体も発足し、嘉手納基地などの米軍基地に核兵器がないことの証明などを求める動きも起こりました。

四　新しい事実の提示こそがドキュメンタリーの使命

編集作業とは

番組作りでは、まず取材があって、ロケ（撮影）があって、その次に編集作業を行って、ようやく放送に至ります。今回の番組では、この編集作業でもたくさんのことを学びました。

編集作業では、何百時間という膨大な録画データから最終的に五〇分の番組にします。今回は、一カ月かけて、一六回の試写（ディレクターやプロデューサーで見て修正点を話し合う作業）を重ねてようやく編集作業が完了しました。民放でドキュメンタリーを作っている人たちと話をすると、長い番組でも、試写の回数は三回ぐらいが普通だそうです。それからすると、私たちの試写の回数はかなり多いと思います。今回の場合、まずは二人のディレクターと編集マンで一二〇分版を作りました。それを沖縄放送局のプロデューサーと一緒に見て、何を切って何を残すのかを考えました。これを数回繰り返したあと、今度は編集の場所を東京に移して試写を行います。そこからは、参加人数が増えて、いわば、試写に《東京の視点》が加わることになります。

《沖縄の視点》と《東京の視点》、それぞれの視点で、何を切って何を残すのかを考えていくのですが、意見が分かれたシーンがありました。その二つのシーンについてご説明したいと思います。

シーン1——ナイキ・ハーキュリーズの誤発射による兵士の死亡事故

核弾薬庫など米軍にとっての重要な施設を防衛するために配備された新たな核兵器、ナイキ・ハーキュリーズ。これは敵の攻撃機を撃ち落とす迎撃用の核ミサイルです。地上のレーダーによって目標へと誘導することができました。嘉手納などの弾薬庫を取り囲むように八カ所にナイキを設置。核によって核を防衛する体制が整えられ、また基地が拡大していったのです。

しかし、配備されたばかりのナイキが大惨事につながりかねない事故を起こしていました。今回その詳細が初めて明らかになりました。ナイキの燃料ブースターが誤って点火し、兵士一人が死亡。いったい何が起きたのか。事故を起こしたナイキの運用部隊にいた元兵士が見つかりました。核弾頭の整備に当たっていたというロバート・レプキー氏(八一歳)です。事故について初めて語ることを決断し、取材に応じてくれました。

レプキー氏の証言によれば、事故は人口が集中する那覇に隣接した基地で起きました。今の那覇空港がある場所です。発射に備える訓練の際、一人の兵士が操作を誤り、燃料ブースターが点火。ナイキは水平に発射され、そのまま海に突っ込んだのです。

アメリカ軍は核に関する事故を徹底して隠蔽しようとしていました。今回入手した軍の内部文書には、「核兵器の事故はアメリカの国際的地位を脅かす。すべての情報は関係者以外極秘とする」と記されていました。

軍は海に沈んだナイキをひそかに回収していったといいます。核兵器に関する事故であったことが知らされることは一切なく、事実は隠されたままとなっていたのです。

シーン2――伊江島のＬＡＢＳ訓練による島民の死亡事故

核が沖縄へ集中していくなかで、住民を巻き込む事故も起きていました。アメリカ軍が住民の土地を接収し、核爆弾投下を想定したＬＡＢＳの訓練が行われていた伊江島です。

民家のすぐそばに落ちてくる模擬核爆弾。しかし住民は何の訓練が行われているのか知るよしもありませんでした。こうしたなかで事故が起きました。空軍の記録です。「伊江島の住民が死亡。爆発したのはＭＤ６」。

ＭＤ６は水爆の投下訓練に使われる模擬核爆弾でした。亡くなった石川清鑑さんは、当時二八歳。妻と生後九カ月の娘がいました。石川さんは、模擬爆弾を拾い、それをスクラップとして売っていました。しかし、解体中に、そのＭＤ６という名の模擬核爆弾の内部に含まれていた爆薬が爆発し、即死したのです。石川さんの妻・ツネ子さんは、事故後、アメリカ軍に当てて手紙を書いていました。「ばかげた戦争や演習はやめてください。九カ月のこどもを抱えてどのように暮らしていけといわれるのですか」。

事故当時、生後九カ月だった與儀（よぎ）京子さんはいま、沖縄本島で暮らしています。京子さんは父が亡くなった事故の背景に核兵器の訓練があったことを初めて知りました。彼女はこみ上げる思いを、涙をこらえながら語ってくれました。「なんでこんなことで父は死ななければならなかったのか。軍に土地を取られていなければ、こんなことにはならなかったはず。父にいてほしかった……」。

事実か感情か

ナイキ・ハーキュリーズの誤発射事故の詳細（シーン1）は新事実で、私たちも重要な場面だと思っていましたが、五〇分にするために「どこを切るのか」というとき、沖縄の制作チームは、「ここを短かくしよう」という判断をしていました。しかし、《東京の視点》から見る人たちからは、「ここは面白いので、あまり削らないほうがいい」という意見が出てきました。

一方、伊江島で住民の一人が犠牲になった事故は、結果的に事実の積み重ねのシーンとして描いていますが、当初はもっと、亡くなった石川さんの遺族の気持ちに寄り添う構成になっていました。《沖縄の視点》からはここは大事にしたいシーンでした。というのも、この番組は軍の文書や元兵士のインタビュー、つまり国家や軍の思惑が占める割合がとても多いのですが、その国家や軍の思惑が、沖縄で生活していた人々の暮らしにも直結していた問題であることを示したかったからです。しかし、《東京の視点》からは、「このシーンだけ作りのルールが違っている。感情よりも事実関係を優先して欲しい」との言葉が投げかけられました。

自分自身が沖縄で生活し取材していると、沖縄で現に暮らす人たちの気持ちが少しずつわかってきて、その代弁者になりたいと思うようになります。私は先ほど、事実こそが番組を引っ張っていくといいました。しかし、同時に、作り手としては、人々の感情に引っ張られながら作っているという側面もあります。

あるいは、《沖縄の視点》から作る制作者は、過去と現在をダブらせながら、沖縄が背負わされている「負担の構造」を示したいと考えることもあります。具体的には、現在の普天間基地の名護市辺野古への移設をめぐる問題があります。国は、普天間基地の代替施設を辺野古に作ろうとしており、沖縄の多数の人たちはそれに反対しているにもかかわらず、日本政府は工事を強行するという現状があります。核兵器をめぐって沖縄が強いられてきたものと、現在の沖縄が強いられているものが重なって見えるのです。

伊江島のシーンはこうした、変わらぬ負担の構造を人間の感情とともに描き出すシーンです。ところが、それは《東京の視点》からは理解を得られませんでした。いや、理解された上で、そうした思いは前面に出さないほうがよい、という判断だったのだろうと思います。

「感情というのは難しい」と改めて思わされました。新しくて重要な事実であれば、「スクープ」として多くの人が関心を持ってくれます。しかし、感情はこちらが思っている通りには伝わりにくい。編集作業の合間に、沖縄のスタッフで飲みに行って、「東京の人たち全然理解してくれないな。沖縄と本土には溝があるんだよな」というような話をしたことを覚えています。

当事者は「感情」ではなく「事実」を欲している

ところが話はこれで終わらなくて、実はここからが非常に重要なのですが、地元沖縄で市民の方から「もう一度番組を上映しながら、制作者の話も聞かせてほしい」という要請がありました。ただ、時間が限られているので、番組の一部をカットして上映するということでした。どこがカットされるのか、それは先方が決めるとのことです。当日会場に行ってふたを開けてみると、何と私たちが《沖縄の視点》から大事にしていたあの伊江島のシーンがカットされていました。「なぜあの部分をカットしたのですか」と聞くと、「まぁこういう悲劇はあまり珍しいことでもないから」というのです。

私はそのときに、「現場に寄り添うとはどういうことなのか」ということを強く考えさせられました。沖縄で勤務していて、沖縄の人たちの気持ちを伝えることが大事だと思って仕事をし、その気持ちが伝わらないということに大きなフラストレーションを感じ、「本土と沖縄の溝」などと居酒屋でくだを巻いたりしていたわけです。しかし、いざ沖縄の人たちがカットしたのは、私たちが重要だと思っていた感情の部分だったわけです。

結局、ドキュメンタリーの視聴者は、地元の人も含めて、共感や感情を求めているのではなく、第一は事実を見せて欲しいということなのではないでしょうか。

自分たちが苦しい状況に置かれたときに、しかし当事者は、メディアを通じて自分たちの涙を視聴者に見てほしいわけではない、ということ。それよりもメディアには、自分たちを苦しめている状況を正確に知り、その原因を明らかにしてほしいという期待のほうが、実は大きいのだということを改めて知りました。

やはり、人の心を動かしたり、重要なメッセージを伝えたいと思った場合、「悲しい」「怒っている」

といった感情を伝えるのではなく、新しくて重要な事実を発掘し、それを淡々と伝えることが、ドキュメンタリーにとっては一番大切なのです。

（1） Letter to Charles E. Wilson from John F. Dulles, June 3, 1955, Box 2, Country Subject File 1950-1962, NARA.

（2） Report of a Special Subcommittee of the Armed Service Committee House of Representatives Following an Inspection Tour October 14 to November 23, 1956, 沖縄県公文書館（請求記号 0000030365）.

（3） History of the 313th Air Division: 1 January through 30 June, Chapter Ⅲ, The Ie Shima Bombing Range and the problem of Scrap Metal Collection, マクスウェル空軍基地（請求記号 0466027）.

❖講義を終えて　ディレクターと記者

講義の最後に、ディレクターと記者は何が違うのか、というご質問をいただきました。この場を借りて、私の経験から、説明したいと思います。結構大きな違いがあるのですが、今一つ知られていないように思うからです。

私自身、ＮＨＫに入るときに、何となく「ディレクターかな」くらいの軽い感じでディレクターになりました。しばらく仕事をしてみて、初めて違いがわかってきました。

まず記者には、割と明確に「持ち場」があります。多くの場合、警察や官公庁などの行政当局と呼ばれるところ、あるいは県議会や国会といった政治に関わるところです。そういう持ち場ごとの記者クラブに所属して最新の情報をニュースとして伝えるのです。記者にとっては、いわゆる「特ダネ」をつかむことが大きな目標です。よそが追いかける特ダネを書けば勝ち、自分が追いかける羽目になれば負け、という「勝ち負け」のはっきりした世界でもあります。

一方、ディレクターには、記者のような「持ち場」はありません。あるのは番組ごとの放送枠です。その時々の社会情勢や自分の問題意識から企画を立案し、たとえば「クローズアップ現代＋」や「ＮＨＫスペシャル」といった番組で企画が採用されるように頑張ります。目標は人の心を打つ番組を作ることです。どういう番組が人の心を打つのかは人それぞれ。はっきりとした「勝ち負け」のない世界と言えるかもしれません。

さて、ディレクターとして一〇年くらい過ごし、記者たちとも仕事をすることが多くなり、自分にとっては、「特ダネ」の追求が面白い仕事なのではないかと思うようになりました。自分が知り得た重要な情報を報じて社会が動く。それによるワクワク感はほかに代えがたいものです。人によって評価の分かれるディレクターの世界よりも、白黒はっきりした記者の世界のほうがわかりやすくていい、というような思いもありました。また、特に東京の中央官庁などを相手にした取材では、その官庁への取材は記者クラブの記者にゆだねる、という暗黙のルールがあります。記者とディレクターではっきりとした分業体制ができているのです。しかし私としては、最も重要なワクワクする仕事を「外注」しているような気がしてきました。そこも自分でやりたい、という気持ちになるのです。

そこで、ディレクターから記者へ職種の変更を願い出たのですが、「このままディレクターとして頑張れ」ということで叶わず、沖縄に転勤となりました。こう書くと「島流し」のように聞こえるかもしれませんが、沖縄局でディレクターとして勤務できたことは非常に幸運でした。

まず、地方局では、東京ほどはっきりとした「持ち場」がありません。人手が少ないということがその大きな理由ですが、番組の企画立案も当局への取材も、その多くを自分でやることになります。また、沖縄には、アメリカ軍という特殊な組織があります。沖縄の人々の生活だけでなく日本の政治にも大きな影響を与える「究極の当局」ですが、記者クラブはなく、取材の手法も全く確立されていません。こういう状況のなかで、手探りで進んでいく仕事は非常にやりがいのあるもでした。

メディアの仕事といっても、入ってみると実にたくさんの種類の仕事があります。皆さんにとって最もワクワクする仕事は何なのか、私の経験がそのことを考える一助になれば幸いです。

II 事実を隠す力に抗う

#Me Tooとジャーナリズム

ジャーナリスト
伊藤詩織

一　#Me Too運動とは何か

早速ですが、#MeTooという言葉を聞いたことがありますか。#MeTooというのは、二〇一七年一〇月からスタートしたハッシュタグ、ムーブメントです。始まりは二〇一七年一〇月『ニューヨーク・タイムズ』で報道された、ハリウッドの大物プロデューサー、ハーヴェイ・ワインスタインの性暴力・セクハラ疑惑です。ワインスタインは、アメリカでは、いろいろな意味でとても大きな権力を持っていました。その男性にそれまで被害を受けてきたと、女優たちが告発をしたのです。

この件について、実は業界の人たちには暗黙の了解とされていて、エンターテインメントの世界ではよくあること、と認識されていました。それが『ニューヨーク・タイムズ』や『ニューヨーカー』で報道され、「私も」と声を上げる人が出てきたことから、#MeTooという運動につながりました。

一方、私が性被害の被害者となり、実際に記者会見を開いたのは、#MeTooが始まる半年前の二〇一七年五月末でした。その後、ハーヴェイ・ワインスタイン氏についての『ニューヨーク・タイムズ』の記事が掲載されたのと同じ月の二〇一七年一〇月に、私は自分自身の性的被害について書いた『Black Box』（文藝春秋、二〇一七年）という本を出版しました。偶然にも同じ月にアメリカから、同じ性暴力についての言葉を聞くのは、すごく衝撃的でした。ですから、よく私のことを「#MeTooの人」という人がいますが、私自身が「#MeToo（私も）」のハッシュタグを使い、被害を告白したことはありませんでした。しかし確実に、「これ以上同じことが起きないために声を上げよう、あなたは一人ではない」という共通の認識が広がり出したのが二〇一七年でした。

二　私に起こったこと

フリーランスのジャーナリストになりたい

二〇一五年の春、大学卒業を控え、就職を考えていた頃でした。ニューヨークの大学でジャーナリズムと写真の勉強をし、卒業後は、最初からフリーランスで働きたいと思っていました。というのも、それまでにテレビ東京と日本テレビのニューヨーク支局でインターンをさせていただき、日本のメディアのなかでどれくらい自分のやりたいことができるのか、というところに疑問を持っていたからです。したがって、外資系のメディアか、日本のメディアの海外支局など、日本の外で働くのが自分には合っているような気がしていました。それでも、本当にどうしようかと悩んでいた時期でした。ちょうどニューヨークから日本に戻り、国際ニュース通信社ロイターの東京支局でインターンとして働き始めました。そのときに、情報がどんどん消費されていき、伝えたいことが途中でわからなくなってしまう状況に遭遇し、「これが私のやりたい『伝えること』なのか」と疑問を持ってしまったのです。

当時、初めて自分で企画したテーマが孤独死についてでした。高齢化社会の問題として見られがちですが、現場では、高齢化問題というより、家族や友人、コミュニティとの付き合い方、つながりの問題だと痛感しました。それを三分間のニュースには、どうしてもできませんでした。もう少し長い時間で、映像として見せられる仕事は何だろうと思ったときに、フリーランスとしてドキュメンタリーを制作するのが自分に合っているのではないかと思いました。まだその当時、私自身、日本のマーケットでドキュメンタリーがどのように動いているのかも想像がつかない、そんなときでした。

初めての就職活動で

そこで、両親に「自分は最初からフリーランスとしてやっていこうと思っている」と相談しました。私の親は、そもそも大学なんて行かなくていい、という考え方でしたので、奨学金やバイトで貯めた資金でニューヨークの大学に行きましたが、いきなりフリーランスになりたいというと、すごく心配して、「二年間は企業に勤めてくれ」といわれました。親のいうことなんて一切聞いたことがなかったのですが、それまで迷惑をかけたという思いから、「わかった」というしかできませんでした。そこからやったこともない就職活動を始めました。まず自分の働きたいところを思い浮かべてみて、いろいろな人にメールをしました。その一人が『Black Box』にも書いた、TBSの元記者の人でした。

彼はワシントン支局長で、「いつでもポジションはあるから気軽にいってよ」と、フレンドリーな感じでした。その言葉をそのまま信じた私が甘かったのかもしれませんが、履歴書を送り、その方が日本に戻られるということでお会いしました。会食中に記憶がプツンと途切れてしまい、起きたときには行為がされていたという状態でした。私は、お酒にはすごく強いほうだったので、とても驚いてしまいました。自分が信じ、尊敬している支局長がこんなことをするはずがない、何かの間違いだと、起きたことが自分のなかで処理できませんでした。なぜあのときすぐに助けを求めなかったのか、と何百回、何千回とあとで自分に問い正しました。しかし、安全な場所へ逃げたいという一心でそのままその場を逃げるように立ち去り、自宅へ戻りました。汚く思えた体をとにかく洗って、まずは病院に行きましたが、そこではいえず。何でもいえる性格だと思っていたのにいえなかったことに自分でも驚きました。しかし後に取材を通し出会った性暴力被害者の方々が、このようなあまりにもショックな出来事に対し、何事もなかったように過ごそうとすることはよくある行動であることを知りました。しかしこの時の私は、このような被害を受けたらどうすればいいか、学校で教わったこともなく、知識も持ち合わせていませんでした。

ただ、落ち着いて考えていくうちに、「これはおかしい」と思い、友人に少しずつ話せるようになり、やはり警察に行くべきだと考えました。しかし、私はこれから日本のメディアで働こうと思っていて、相手はワシントンの某テレビ局の支局長で、会食時にも、政治家の名前や総理の名前が出ていたわけです。一般人の自分がこの話をして誰が信じてくれるのかと、とても不安でした。でも、暴力は暴力です。皆さんも、高校生のとき制服で電車に乗って、嫌な思いをされたことがあるかもしれません。私も、どこか自分のなかでノーマライズされていたのかもしれません。もちろんそれは絶対にあってはいけないことなのですが、脳は上手に体を守ろうとするから、忘れようとするわけです。自分のなかでいろんな葛藤もありました。ですが、自分のなかで真実と向き合わずに、話さないでいたら、ずっとなりたかった、ずっとやりたいと思っていた職業であるジャーナリストになどなるべきではないし、もし、この話をしたらジャーナリストとして日本では働けない、というのであれば、話さないでいるべきなのかとも一瞬考えましたが、それでは自分自身が壊れてしまうと思いました。そして日本で就職が困難になっても、海外でジャーナリズムの仕事はできるはずと信じていたことも心の支えでした。

性被害を訴えることの難しさ

性被害のプロセスは人によってさまざまです。一〇年、二〇年、誰にも話せずに、その場で耐え忍んで生き延びる人もいますし、話せばいいというわけでもないと思います。

私がショックだったのは、悩んだ末に助けを求めようとしたときに、そういう機関が実に少なかったことと、警察に行ったときに、「よくあることだからいちいち捜査できない」といわれたことです。「よくあることってどういうこと?」と、そのとき頭のなかでスイッチが入りました。そこで自分の質問癖が出て、「どういうことですか」「どうやったら捜査できるんですか」と、まるで一つの取材ケースを追っていくような思いで、捜査員の方とコミュニケーションをするようになりました。

担当の捜査員によると、日本における刑事裁判の有罪率は九九・九%と非常に高い。つまり、一〇〇%有罪になる確信がないと捜査できない、ということでした。検察官からは起訴できるわけがないからやめろといわれるし、被害者からはやってくれといわれるし、板挟みでつらいんだといってました。では、それを改善するにはどうするべきかと考えました。二〇一五年当時は、制定時から一一〇年間変わっていなかった刑法に強姦罪というのがあり、それは被害者からの訴えがないと刑事事件として捜査できない親告罪でした。また、その要件が厳しく、なかなか刑罰として問えないのです。だから、捜査員もそこまで我慢しても絶対につらいだけで終わるから、捜査できないという一言が出てきたわけです。そういったことも初めて知り、私は自分の無知さにも衝撃を覚えました。

そこから、捜査員の方と一つひとつプロセスをふみ、防犯カメラの映像を探したり、タクシー運転手の、私がタクシーから引きずり下ろされるところを見ていたという証言や、DNAの証拠などを集めていきました。そうしてあるとき、裁判所から逮捕状が出ました。相手はアメリカに住んでいて、逮捕できず事情も聞けないから、日本に帰ってくる際に捜査員が空港で待っていました。

そしていよいよ逮捕予定だった当日、ストップがかかり、逮捕はなくなりました。

不可解だった逮捕状の取り消し

その知らせを聞いたとき、私はドイツで帰国の準備をしていました。「逮捕したら君にも話を聞くからすぐに帰国するように」といわれたからです。逮捕状が出たときは、「正義はある」と思っていましたが、私の手の届かないところで、自分では何もできないパワーがあることを知り、途方に暮れたことを覚えています。そして、次に自分の身に何が起こるのか、すごく恐怖を感じました。

それから、日本で信頼しているジャーナリストの人たちに連絡をしました。最初に電話をさせていただいたのは清水潔さんです。日本の警察や、捜査機関に何かいえる、もしくは何かを知っているかもしれないという望みがあったからです。ほかの方にも相談をしましたが、逮捕状が執行当日にキャンセルされるという例は聞いたことがないとどの方にもいわれ、これはおかしいと思いました。しかしそのまま月日が流れ、情報を定期的にこちらから伝えてはいましたが、この事実は報道されることなく疑問だけが増えていきました。疑心暗鬼にもなり、お話をした方が警察担当のジャーナリストと繋がっているのではないか、と変な想像をしたりしてしまいました。

そんなときに、ジャーナリストの野中章弘先生に相談をしました。野中先生はお知り合いの新聞記者さんなど、ほかの方に話を聞いてくださいましたが、どうにもなりませんでした。そのときに、「じゃあ、伊藤さん、自分で書くしかないんじゃない？」といわれました。でも、そのときはまだ、そんなことは想像ができませんでした。司法のなかできちんとやらないと、被害者がいっていることだけでは誰も信じてくれないだろうと私は思っていたのです。

そうしたなか、日本のメディアの姿勢に対する疑問や、おかしいことに切り込めないジレンマをすごく感じていました。いったん不起訴という司法の判断が出てしまうと、それが結果だとしか報道されません。不起訴には二種類あり、嫌疑不十分と、嫌疑なし。証拠はあるし疑いはあるけれども、というのと、証拠がないもの。私の場合は嫌疑不十分。証拠はあったのですが、それがどういうふうに使われていたのか、どういうところが今の司法、当時の強姦罪に当てはまらなかったのか、そこを知らなければ今の司法の問題や、捜査の仕方について議論ができないと思います。

そこで、今度は、ランダムに選ばれた一一人の市民の方が被疑者が逮捕されなかったことが正しかったのかどうか、公平にジャッジしてくれるという検察審査会に行きました。そして自分たちで調べて集めてきた情報を精査してもらいました。結局、それでも答えは変わりませんでした。実は検察審査会は、彼ら自身でどんな証拠や証言を使うかを選べるのです。つまり、実際に防犯カメラが見られたのか、タクシー運転手の証言が見られたのかもわからない。何が話されたのかもわからない。透明な議論の場ではないことに気づきました。これも体験しなければわからなかったことで、それにもすごく驚きました。ただ、検察審査会でそういう結果が出たら、もうそれが結果なわけです。そこに異議を唱えると、日本の機関にケチをつけるのかといわれますが、疑問は残ります。そういったところを見直さなければ、今までも、きっと同じようなことはあっただろうし、今後も、私の場合は性暴力でしたが、もっと重いケースがこれに当てはまってしまうかもしれません。本当に恐ろしいことです。

自分で発信するしかない

ここまで司法もだめで、メディアも動きませんでした。自分に残されたのは、自分の声で発信することだけでした。でもそのときは、それまでのメディアの沈黙からこういった性暴力は日常的なことでニュースではないとされてしまうのではないかとギリギリまで悩んでいました。ちょうどその会見をする前に世界報道写真展に行く機会があり、そのときにアメリカ人フォトジャーナリストのメアリー・F・カルバートさんという方の作品が選ばれていました。テーマは、彼女がずっと追いかけていた、アメリカのミリタリーのなかで起きている性暴力についての写真報道でした。とても衝撃的でした。こんなことは常に起きているしニュースではない、といわれていたことが、世界報道写真展で報道として選ばれ、光が当てられていることにとても勇気づけられました。

その方の写真の一つに、自分の働いていたミリタリーで、ボスから受けた性被害を告発したら、自分が処分され自殺した女性の日記の写真がありました。その日記には、リストカットした腕から血が流れているイラストに「これがこんなに簡単だったのに」というような英語が書かれていました。娘の部屋に佇むお父さんの姿の写真もありました。それを見たときに、自分の、司法や社会に対する絶望感を感じました。でも、司法や社会で裁かれなくても、報道であれば声を伝えることができるんだと、希望をもらいました。そして、自分で話すことにも意味があると感じることができて、本当にメアリー・F・カルバートさんには感謝しています。私はまだ死んでいない。死ぬ思いで、自分の身に何が起きたのかをまず話してみよう。その上で、今後、何が改善できるのかということを伝えるのが報道の役割ではないかと思い、会見をしました。

日本で顔と実名を出して話すということ

ちょうどその会見の数カ月前に、日本の痴漢についての記事をアルジャジーラの記者の方と一緒に発表しました。そのとき、「痴漢」は私たちにとっては珍しくはありませんでしたが、アルジャジーラで記事になったときはウェブサイトで数日間、アクセス数が一位になりました。それくらい彼らにとってはニュースだったのです。でも、それがクーリエジャポンで日本語に翻訳すると、日本からの反応は全く違うもので、バッシングも来ました。日本で痴漢という性暴力の話をするのは、こんなに大変なのかと思い、自分の強姦の話をしたら、どんな風が来るかというのはもう目に見えるようでした。でも、被害者として、顔も名前も出されないまま報道されると届かないし、軽く扱われてしまう。その会見前にあった報道で、長時間労働で過労自殺された高橋まつりさんや、中学生でいじめ自殺された葛西りまさんについて、ご遺族でしたが実名で、彼女たちの顔が見える形で報道されたことで、私たちのなかで他人事ではなくなったと思うのです。この報道を見て、自分の実名と顔を出し、生身の人間として話すことがどれだけ大切なのかを学びました。

「会見前に、とても信頼している清水さんにまで、会見ではリクルートスーツを着るようにいわれ、「なんでそんなおじさんみたいなことをいうんだろう」と、すごいショックでした。そうしないと人は信じてくれないというステレオタイプがあったのでしょう。それは私も、捜査員の方に、「泣いてないし、怒ってないから、本当のことをいっているかわからない」と何度かいわれ、〈家に帰ったら泣いているわ。捜査中は頑張って捜査が進むように取り持っているのに〉と思ったのですが。そういうことをしないと人は信じてくれないのかと、そこでも絶望を覚えました。そして「私は絶対にリクルートスーツなんて着ないから」といって、そのときに自分が着たかった麻のシャツを着たのですが、そこにも上のボタンを締めていかなかったことに対するバッシングとか、こういう女だからそういうことがあったんだとか、そんな言葉がたくさん投げかけられました。清水さんが心配していたように予想された言葉がメディア内でも飛び交ったことには驚きましたが、このような存在するはずがない、被害者のドレスコードへ「ＮＯ」といい、自分の好きな服で会見に挑んだことは後悔していません。

私が話した三週間後に、一一〇年間変わらなかった刑法の強姦罪が強制性交等罪に変わり、今まで被害者自身が親告しなければ取りあげられなかったケースが、非親告罪、つまりほかの人でも親告できるようになりました。それでも、まだ合意についての表記がないために、「暴行脅迫要件」が被害を証明するものとして存在し、改正されなくてはならない、変わってないこともたくさんあります。

会見してから二年経ちましたが、それまで通りの生活はできなくなりました。自分の名前でインターネット検索すると、「こいつが取材に来たら、ハニートラップだから気をつけろ」というデマが出ていたりして、取材活動もできなくなってしまい、脅迫が届いたりと身の危険も感じました。

三　日本における #Me Too

逆輸入の形で報道される

四年前に被害を受けて警察に行ったときから、もう君は日本のメディアでは働けなくなる、といわれ、少しずつイギリスベースのメディア仕事をして、日本以外でも働けるように準備はしていました。でも、日本生まれで国籍も日本で、ここで生きられないならどこで生きればいいのかと当時は悩み、いろいろなジャーナリストの方とお話ししました。傷物に触れるような接し方をする方が多かったなかで、何が今、司法や社会システムのなかで足りていないのかを一緒に考えてくれた人が、東京新聞の記者、望月衣塑子さんでした。また、日本のメディアのなかで、初期の段階から真摯に調査報道をし、事実を突き止めることに徹したのは『週刊新潮』でした。メインストリームのテレビ局や新聞社でできなかった報道だったと思います。そしてそれができなかったという日本のメディアの体制に疑問を覚えます。

会見後の報道について話を聞くと、主要な新聞社では現場の女性記者の方々が動こうとしたけどデスクに止められたといったことが多々あったようでしたが、半年後に #MeToo 運動についての報道が日本でもされたことで潮目が変わりました。私の件も海外メディアでピックアップされるようになり、『毎日新聞』が『ニューヨーク・タイムズ』でこう報道されていると、逆輸入的に伝えました。

それを見て、「なるほど、国内では報道されづらいことも、こういうふうにしたらできるのか」と実体験として学びました。

それでも、『ニューヨーク・タイムズ』で取り上げてくださった東京支局長のモトコ・リッチさんによると、もっと大きな地響きが起きて大きなうねりになるかと思ったら、実際はそうでもなかったと。日本では #MeToo 運動は始まらなかった。どうしてだろう、どうすればいいのだろう、ということを、今後も考え続けていかないと思っています。

ジャーナリストとしての自分

この四年、ただ必死で生きてきました。本を書き、『Japan's Secret Shame』(『日本の秘められた恥』)というドキュメンタリーもイギリスのＢＢＣで作らせていただきました。本を書くのは、思い出すことになるし抵抗があったのですが、言葉にすることで自分の気持ちも整理でき、伝わったこともあったと思います。その後『Black Box』は五言語で翻訳され、ユニバーサルな問題なんだなと感じました。ノンフィクションがこのように翻訳されることはとてもまれなケースのようです。『Japan's Secret Shame』についても、日本のこととしてだけではなく、イギリスにもあることとして考えてくださった方もいて、それはよかったと思っています。

話したことで個人的な生活面では諦めたことが多かったのですが、社会的には望みがあったと思っています。全国に性暴力被害者支援センターができ、以前よりもメディアで話されるようにもなりました。以前は「強姦」や「レイプ」といった言葉は新聞でもなかなか使われない言葉でしたが、#MeToo運動もあり、報道のされ方が変わってきたと思います。そして「こんなことでいいのか」と気づいてくださる方が明らかに増えたのではないでしょうか。

私自身、質問するだけでなく、質問される側に立つことができたのは、ジャーナリストとして本当にいい経験でした。よく被害者のことを「サバイバー」と呼びますが、私の感覚としては「I'm still surviving」なのです。私は、いつも取材相手との関係性こそ一番大切なものだと思ってドキュメンタリーを制作しています。報道後も、その人の人生は続きます。報道したことでどんなことが起きるのか、そこまで一緒に考えた上で声を聞いていかないといけない。そうしてこれからも、なかなか話されないタブーなことにもっと光を当てていきたいと思っています。

四　フリーでドキュメンタリーを撮る

私は、日本で働けないといわれ、フリーとして自分でトピックを見つけてやっていこうと思ったとき、どうしても映像にしたいと考えていた孤独死の企画をロンドンのＢＢＣの本社に行って、すみません、これを見てくださいと持ち込みました。そしたら意外と見てくれて、それが『ＢＢＣワールド』だったのです。そのときの私には作品も経験もなかったのに、「よし、やってみよう」といってくださったのです。結局はＢＢＣではなく、予算の関係で長く取材させてくれるチャンネル・ニュース・アジアというシンガポールの放送局で作ることができました。日本だと、何年間か補助的な仕事をしてやっとフリーになるなど経験が重視されます。経験も大切だと思いますが、たとえば一〇年間「待て」をさせられて、一〇年後に同じことを考えているかなと、私は思ったのです。今これをどうしてもやりたい、今じゃないとできないかもしれないと思って、持っていったら海外の放送局には受け入れてくれるところもあります。ただ、そのままアイデアを盗まれてしまったということも何度もありました。でも、一番強いのは取材する人との関係性です。題材はコピーされてしまうかもしれませんが、人との関係性は絶対にコピーできないので、そういったものを持って、放送局やコミッショナーに会いに行くと、意外と聞いてくれます。BBCはチャンネル数も多いので広い視聴者層に番組制作のチャンスがあります。アルジャジーラは、カタール以外のストーリーであれば結構やってくれるので、これまでにもペルーや日本を題材とした番組を作らせていただきました。海外の放送局は、本当にそういった意味で、活躍の場があると思います。

ただ、放送局と仕事をしていると、自分はこういうふうに撮りたかったのに、テレビなのでどうしてもエンターテインメントに見せなければいけないという彼らの思いがあり、自分の作りたいもの、見せたいものとすごく離れてしまうところがあります。今、私は自分たちでプロダクションを立ち上げて作品を作るというやり方が一番いいのではないかと思い始めています。

自分のことをドキュメンタリー・フィルム・メーカー、ジャーナリスト、ビジュアルジャーナリストなど、どう位置づければよいかわかりませんが、今はいろいろな発信の仕方があると思います。でも、映像がいいなと思うのは、映像作品として、ドキュメンタリーとして形にできなくても、映像で音が残っているので、文字起こしをすれば、記事にもなるということです。だから、いろいろな発表の仕方もあるし、それが一つのストーリーにならなくても、自分が信じてこれを伝えたいと思ったことであれば、発信の仕方がいろいろあるので、そういった意味で、本当に私はこの仕事がすごく好きです。

日本では一三人に一人の女性、男性だと六七人に一人が無理やり性行為をされた経験があるという。（内閣府「男女間における暴力に関する調査」平成二九年度）

二〇一九年四月、早稲田大学の学生の前で話す機会があった。この統計を単純に当てはめたなら、きっと講義を聴きにきてくれた部屋のなかにも似た被害を経験したことのある学生がいたのではないだろうか。どのような気持ちで聴いていたのだろう。必要なサポートに繋がれているのか。この講義の場にいてくれたこと、それだけでも大変なことだったのではないかと思う。この場にいてくれて、聞いてくれてありがとうと伝えたい。

❖講義を終えて　権力への疑問を報道することがジャーナリストの使命

性暴力は、自分にも身近な人にも起こる可能性のある、日常的に起きている犯罪なのだ。アメリカでは五人に一人の女性がレイプを経験しているという。日本よりレイプの定義が広いため数が多く、また同意のない性行為はレイプだという定義がある。しかし、日本ではそれが望まない行為だったとしても、犯罪にはならないケースが多い。日本では二〇一七年に一一〇年ぶりに刑法が改正され強姦罪から強制性交等罪になり、男性被害者も被害を届け出ることができるようになった。しかし、いまだに強制性交等罪には「暴行脅迫要件」がある。このため、無理やり性交をされても、明らかな暴力や脅迫を証明できない場合は犯罪として認知されなくなってしまう。二〇一九年三月に相次いだレイプ事件の無罪判決にもやはり「暴行脅迫要件」の壁があった。父親に中学二年生のときから五年間にわたり性的虐待を受けていた一九歳の女性のケースに対し「娘の同意は存在せず、極めて受けいれがたい性的虐待に当たる」

としつつも、「抗拒不能だったとはいえない」として、無罪とした。スウェーデンのストックホルム南病院の調査によると、レイプを受けた七割の人がフリーズ状態に陥り抵抗ができないという調査結果が出ている。恐怖で体が固まり、また生き延びるために抵抗できなくなってしまうのだ。また、被害を受けると必死に何事もなかったようにそのまま生活を続けることは、よくあることなのだ。

#Metooから何が変わったのか。性暴力のメディアでの取り上げられ方は確実に変わった。前述した無罪判決についてもメディアがきちんと注目し、大きく取り上げられたのだ。

しかし、ムーブメント化されたから報道するのではなく、現在の法的システムのなかで何が機能していて何が機能していないのか、当事者の声をいち早く聞き取り、可視化することをメディアがしていかなければ、今後も同じ事件が繰り返されるおそれがある。

「司法の判断が下ったらそれ以上、その内容を疑問視するようなことはできない」。これまで日本のメディア関係者からこのような言葉を聞いたことは何度もある。しかし司法や権力がどのように運営されているのか、疑問を疑問のままに止めず取材し世に知らせることがジャーナリズムの本来あるべき姿なのではないだろうか。

「組織ジャーナリズム」の明日を考える
――森友学園問題・加計学園問題の報道をケースに

朝日新聞ゼネラルマネジャー補佐
長谷川　玲

一　組織ジャーナリズムとしての朝日新聞

「財務省公文書改ざん」をスクープ

二〇一八年三月二日付の朝日新聞朝刊一面をご覧ください（図表1）。トップ記事の見出しは「森友文書書き換えの疑い／財務省、問題発覚後か／交渉経緯など複数箇所」とあります。

記事の書き出しには、学校法人森友学園との国有地取引の際に財務省が作成した決裁文書について、契約当時の内容と国会議員らに開示された内容に違いがあること、学園側との交渉経緯の記載や「特例」などの文言がなくなるなどしていること、取引をめぐる問題発覚後に書き換えられた疑いがある

図表1　2018年3月2日付の朝日新聞朝刊1面の記事

森友文書 書き換えの疑い

財務省、問題発覚後か

交渉経緯など複数箇所

学校法人・森友学園（大阪市）との国有地取引の際に財務省が作成した決裁文書について、契約当時の文書の内容と、昨年2月の問題発覚後に国会議員らに開示した文書の内容に違いがあることがわかった。学園側との交渉についての記載や、「特例」などの文言が複数箇所でなくなったり、変わったりしている。複数の関係者によると、問題発覚後に書き換えられた疑いがあるという。

内容が変わっているのは、2015～16年に学園と土地取引した際、同省近畿財務局の管財部門が局内の決裁を受けるために作った文書。1枚目に決裁の完了日や局幹部の決裁印が押され、2枚目以降に交渉経緯や取引の内容などが記されている。

朝日新聞は文書を確認。契約当時の文書と、国会議員らに開示した文書は起案日、決裁完了日、番号が同じで、ともに決裁印が押されている。契約当時の文書には学園とどのようなやりとりをしてきたのかを時系列で書いた部分や、学園の要請にどう対応したかを記述した部分があるが、開示文書ではそれらが項目ごとなくなったり、一部消えたりしている。

また、契約当時の文書では、学園との取引について「特例的な内容となる」「本件の特殊性」と表現。

国会議員らに開示された、森友学園との国有地取引の際に財務省が作成した決裁文書（個人情報にモザイクをかけています）

財務省は国会で学園との事前の価格交渉を否定し続けているが、「学園の提案に応じて鑑定評価を行い」「価格提示を行う」との記載もあった。開示された文書では、これらの文書もなくなっている。

昨年2月、大幅に値引きされて土地が学園に売却された問題を朝日新聞が報道。国会で野党が「学園に便宜が図られたのではないか」などと追及し、財務省は否定する答弁を繰り返していた。関係者によると、文書の内容が変わったのは、昨年2月下旬以降とみられる。これらの文書の一部は国会議員からの求めに応じて開示された。

土地取引の決裁文書は保存期間が最長30年。会計検査院の検査に提出を求められることもある。決裁後の変更は、意思決定の経緯を検証できるようにすることを求める公文書管理法の趣旨に反するおそれもある。

一連の問題をめぐっては、大阪地検特捜部が背任容疑の告発を受理して昨年9月以降、関係者への任意の事情聴取を本格化。文書管理をめぐる公用文書等毀棄容疑や証拠隠滅容疑の告

こと、が記されています。記事の末尾では、財務省理財局総務課長が三月一日の朝日新聞の取材に対して「われわれが決裁文書として持っているものは情報開示請求などに出しているものだけだ」とコメントしたと伝えています。要するに、書き換えていないという反論です。

この日の朝刊に、このニュースを掲載した新聞は朝日新聞だけであり、テレビでも報道はありませんでした。いわゆる「スクープ」です。

国民の「知る権利」に奉仕するジャーナリズムに求められる役割で最も大きいのは「権力監

視」です。公共性の高い、民主主義社会に必要な情報であっても、自分たちに都合が悪いと公権力側が思い通りに隠せてしまう。そんな状況は健全な社会の形成にとって良くないという考え方が報道機関の活動の大前提にあります。私が考えるスクープとは「報道がなければその事実は明るみには出ず、世の中の人たちは知らされないままだった重大な事柄」を真っ先に報じること。この記事は、朝日新聞がジャーナリズムを担う組織として取材に取り組み、公権力によって隠されている不正を世に問いかけたものでした。

本稿では、いわゆる森友学園問題・加計学園問題の取材班の仕事を紹介しながら、その意義について考えていきます。

報道機関の規模感

本論に入る前に、報道機関と呼ばれる組織の全体像や規模感について確認しておきましょう。

私が所属している朝日新聞社の取材拠点を見てみます。東京、大阪、西部（北九州）、名古屋の四カ所に本社があり、札幌には支社、福岡・博多には本部があります。それらのほかに、各都府県に置かれている総局が四四カ所、支局が約二五〇カ所あり、それぞれ記者が配置されています。合計すると、国内の取材拠点は約三〇〇カ所となります。また、海外には五つの総局と約三〇の支局を置いています。これら国内外の取材拠点を総称して「取材網」と呼んでいます。

朝日新聞の記者数は取材網全体で約二二〇〇人です。ざっくりいうと「分野・テーマ」ごと、「エリア」ごとで記者たちの担当を分けています。本社には主に分野・テーマの取材を柱にする国際報道部や政治部、経済部、スポーツ部、科学医療部などがあります。一方、各本社の社会部や各総局・支局は担当エリアで起きた事件・事故や災害、選挙、街の話題などをカバーしています。取材網という「網」は分野・テーマを担当する記者、エリアを担当する記者を掛け合わせる形で構築されているわけです。

では、全国に報道機関はどのくらいあるのでしょうか。国内の主だった新聞社やテレビ局が加盟している日本新聞協会の二〇一九年四月現在の会員社は、新聞社が一〇三社、通信社が四社、放送局が二二社で、計一二九社です。

協会によると、これらの報道機関で記者として働いているのは約一万九〇〇〇人。協会に加盟していない新聞社やテレビ局もありますし、ほかにも雑誌、ネットメディアなど多様な媒体があるので全体の数はもう少し増えるとは思いますが、このあたりが日本における「報道」の規模感です。

二　森友学園問題における調査報道

「森友学園問題」の経緯

二〇一七年二月、朝日新聞の大阪社会部が「森友学園への大阪・豊中の国有地売却に際して八億円の不当な減額がなされた疑惑」を報じました。二〇一六年に近畿財務局が売却したのですが、国有地であるにもかかわらず価格は非公表でした。その価格が、隣にある同じくらいの大きさの国有地の一〇分の一ほどである約一億三〇〇〇万円だったことを明らかにしたスクープをきっかけに、森友学園問題は社会問題化しました。

売却当時、安倍晋三首相の妻の昭恵氏がその土地に新設される学園の小学校の名誉校長に就いていました。首相や昭恵氏に対して役所が忖度して大幅な値引きをしたのではないか。国会での質疑で野党側が連日、取り上げました。追及に対し安倍首相は「私や妻が関係していたということになれば首相も国会議員も辞める」と発言して関与を否定。国会答弁に繰り返し立った財務省の理財局長は、売却は「適正な処分」と述べました。この局長は、野党が学園との交渉記録の提出を要求すると「面会の記録は破棄した」と答弁し、政治家から働き掛けがあったのかを問われると「不当な働き掛けは一切なかったので記録は保存していない」と説明しました。

取材や国会での追及を通じて、国有地売却の契約は財務省理財局長の承認が必要な「特例」の契約だったこと、学園側が「土地から新たなゴミが見つかった」と財務省に報告し、その撤去費用を差し引いた額で買い取ると申し出ると、近畿財務局側が「一億三〇〇〇（万円）」「ゼロに近い金額」などと伝えながら交渉したこと、そして申し出の三カ月後に大幅に値引きした金額で契約が結ばれ、過去五年間に行われた約一二〇〇件の取引のうち、この一件だけは分割払いが認められていたこと――などが次々と明らかになりました。

国会で大きなテーマになり、東京にも取材現場や取材対象が多く存在していたため、森友学園問題は東京社会部と大阪社会部が連携して、ほぼ一体で取材を進める形になりました。

「改ざん」を突きとめた取材活動

取材にはいろいろな方法がありますが、公的機関や企業などの情報発信に頼らず、報道機関が自分たちでさまざまな事象を調査して報じていくのは「調査報道」と呼ばれます。表に出ることのない地味な作業の積み重ねで、足で稼ぐ取材は空振りのことも多く、担当する記者にとっては無駄を覚悟の毎日です。

財務省による決裁文書の改ざんは、そんな日々のなかでつかんだ情報でした。取材班の記者たちはこの情報に触れたとき、「公文書を書き換えることまでは、まさかしていないだろう」と感じ、その直後に「いや、本当にやっているかもしれない」と思い直しました。というのも、財務省が国会で詳細な説明を拒み続けていて、「ここまでかたくななのは、どうみても不自然」と感じていたからです。「問題の発覚後に公文書を書き換えていたら、あのような答弁の姿勢もつじつまが合う」。そんな記者の「勘」も働き、確認のための取材を始めることになりました。

取材班のなかで一致していたのは、財務省が改ざんを自らすすんで公表することはありえないだろう、隠し通すことに成功したら同じことを繰り返しかねないだろう、という思いでした。そんな事態を防ぐことこそジャーナリズムが果たすべき役割だということで、取材には大いに力が入りました。

しかし、隠されていることを調べるというのは大変難しいのです。森友学園との取引で財務省本省や近畿財務局が作った公文書は膨大でした。どの文書のどの部分がどう書き換えられたのか。何カ月もかけて少しずつ確認作業を前進させていきました。

取材を重ねていくうちに、不正の輪郭が浮かび上がってきました。もとの決裁文書は、社会問題化したあとで財務省が国会議員たちに提出した文書と記載があちこちで異なっていることが確認できました。取引の詳しい経緯や「特例的な内容となる」「本件の特殊性」といった文言が消えていたこともつかんだのです。

記事にするまでの作業

こうして公文書改ざんが事実だとほぼ把握できましたが、すぐには記事にしませんでした。そこから取材班が何をしたのか。毎日のように取材結果を点検し、討議をして、改めて確認や補強の取材を続けるという作業を繰り返したのです。

よくある傾向として、取材した記者たちは「特ダネだ」と思うと、多少の功名心も手伝って、できるだけ早く世に問いたいと急いてしまいがちです。しかし、そこに落とし穴が生まれます。それまで世に出ていないことを初めて報じるときは、公開情報と付き合わせて点検するのが難しく、まして、隠している相手が説明してくれるわけもないので、事実の確認はふだん以上に神経をとがらせて臨まなければなりません。前のめりになっている取材者たちが自らチェックをしてもチェックにならないことは、過去の経験から学んでいます。

あらゆる視点からのチェック

一般論として、公権力に対する調査報道のときには、法令や運用、慣例などの確かな知識を前提に、取材で得た関係者の証言、文書やメモなどの物証、当事者の説明・主張などの素材をできるかぎり集め、それらを突き合わせて事実を見極めていきます。

記事のなかに一カ所でも事実に基づかない部分があれば、当事者はその点を突いて「あの報道は間違っている」と報道すべての信頼を損なわせようとするでしょう。頼れるのはファクトだけです。自分たちの取材を検証し、仕組みの理解に間違いはないのか、証言に勘違いはないのか、物証は偽物ではないのか、穴を徹底的に探して埋めていく作業をしなければなりません。

東京社会部長として取材班に責任を負う立場だった私は、今回のケースで、取材班の討議のなかでチェックだけを担当する者を置き、あえて不正を追及される側から取材結果をみる役回りをさせました。「書き換えを確認した文書は本当に決裁を受けたものなのか」「書き換えられたのは朝日新聞が大幅値引きを報じたあとで間違いないのか」。隠している当事者側の反論を想定し、わざと意地の悪い視点で点検を進めたのです。

取材班のチームワークも必須

これもよくあることですが、討議を繰り返していくと、取材班の雰囲気は悪くなりがちです。すごいネタをつかんだと意気揚がる記者に「おまえの取材は本当に確かなのか」と繰り返すのですから、誰でもいい気はしません。私自身、過去には雰囲気が悪くなってチームが瓦解寸前に至るようなことも経験しました。それでも、討議に臨む全員に求められるのは、疑問を感じたら必ずそれを表明する「真剣勝負」です。「違和感があるけれど先輩がいうから、これはもう目をつぶろう」といった遠慮があるようでは、検証になりません。

もっとも、今回の改ざん報道に携わったメンバーは、面倒なほどのチェックが欠かせないことを十分理解していたので、特に私が仲を取りなす必要もなく、口うるさくチェックの必要性を説き直さなければならない場面もありませんでした。メンバーは自律的に、極めて厳しい水準での確認作業をやり切りました。

私が部長としてやったことはほかに、今回の取材内容はメンバー以外には社内でも明かさず、報道前も報道後も記者倫理に則って絶対に秘密を守り続けるよう念を押したことぐらいです。

色を失う財務省――ゴーサインの瞬間

チェックを何度も重ね、いよいよ大丈夫だろうと判断した段階で、財務省に最終的な確認取材をして報道することを決めました。記事掲載前日の三月一日、取材班のメンバーが東京・霞が関の財務省へ取材に出向きます。決裁文書を書き換えたことの確認が取れていると伝えて説明を求めると、応対した理財局総務課長は「誰がそんなことをいっているの」と気色ばんでいいました。やりとりを続けても有効な反論はなく、最後は「不愉快だから帰れ」と怒鳴り、記者を部屋から追い出しました。

このとき、私は東京・築地の本社の編集局内にある会議室に取材班を集めていました。記者がたくさん活動している編集局内でバタバタと作業をすれば周囲がいつもと違う動きに気づいてしまいます。社内でも情報管理を徹底し、落ち着いて原稿の仕上げをするために、あえてこもったのです。そこへ、財務省に行った記者から電話が入り、財務省側の反応の報告が届きました。「すべてのピースは埋まった。私たちは間違いなく事実をつかんだ。今日、世に問うことができる」。そう確信した瞬間でした。そして、編集局幹部に取材結果とともにどのような点検作業をしたかを説明し、ゴーサインをもらって、三月二日付朝刊で世に発信したのでした。

三　森友問題報道の反響と結末

すぐには認めない財務省、朝日の「一人旅」に

記事を出したあとも財務省が事実を認めない可能性は、あらかじめ見込んでいました。当事者が認めなければ、ほかの新聞社やテレビ局は自分たちの取材で確認が取れないかぎり、一切報じないか、「朝日新聞はこういう記事を載せたけれども当事者は認めていない」と報じるしかありません。認めるまでは、朝日新聞だけが書き続ける「一人旅」になる。そういう覚悟はしていました。

予想通り、財務省はすぐには認めず、国会は真偽をめぐって大騒ぎになりました。「報道の意図」

や「情報源」などをめぐり、さまざまな憶測が流れました。取材班以外の社内の同僚も、取材先で「あの記事は間違いではないのか」といわれて不安になることがあったようです。そうした社内の懸念に対しては、内緒で「裏事情」を話して納得を求めるようなことはせず、「チェックは何重にもしているから仲間の取材を信じてほしい」「ジャーナリズムの倫理に反するようなことは一切していないから安心してほしい」と説明しました。

財務省が認めず、ほかの報道機関による追認もない状態が続くなか、取材班は、具体的に公文書がどのように書き換えられているのかを明らかにする「続報」を掲載していきました。二〇一八年三月九日付朝刊一面「森友学園文書　項目ごと消える」はそのうちの一本です（図表2）。契約時の文書では一頁ほどあった「貸付契約までの経緯」という項目が全部消えているなど、具体的な改ざんの内容を報じました。

改ざんの事実を認めた財務省

この頃、「世の中が混乱している責任は報道した朝日新聞にある」「朝日新聞は証拠を出して報道が真実だと証明せよ」といった声が、一部の政治家やコメンテーター、果ては同業他社の記者から上がるのを耳にするようになっていました。朝日新聞の記事は誤報に違いないと考えた人たちです。

公権力の不正を報じるとき、それを隠したがる人たちは、どこから情報が漏れたのかを常に探ります。権力監視の調査報道をしているときに、報道側からその手がかりを明らかにするようなことは一

図表2　2018年3月9日付の朝日新聞朝刊1面の記事

森友文書 項目ごと消える

貸付契約までの経緯

売却決裁調書 7ページから5ページに

学校法人・森友学園（大阪市）との国有地取引をめぐり、財務省の契約当時の決裁文書と、その後に国会議員に開示された文書の内容が異なっている問題で、2016年の売却契約時の文書では1ページあまりにわたって記されていた「貸付契約までの経緯」という項目が、その後の文書ですべてなくなっていることがわかった。この項目には、財務省理財局長の承認を受けて特例的な契約を結ぶ経緯が記されていた。

▼2面＝国会足止め、4面＝焦点採録、16面＝社説

同省は学園と、15年5月に土地の賃貸、16年6月に売買の契約を結んだ。朝日新聞が確認したところ、項目ごとなくなったのは売却契約の際の決裁文書のうち、事案の概要などを8項目で記した「調書」の「4．貸付契約までの経緯」。

契約当時の調書には、この項目で、学園から「借り受けて、その後に購入したい」との要望があり、近畿財務局が「本省理財局に相談した」と記載。計画が小学校の新設で公共性があることなどから、「学園の要請に応じざるを得ないとの結論」になったとしている。

また、10年以内の売買を約束した貸し付け契約が「特例的な内容となる」として「理財局長の承認を得て処理を行う」とし、15年4月30日付で承認を得たなどと記されている。

ところが、昨年2月の問題発覚以降に国会議員に開示された文書では、これらの記載は項目ごとなくなった。代わりに契約当時の文書で5番目だった項目が4番目に繰り上がり、「4．本件売払いに至る経緯について」となっている。

この「売払いに至る経緯について」でも、契約当時の文書では「金額が納得できれば」「損害賠償等を行わない」との学園側の提案に触れ、「学園の提案に応じて鑑定評価を行い価格提示を行うこととした」と記されていた。しかし、その後の文書ではこうした記載がない。

また、「1．事案の概要」の項目で「価格等について協議した結果、学園が買受けることで合意した」との部分は、「売払申請書の提出があった」という記載になっていた。

調書はA4判全7ページだったが、複数箇所で文書がなくなったり変わったりし、国会議員に開示された文書は5ページになっている。それと同じ内容の文書が、8日に国会に提出された。

一方、毎日新聞は同日、朝日新聞が内容の違いを指摘している文書とは別の文書に、「本件の特殊性」との文言があったと報じた。この文書は、情報開示請求などに開示されたもので、この文書のほか、「貸付契約までの経緯」の項目があった。朝日新聞が確認したところ、項目の内容は、売却契約当時の決裁文書にあり、その後、項目ごとなくなっているものとほぼ同じだった。

売却契約時の決裁文書の主な相違点

契約当時の文書	国会に開示された文書
1．事案の概要 学園から早期に本件土地を買受けたいとの**要請を受けて、価格等について協議した結果、学園が買受けることで合意**	→ 学園から早期に本件土地を買受けたいとの**申し出があり、売払申請書の提出があった**
4．貸付契約までの経緯 「本省理財局に相談したところ（中略）学園の要請に応じざるを得ないとの結論になり、貸付けについて検討」 「特例的な内容となる」など	約1ページ分項目ごとなくなる
5．本件売払いに至る経緯について	→ 4．本件売払いに至る経緯について 項目番号が4番に
「売払価格を示し、学園は、その金額が納得できれば（中略）損害賠償等を行わない」 「学園の提案に応じて鑑定評価を行い価格提示を行うこととした」など	これらの記述がなくなる

開示済み提出に野党反発

財務省は8日、森友学園との国有地取引に関する決裁文書のコピーを国会に提出した。国会議員にすでに開示した文書と同じだったため、野党6党は強く反発し、参院予算委員会を欠席した。麻生太郎財務相は職員への聞き取り調査を急ぎ、早期に国会で説明する方針を示したが、国会運営は不透明さを増している。

財務省が提出したのは、貸し付け契約と売却契約を結ぶための決裁文書。昨年

切してはいけません。「証拠」を出さない最大の理由は「情報源の秘匿」という、ジャーナリズムの基本原則です。政治家はともかく、同業者とはジャーナリズムの意義や原則を共有できていると信じていましたので、不正を隠している側を手助けするような朝日新聞批判には非常に驚きました。

こうした外からの風圧に私たちが動揺しなかったのは、つまるところ、自分たちの取材とそのチェックに確信を持てていたからです。「森友文書　項目ごと消える」の記事を掲載したその日、当時の理財局長は昇進して就いていた国税庁長官の職を辞しました。そして、初報から一〇日後、財務省はようやく、一四件もの公文書の改ざんを認め、発表しました。財務省は国有地売却について「適切に処理している」と説明してきましたが、実際にはその裏で、首相の妻の名前や政治家との関わりなどの記載を削る不正をしていたわけです。

その後、財務省は六月四日に省内調査の結果を発表しました。改ざんの動機は「国会の紛糾を避けるため」で、理財局長が「方向性を決定づけ」、理財局総務課長が「中核的な役割を担った」と認定して二〇人を処分しました。

四　加計学園問題における調査報道

翻る首相秘書官の国会答弁

加計学園問題は、学校法人加計学園が愛媛県に獣医学部を新設するのに関連して、「総理のご意向」

と書かれた文部科学省の文書があることを報じた二〇一七年五月の朝日新聞のスクープが大きな波紋を広げ、社会問題化しました。森友学園問題と同様、首相の関与をめぐって国会で野党の追及が続きました。

こちらの問題も、長く地道な取材と報道が続きました。加計学園の取材は対象が幅広いこともあり、東京社会部、大阪社会部に加えて政治部、経済部、国際報道部、文化くらし報道部、特別報道部など、さまざまな部から多くの記者が取材班に参加し、それぞれが問題意識を持って多角的に報じました。

二〇一八年四月一〇日付朝刊一面「面会記録に『首相案件』」（図表3）はその一つで、一年にもわたる取材の成果です。二〇一五年に愛媛県の職員や加計学園の幹部が当時の首相秘書官と面会した際に、秘書官が「本件は首相案件」と発言していたと県側が記録した文書が存在していたことを明らかにしたスクープです。

このときも、公文書改ざん報道のときと同じように、取材班にチェック役を置き、取材結果を詰めに詰め、情報管理も徹底して記事にしました。

この秘書官は、国会での答弁で面会自体を「記憶するかぎりはお会いしていない」といい続けていましたが、この報道後、前言を翻して面会を認めました。

権力の不正をチェックし、民主主義の根幹を守る

森友学園、加計学園の問題の取材を通じて浮かび上がったのは、「不都合な情報」は徹底的に隠そ

図表3　2018年4月10日付の朝日新聞朝刊1面の記事

面会記録に「首相案件」

加計巡り首相秘書官

愛媛県文書に記載

報告・伺

獣医師養成

・柳瀬首相

1　4/2（木）

政策課長・今

藤原次長及て

次のとおり。

≪藤原地方創

・要請の

れまで

政府と

≪柳瀬首相秘書官の主な発言（総理官邸）15：00≫
・本件は、首相案件となっており、内閣府藤原次長の公式のヒアリングを受けるという形で進めていただきたい。
・国家戦略特区でいくか、構造改革特区でいくかはテクニカルな問題であり、要望が実現するのであればどちらでもいいと思う。現在、国家戦略特区の方が勢いがある。
・いずれにしても、自治体がやらされモードではなく、死ぬほど実現したいという意識を持つことが最低条件。
・四国の獣医大学の空白地帯が解消されることは、鳥インフル対策や公衆衛生獣医師確保の観点から、農水省・厚労省も歓迎する方向。
・文科省についても、いい大学を作るのであれば反対しないはず。
・獣医師会には、直接対決を避けるよう、既存の獣医大学との差別化を図った特徴を出すことや卒後の見通しなどを明らかにするとともに、自治体等が熱意を見せて仕方がないと思わせるようにするのがいい。

獣医学部新設をめぐり、愛媛県が作成したとされる記録文書

学校法人「加計学園」が愛媛県今治市に獣医学部を新設する計画について、2015年4月、愛媛県や今治市の職員、学園幹部が柳瀬唯夫首相秘書官（当時）らと面会した際に愛媛県が作成したとされる記録文書が存在することがわかった。柳瀬氏が面会で「本件は、首相案件」と述べたと記されている。政府関係者に渡っていた文書を朝日新聞が確認した。

文書は「獣医師養成系大学の設置に係る内閣府藤原次長・柳瀬首相秘書官との面談結果について」との題名で、15年4月13日の日付が記されている。

経緯を知る愛媛県の関係者は、朝日新聞の取材に対し、「加計学園の誘致交渉を進める中、国への要望を行う過程で、様々な国の関係部署に状況を説明するため、配布した文書である可能性は否定できない」としている。

現在、経済産業審議官を務める柳瀬氏は昨年7月25日の参院予算委員会で、この面会について「私の記憶する限りはお会いしていない」と複数回、答弁している。

加計学園の獣医学部新設については、文部科学省が国家戦略特区を担当する内閣府側から、16年秋に「官邸の最高レベルが言っている」「総理のご意向だと聞いている」と言われた、とする記録文書が明らかになっている。文科省だけでなく、愛媛県も首相の側近である首相秘書官から「首相案件」と言われたと、文書に残していたことになる。

文書には、愛媛県、今治市の課長や加計学園事務局長が15年4月2日午後3時、国家戦略特区を担当する柳瀬氏と首相官邸で面会した際の柳瀬氏の発言として記されている。

柳瀬氏は、「本件は、首相案件となっており、内閣府藤原次長の公式のヒアリングを受けるという形で進めていただきたい」と発言したと記録されている。また、「自治体がやらされモードではなく、死ぬほど実現したいという意識を持つことが最低条件」などと述べたとも記されている。

「藤原次長」は、当時は内閣府地方創生推進室次長だった藤原豊・現経済産業省貿易経済協力局審議官。

加計学園の加計孝太郎理事長は安倍晋三首相と長年の友人関係。安倍首相はこれまで、加計学園の獣医学部新設について「私が関与したと言った人は一人もいない」と話し、自らの指示や関与を否定している。

うとする政治や行政の姿勢です。森友学園問題では、「官庁のなかの官庁」といわれる財務省が、決裁を終えた文書を書き換えていました。加計学園問題では、首相秘書官を務めたトップクラスの官僚が、国会での発言を平然と翻しました。こんなことは、多くの国民は予想していなかったでしょうし、取材を重ねていた私たちの想定の幅も超えていました。そして、こういうことが実際に起こる以上、やはり公権力を監視するジャーナリズムの機能は非常に重要だと改めて実感させられました。

一方で、そうした私たちの考えと世の中の一部の受け止め方のずれを感じる瞬間もありました。一連の報道を見て「安倍首相が嫌いだから熱心に追及するのだろう」とか「内閣を倒すことが目的になっているはずだ」などという人がいました。財務省の公文書改ざんの記事が出る直前、国会で首相が朝日新聞の報道を批判したことから「意趣返し」と見る人もいました。国際情勢や国内のさまざまな課題を挙げて、「森友や加計のような小さな問題で政権の足を引っ張り、国益を損ねているからやめろ」といった非難も聞きました。

私たちは、政権を支持する、支持しないといったこと以前に、民主社会のなかでやってはいけないこと、許されないことが起きている疑いがあるならば、それをファクトとして世に示すのが役割だと考えて取り組んできました。報道に何か「動機」や「目的」があるとか、「国益」を損ねているとか、そのような捉えられ方をしたことには、戸惑いがありました。

五　組織ジャーナリズムにおいて大切なこと

私は森友学園・加計学園問題の取材・報道に携わって、組織ジャーナリズムに欠かせない二つの要素を改めて確認できた気がしています。

責任感ゆえの「焦り」

一つは記者や組織全体で感じる、責任感ゆえの「焦り」です。

冒頭に取材網の話をしましたが、報道機関において、記者それぞれが取り組みたい分野やテーマを見つけて好きな場所で自由に取材をしているだけでは取材網は成立しません。一人ひとりが特定の担当分野で、あるいは担当エリアでしっかりと責任を持って臨まなければ、取材網を維持して網羅的に世の中のニュースを伝えていくことはできません。逆にいうと、担当しながら手抜きをしている者がいれば、そこに大事な情報が隠されていても見過ごしてしまうかもしれない。それは、取材網のほころびになりかねないだけでなく、報道機関としての組織全体の力を弱くしかねません。

記者という職業を選択すれば、読者に上質で有用な情報を届ける責任、そして、知る権利に奉仕する社会的責任を負います。「読者に届けるべき情報をしっかり取材できているか」「問題意識を持って仕事に臨んでいるか」。記者として責任に応えられているかどうかを常に自問すると、いい意味での「焦り」を感じるようになります。各々の分野やテーマ、エリアに責任を持っている記者一人ひとりにめばえるそうした気持ちが、組織ジャーナリズムの原動力になると私は考えています。

取材の過信に対する「おびえ」

もう一つは、自分たちの取材を過信してしまうことへの「おびえ」を感じ続けることです。「慎重さ」といい換えてもいいのですが、おびえのほうが私の実感に近い言葉です。

幅広く取材網を維持して組織ジャーナリズムを実践していくなかで、一人ひとりが書きたいことを独りよがりにそれぞれの水準で書いていては、報道機関としての信頼は得られず、社会的責任も果たせません。組織に属する全員が、組織として維持すべき情報の質を理解し、取材結果を点検し、吟味し、一定の水準を維持しながら発信していくことが求められます。

そのときに大切なのは、自分たちを買いかぶらずに客観視することです。ジャーナリズムを担う意欲を熱く持ちつつ、その一方で、独善に陥って誤ることのないよう一歩立ち止まり、水準を維持するための作業をしっかりとやれる冷静さがなければなりません。報道機関の役割の重みを理解するからこそ、それを担う責任感ゆえの「おびえ」を絶えず感じながら丁寧に仕事を続けることが必要だと思っています。

「不正義を見逃さない」という使命

森友学園問題・加計学園問題の「取材班」と呼んではいますが、関わった人数は多く、持ち場も各地にまたがっているので、実は、全員が一堂に会したことはありません。それでも、この問題を取材する記者たちの心のなかには共通して「不正義は見逃さない」という、はっきりとした旗印がありました。私は、今回の一連の報道では、取材班が適度な焦りとおびえを感じながら、明確な旗印のもとで取材に臨んだことで、結果として組織ジャーナリズムの機能が十全に発揮できたと考えています。一人ひとりの記者が自らの役割を理解し、問題意識を共有する同僚たちと取材を進め、集まった情報を多角的、客観的な視点でしっかりと精査して、ファクトに徹した発信をしていく。それが、私たちが目指す組織ジャーナリズムのありようであり、今回はその実践例となりました。

社内だけではありません。森友学園・加計学園問題の報道には、私たち朝日新聞だけではなく、多くの新聞社やテレビ局、そして個人のジャーナリストたちも取り組みました。そこにあったのは、思想信条とか政権への支持・不支持といった違いなどに関係なく、民主社会に不正義がはびこることへの危機感ではなかったかと私は思っています。こうした皆さんとは、一緒に走りながら、ジャーナリズムが果たすべき役割を共有できているという実感がありました。

六　連携する調査報道の模索――ジャーナリズムの未来

インターネットを通じて誰もが情報を発信できる時代です。フェイクニュースも含め玉石混交の無数の情報が飛び交うなかで、その情報が事実かどうかを確認して伝える機能、あるいはネット上にもない隠された事実を掘り起こして明らかにする機能を担うのは組織ジャーナリズムの役割です。ただ、それに取り組んできた新聞社やテレビ局を取り巻く経営環境はだんだんと厳しくなっています。これまでのように取材網を広く、厚く保つことは難しくなっていくでしょう。

一方で、ネットメディアやＮＰＯ型の取材集団など、既存の新聞社やテレビ局とは違ったジャーナリズムの形態が次々と生まれています。パナマ文書、パラダイス文書を明らかにしたＩＣＩＪ（International Consortium of Investigative Journalists）のように、国も組織も異なるジャーナリストがネット上で連携をして同じテーマを追う取り組みもあります。ほかにも、フリーのライターと新聞社の記者とが協働して一冊の本を書くなど、さまざまなジャーナリズムの実践が重ねられています。

私は、ここに今後の「芽」があると感じています。このなかのどの形態が主流になるかということではなく、これからは、多様な実践が重なりあいながら、総体として社会のなかにジャーナリズムの機能が維持されていくことが大切なのではないかと考えるのです。

そして、こうした状況変化のなかでも、私たちのような報道機関が担える役割は、なお小さくはないと信じています。組織ジャーナリズムとして実践し、蓄積してきたノウハウを、国民の「知る権利」のために、まだまだ役に立てていきたいと思っています。

❖講義を終えて　世の関心が薄れても

大学の事務局から私の講義を受けてくれた学生の感想が届きました。皆さんがつたない説明に真摯に耳を傾け、何かを学び取ろうとしてくれた様子が伝わってきました。ありがとうございました。

感想のなかで印象的だったのは、朝日新聞を含めたメディアによる森友学園・加計学園問題の報道の「量」についての指摘でした。政治や行政の公平性や透明性、正統性が問われる重要なテーマだという報道の意義を認めつつも「長く続いて飽き飽きした」「正直うんざりしていた」という方が何人かいました。「量」に「質」が伴っていたか、という問いかけも含まれていたようでした。

メディアが世の中の興味や関心に向き合うのは元来の役割であり、取材・報道の現場には、旬を過ぎた情報を「ニュース」として送り出すことにはためらいがあります。「飽き飽き」「うんざり」といった気分を敏感に感じ取り、より関心の高いもの、興味を持ってもらえるテーマに取材のエネルギーを移していくのは報道現場の日常的な光景です。その意味では、森友・加計問題の報道も求められる時期ではなくなったと判断し、止めてよいのかもしれません。

しかし、そこには躊躇があります。森友・加計問題の報道は隠された事柄をメディアが自分たちで探り、世の中に問いかけていく報道です。森友問題であれば、国有地をなぜ大幅な値引きをして売ったのか、公文書を改ざんしてまで隠そうとしたものは何だったのか。加計問題であれば、国家戦略特区制度で獣医学部新設が認められた経緯は本当に公平だったのか、官僚が国会で事実と異なる答弁をしてまで守ろうとしたものは何だったのか。それらの「核心」はいまだに明らかになっていません。最大の原因は、説明や解明に消極的な政府・行政の姿勢にあると私は考えます。

このような状況で、取材にあたっている記者たちが思うのは「ここで報道をやめたときに一番喜ぶのは誰か」ということです。公権力によって不正義なことが隠されてきた事実があり、それに対する説明や反省が納得できるものではないときに、「大切なニュースだけれど世の中が飽きてきているから取り上げるのはやめよう」「報道を求められていないのだから取材を続ける意味がない」と自ら判断してしまうのでは、隠したまま逃げ切ろうとする人たちを利することになりかねないし、うやむやのままで終わらせてしまったら自分たちはジャーナリズムの役割を果たしたといえないのではないか――。記者たちはそう考え、取材を続けるのです。

世の中の関心や興味、要望を意識しながらも、そのものさしだけで何を報じるかを判断することはせず、社会に問いかけていくべきものがあれば、たとえ「飽き飽き」「うんざり」といわれたとしても「質」を維持しながら報道を続ける。それがジャーナリズムの営みだと私は考えます。同時に、そうしたジャーナリズムの機能を社会全体で理解し、共有してもらうことが、私たちメディアが存在し続けるために大切なことだと感じています。

今後、どのように社会のなかでジャーナリズムの機能を維持していくのか。学生の皆さんから寄せられた感想のなかで、とりわけ光って見えたのは「ジャーナリズムの将来を考えることは他人事ではなく、自分たちの社会の未来を考えること」という趣旨が書かれたものでした。講義を担当した者として、また、実践の現場で日々もがいている者として、とても嬉しく受け止めました。

国際政治を「現場」から見つめる

琉球新報社会部記者
島袋良太

一　沖縄における基地問題の本質——日米地位協定の意味するもの

日本の法律が適用されない！

私たち琉球新報が拠点としている沖縄県には、在日米軍専用施設と米軍基地の七〇％が集中していることから、基地問題を取り上げることが非常に多くあります。琉球新報に限らず、沖縄のメディアであれば地元新聞やテレビでも同様です。

そのなかでも、日米地位協定は、取り上げられることが多いテーマです。私が東京で勤務していた頃、在京メディアに出向して働いていて感じたことは、沖縄で米軍関係の事件や事故が起きたりすると、騒ぎの様子や沖縄県知事の総理大臣や官房長官への要請、政府からの回答、米軍への再発防止の要請などが報じられるのですが、数日経つと報じられなくなってしまうことが多いということです。沖縄であれば、日米地位協定は非常に影響の大きな事柄ですので、通常は継続的に報道が続けられます。

影響が大きいということは、具体的にどういうことかというと、たとえば、事件や事故が起きたとしても、日本が現場検証への立ち入りを排除されて原因究明に関与できないことや、犯人が捕まっても不起訴になって処罰されないこと、そうしたことが法体系として定まってしまっていること、もしくは密約のようなもので無罪放免とする確認がされていることなどがあげられます。そうしたことが、沖縄県民の日常生活や行政の場などに非常に影響しているのです。

たとえば、新聞やテレビ、インターネットのニュースで、沖縄の辺野古の問題が取り上げられた際に、沖縄県民が非常に違和感を持って、反対運動をしていたり、県民投票が行われたりしている様子が報道されると思います。そうした行動がなぜ起こるかという点の背景として、システムとして日本の法律が適用されない、事件や事故が起きた際に適切に処理されないといったことが根本的な理由としてあるのです。そうした点を報じずに事象ばかりを追いかけていてもなかなか伝わりづらいのです。

私は琉球新報の政治部で基地問題の担当をしていました。沖縄の新聞社にはこうした担当があります。辺野古の問題や事件事故、在日米軍への取材、防衛省や外務省、沖縄県の知事公室、県の三役などに取材を行うのが日常の仕事です。目の前の事象に追われる状況が続いていると、事件や事故を追いかけるのに必死になるなかで、本質的なことが伝えられないと感じるようになりました。地位協定の問題について、一度腰を据えて取材すべきではないかという思いが心のなかで大きくなっていったのです。

日米地位協定による県民生活への影響

そんななか、二〇一六年に米軍属女性暴行事件が起きました。米軍の軍属がウォーキングしていた女性を拉致し、暴行を加えた上、殺人を犯したという事件です。この事件がきっかけで県民大会が開かれました。

また、同年に名護市安部でオスプレイが墜落しました。この事件は墜落した事実はよく知られていますが、日米地位協定上の問題は、オスプレイが墜落した海岸を米軍が封鎖して、日本側が調査できない状況にした点です。基地のなかであれば地位協定の取り決めの範囲内ですが、基地の外までアメリカ軍が日本の事故調査に干渉する、地元の首長の立ち入りすら拒むということは、大変おかしなことではないかという議論が巻き起こりました。

こうしたことは今回が初めてではありません。沖縄国際大学ヘリ墜落事件では、二〇〇四年に大学の敷地内にヘリが墜落しています。事故現場に米軍が乗り込んできて、名護市のオスプレイの墜落のときと同様に大学を封鎖しました。当時はこのことが非常に問題視され、外務省の外務政務官をはじめとする偉い役職の方々が現場に来て封鎖に対して抗議し、主権侵害ではないかと訴えました。しか

写真1　テープで封鎖された沖縄国際大学

（出所）琉球新報社。

し、結局封鎖されたままになってしまい、報道陣も県警も誰も入れないという状況でした。その様子が写真1です。テープで米軍が封鎖をしていて、県警が調査をしようとするものの入れないため、ずっと座って待っている様子です。唯一そこに入れた日本人は米軍が注文したピザの宅配員という有様でした。外務省が抗議したため、米国との間でこの主権侵害についてルールを定める取り組みが始まりました。しかし、その一年後にまとまった内容は、米軍の封鎖を正当化するガイドラインだったのです。

導入の話が長くなりましたが、日米地位協定は何かというと、米軍が日本に駐留するにあたり認められる特権や駐留の条件を定めるものです。専門的にいうと「排他的管理権」という言葉が当りますが、日本側が立ち入りできない事柄（たとえば、運用に関することについては日本側が口を出すことができない、日本の国内法が米軍の活動には適用できないといったこと）が定められているのです。

二　日米地位協定がなぜおかしいかを掘り下げる——イタリア、ドイツとの比較から

「駐留の実像」という企画の立案

私は基地問題を担当している際に、地位協定についてしっかり取り上げることをなくして報道として根本的な部分を掘り下げることができないと考えていたので、地位協定に関する企画を立てることにしました。その際には、「この部分がおかしい」「あの部分がおかしい」と個別に検証しても独り善がりになってしまいます。一定の客観性をもって比較したり、相対的に比較したりした上で批判することが報道機関として最低限のルールだと考えました。そこで、事実の重要性を最も意識して企画することにしました。そうしてできたのが「駐留の実像」という企画です。

企画の趣旨は、イタリアやドイツにも同じように米軍が駐留していますが、実際にどんな運用がなされていたかを報じようとするものです。

ドイツやイタリアには「地位協定」という表現ではないものの、地位協定と同じような取り決めが存在しています。日本でヘリが墜落した際に、米軍が現場を封鎖し、日本側が一切調査できない状況になった点と比較し、他の国で同様の事件が起きたらどうなるかを調べました。

イタリアにおけるロープウェイ事故のケース

一九九八年にイタリアのアビアノ基地で米軍機が低空飛行訓練をした際に、ロープウェイのロープを切断し、ロープウェイに乗っていたスキー客が墜落して二〇人が亡くなった事件があります。その報告書を読むと、イタリアの検察はこの基地のなかに入り、基地の機体を差し押さえて押収し、パイロットから取り調べをしたと記載されていました。

そこで当時の編集局長に、「イタリアと日本は全く違うのです」と説明をし、「それなら、イタリアに行って検察を取材してこい」と指示されたのです。

事件の鍵を握るキーパーソンとの出会い

イタリアの場合、協定上、基地の管理権がイタリア側にあり、米軍が使っている基地はイタリアが管理していることになっています。そのため、米軍の訓練についてはイタリア側の許可を得なければならない仕組みになっており、日本と米国間で定められている排他的管理権とは条件が違っているという事情があります。

制度を調べるだけではなく、現場での運用を取材することが重要ですので、イタリアでの取材も行いました。事故を担当した検察官に取材を申し込んだのですが、断られました。その代わりに、空軍の参謀長だったレオナルド・トリカルコさん（写真2）に会うことができ、お話を聞くことができました。

「捨てる神あれば、拾う神あり」です。振り返ると、検察官に取材をするより、トリカルコさんにお話を聞いたほうがよかったという結果になりました。「俺しか話せる奴はいない。会いに来い」といってくださったのです。

トリカルコさんは、チェルミス峡谷の事故の際のイタリア側の調査責任者でした。イタリア側と米軍が共同で調査をするという決まりになっていたので、調査ができる前提だったのです。イタリアと米国で共同の事故調査報告書を作成し、アメリカ軍の高官に最終報告書を送付することを担当されたそうです。事故原因は大枠で認められたとのことでした。

写真2　元イタリア空軍参謀長・レオナルド・トリカルコ氏

（出所）琉球新報社。

興味深かったのは、彼が「低空飛行訓練を今後強く規制する」という内容を記載した点について、アメリカ軍はその部分に打ち消し線を引いて返送してきた際の出来事です。それに対して彼は頭にきて、当時NATO軍の任務でコソボにいたそうですが、コソボから飛行機に乗ってアメリカの国防総省に乗り込んで行ったそうです。米国側に「米軍機が飛ぶのはイタリアの空だ。イタリア人の私たちがルールを決め、あなた方は従うのみだ。だから今ここで署名しろ」といって低空飛行をそのまま規制させたと話していました。

このエピソードが何を示しているかというと、報道においてはしばしば、「この文言がこうなっている」と条文の解説をしてしまうことがあるのですが、条文の違いの背景について、何が起きているのか、どのような姿勢で政治が動いたのか、どうしてその結果が起きたのか、といったことを拾い上げることこそがおそらくジャーナリズムであるということです。アカデミズムとは違う点です。

生の声を追うことの重要性

私も最初に取材を始めた際には、国の規定の表現や、日米地位協定の内容などを調べていました。もちろん調査は重要です。しかし、その先にどのような国の姿勢があってどんな交渉がなされたか、各国の姿勢が全く違うことなど伝えていくことが、日米関係や国際政治の取材をする上では不可欠だと思います。なかでも、生の証言を追うことは大切です。協定の違いを報じる上では、徹底的に現場の声を入れることを意識しながら報じました。

沖縄のなかでどういった事故が起きて、どう処理され、どんな被害を住民が受けたかを報じることのなかに、海外で起きた事故や処理の方法、その際になされた交渉を入れ込むことは、読者や視聴者の納得を得るための一つの見せ方ではないかな、と思っています。

米軍に対する自治体の各種調査は可能か——独・伊・日の比較から

写真３　東村高江から土を運び出す米軍

（出所）琉球新報社。

もう一つ、ドイツに行ったときのことをお話ししましょう。同じく墜落事故が起きた地域を訪ねたときのことです。ラウフェルトという小さな街でも米軍機の墜落事故が起きました。

町の首長・カール・ヨセフ・ユンクさんのお話によると、地元自治体も環境調査として土の採取を行うことができたということでした。彼も実際に立ち入りをし、その後も定期的にモニタリングをしているそうです。

写真3を見てください。沖縄県の東村高江で米軍ヘリが墜落した際に、基地の外にもかかわらず米軍が封鎖した上、現場の土をトラックに乗せて持ち出しています。防衛省が環境調査をするため、持ち出しをやめるように申し入れましたが、持ち出されてしまいました。

汚染土調査ができなければ、のちに健康被害が出たときなどに、因果関係を客観的に証明できないため、責任を追及することができません。ユンクさんは、そうしたことを見込んで調査後もモニタリングを行い、土に汚染が起きていないか調べていると話されていました。

たとえば、イタリアのアビアノ基地では夕方には滑走路から飛行機がいなくなります。これはイタリアの国内法の順守のためや、管理権の問題があるからです。現地にはシエスタという文化があるので、昼寝の時間にも飛行機が飛ばないなど、法律以上の配慮をしていたりもします。日本ではそうした配慮なしで深夜早朝も飛行機が飛んでいます。このような、他の国とはさまざまな違いがある状況について、記事では現地の様子も交えて伝えていきました。

騒音のほかに、もう一つ大きな問題が立入調査です。ドイツは基地内に立入調査ができます。イタリアには基地管理権があるので汚染などがあれば調査ができます。一方、沖縄ではＰＦＯＳという発がん性物質による汚染が問題になっています。嘉手納基地から流出し、水道水が汚染されていると指摘されていますが、日本側の立入調査ができていません。汚染源を特定できないため、浄水場で浄水し供給されてしまっています。基地のなかで垂れ流しにされているので、沖縄県民が費用を負担して浄水しているのです。

これが地位協定の実情です。ただし、「地位協定が壁になって基地に立入れない」といっているだけでは、記者として不十分な仕事です。この連載のなかでは、情報公開制度を使い、嘉手納基地や普天間基地をはじめとする沖縄の主要基地の汚染事故の記録を取り寄せました。汚染事故の発生とそれに関する米国から日本国への通達報状況、汚染調査についての規定などを徹底して集めたのです。資料に基づき、汚染状況の内部記録を調べると、その多くが日本側に通報されていないことが判明しました。通報されていても、実際は一〇〇の量が日本側には一〇として報告されているなど、矮小化されているものも多くありました。

これが記者として大事な作業です。「いわゆる地位協定の壁で全容がわからない」といっているだけではなく、内部で何が起きているのかを調べないといけません。そうして、「中身が違う」「知らなかった」「こんなことが起きていた」と伝えることで、やっと「立ち入りや調査ができないのはおかしい」という指摘に説得力が出るのだと思っています。

ほかにも、騒音や滑走路の運用に関して、基地の司令官が発令する内部通達などを連載のなかでは調べました。二二時から六時までの時間帯の飛行禁止が日米で取り決められているにもかかわらず、内部通達により二四時までの飛行が可能になっており、日米合意を内部通達で破るという行為が行われていたりします。ドイツやイタリアの場合であれば、規制時間を超える場合には、相手国側に了承を得ること、規制時間外の飛行については緊急事態や緊急搬送などに限ることなど、同じ規制でも全く違う通達が出ていました。

三　地道な取材の先にこそ見えるもの

丁寧な基礎調査をするからこそリーク情報が集まる

重ね重ねになりますが、相対化は非常に重要な作業です。沖縄で決まりが守られていないことを報じるだけでなく、決まりが守られていない理由を調べて報じること、他国での運用を調べることが必要です。

記者として仕事をしていると丸秘資料やスクープ、独占情報などを追いがちになりますが、これは取材手法として難しい作業ではありません。むしろ基本の、当然の権利を行使して情報公開請求を行い、公開資料を読み込んで報じるという事実の積み上げを丹念にやってこそ見えるものがあるのです。丸秘資料や独占情報については、連載をしている間にも行政組織に属する人から、記事化の依頼や情報のリークがありました。しかしこれは、地道な取材を重ねて書いていったからこそ取材候補にたどり着き、情報の取り方を模索していくうちに雪だるま式に得たものです。できることをまずやってみることが大事だということです。

公式発表に隠された事実を突き止める

先ほどの基地内の汚染については、防衛省が嘉手納基地へ立ち入って水質調査をしようとして事業を発注したことがありました。発注段階では基地のなかで水を採取し、サンプリングをして調査するという内容でしたが、案の定、地位協定を盾に、基地のなかの水を目視するのみになり、採取は制限されました。しかし、公式発表では制限されたとは述べることができず、基地内の河川に調査に十分な水量がなく基地の外から採取したと説明がされていました。これは取材するなかで防衛省の関係者と話をしているときに「許可が得られなくてね」と知らされたのです。内情も知っていたので、記事には「許可を得られず」という形で書きました。

この際にも、情報公開請求を使って調査の報告書を入手しています。すると、米軍基地内部の川で調査をしている写真があり、腰ぐらいまで川に浸かっている人がいたのです。十分な水量がないといっておきながら、水はあったのです。水質調査の専門家に確認すると、サンプリングに必要な水量はバケツ一杯程度だそうです。それも記事にしました。

結局、公的な説明をそのまま報じるだけでは実情は伝わらないときがあるということです。

四　隠された「訓練空域」を見つけ出す——キーパーソンの役割

沖縄上空にはりめぐらされた「見えない壁」

最後に、丸秘資料についてお話ししましょう。連載のなかで「訓練空域」をテーマにしたものがありました。

那覇空港から離陸する際に、飛行機は一気に高度を伸ばします。なぜかというと、できるだけ早いうちに高度を上げるためです。飛んでいる最中にトラブルが起きた場合、高度があるほうが状況を立て直しやすいので最初に高度を上げるのです。飛行機事故は離着陸の際が最も多く、「魔の一三分」と呼ばれ、一番リスクの高い時間帯だといわれています。この魔の一三分に那覇発のパイロットは何をするかというと、ぐーっと高度を上げたあとに水平飛行しなければならないのです。そしてしばらく行ったあとにまた高度を上げる。この理由は、上部に米軍の訓練空域があり、そこを避けるためにいったん上昇したあとに訓練空域を抜け、そして再度上昇しているということです。また空にはたくさんの「空路」という道がありますが、訓練空域があるとその場所には入れません。これが何を意味するかというと、行く先に積乱雲などがある場合は、積乱雲に巻き込まれて事故にならないように避けて通ることが認められていますが、右に訓練空域がある場合は入れないので、非常に狭い道を通って避けなければならないということです。

そうした「訓練空域」が沖縄にはたくさんあって、地図を見ればかなり張り巡らされていることがわかります。加えて、連載を読んだ日本の管制官が教えてくれたのですが、実は最近、地図に載っている訓練空域のほかに「臨時訓練空域」と呼ばれるものが増えているというのです。地図にも掲載されず、公にも認められていない訓練空域があって、「臨時」という名目で正式な訓練空域の一・六倍ほどに面積が増えていて、民間機の運航が非常に制限されているそうなのです。

専門家のアドバイスに助けられた国交省への取材

この取材を始める際にも、やはり知恵袋となってくれる方を探す作業が重要になりました。取材を始めた頃、私は航空に関して素人でした。しかし、航空の話は専門的な話になることが多いのです。どういう状態だったかというと、まず国交省に「ここに臨時訓練空域というものがあるようなのですが」と取材をしたら、その空域の存在自体が公に認められていないものなので「そんなものありません」と回答されるのです。しかし、実際には空路が設定されていて名前がついています。「V何々」「Y何々」「A何々」などです。そしてここ数年の経過を見ると、空路の名前が同じ線上で変わったりしています。どうも民間用の空路が廃止されていて、軍用のアルファベットの空路に変わっているようなのです。しかし、地図を見るとその空域は存在しないので地図には載っておらず、空路の名前だけが変わっています。民間機はどうしているかというと、特定のアルファベットの空路を避けて新しくできたルートを通っているのです。そこで、「ここの直線のルートがあって、こちらを通ったほうがいいのに、何でこちらを通っているのですか」と取材を通して詰めていくことにしました。その際に専門用語や概念がわからない部分を、知恵袋となった人が「こういう聞き方をしてみなさい」と助けてくれたのです。

最終的には、「臨時訓練空域は存在しないのに、なぜここが軍用の空路の名前になっているのか」と確認したところ、国交省は「臨時訓練空域」の存在を認めました。「米軍が使っているこの臨時訓練空域があるためにこの空路ができた」と認めたのです。そのときに何という名称の空域か質問したところ、「何々です」と回答が来ました。たとえば、「タイガー」などの名前がついているそうです。

回答のなかで、その空域は自衛隊用の訓練空域だといわれました。しかし、自衛隊の訓練空域には「x21」や「x15」などアルファベット一つと数字二桁の組み合わせになっているはずです。しかし、その空域は「タイガー」「イーグル」などの動物の名前です。これは米軍が使う臨時訓練空域の名称のつけ方です。そういう知識には素人一人ではなかなかたどり着けません。わからないことを調べ上げていく際には、専門家や事情をよく把握している人、アドバイスをしてくれる人を探していくことはとても大切です。とはいえ、そんな人たちにいきなり会うことはできないので、できることからやっていくしかありません。

そういう方たちは、組織のなかで「これはおかしいのではないか」と思っていても自分では表に出すことができません。こういった方は世の中にたくさんいます。私にいろいろ教えてくださった方もそうですが、内部告発者として表に出て、記者会見をして暴露をすればよいという話ではないのです。皆さんには家族がいて、仕事を失うわけにもいかず、立場もある。こうなるといえないのです。しかし、そうした声なき声のようなものをすくいあげて表に出していく作業が一つの醍醐味ではないかと思っています。あなたがそれを表に出せないのであれば、私が拾い上げて表に出しますということです。これがジャーナリズムの役割の一つではないでしょうか。

五　圧倒的な不公平・不公正をいかにして伝えるか

相対化で見えてくる不公正な現状

最初の話に戻りますが、相対化の作業はとても大事です。沖縄の基地問題にかぎりません。皆さんが報道に携わることがあるとすれば、独り善がりではいけないと思います。自分が「何か理不尽だなあ」「おかしいのではないか」と思うときに、具体的に法律に違反しているのか、法律に違反していなくてもすれすれではないのか、なぜ他所では規制されているのにここだけ規制されていないのか、客観的な根拠を積み上げていくことで説得力のある報道になります。

理不尽だと思うことがあった場合、理不尽と書くのではなく、事実を突き止めなければ理不尽さは浮かび上がってきません。基地のなかに入れないことを理不尽というのではなく、基地のなかにどれほどの汚染事故が起きているかを調べ上げた上で、その事実が知らされていないことを伝えなければ、周辺住民に実際にどれだけの影響が及んでいるかを伝えることはできません。そうしたプロセスが必要だと思います。

さらに、相対化をすることで理不尽さがわかってくることもあります。

私の勤め先は沖縄県の新聞社ですので、偏向しているといわれることもあります。ですから、その点を自分から話しておきたいのです。何をもって公平や公正とするかは、私たちも大変悩みながら取材をしています。ただ、国土面積〇・六％の場所に在日米軍専用施設の七〇％があるという不公平な状況があるとき、私たちが何をもって公平公正だとするかは、記者としての資質が問われるところだと思います。

不公正に対して報道はどう立つべきか

基地問題を取材していると圧倒的な不公平が存在します。よく米軍関係者に取材をして話を聞いていると、「なぜお前たちは米軍にとって悪いことばかり書くんだ」ということもいわれたりします。「別に悪いことばかり書いているわけではありません。いいことも書いているよ」といって議論するなかで、「半々ではないだろう」ともいわれます。良いことと悪いこと、同じ分量で扱わないとおかしいといわれることもあります。しかし、「圧倒的な不公平や不公正さがあるとき、たとえば、あなたの国では人種差別問題などがありますね。人種差別の発言があったときに、偉い人や著名人などがそれぞれの側を援助したとして、発言した側のいい分と差別をされた側のいい分を半分ずつ報じるメディアはありますか」と聞きます。すると「確かにそうだな」と返してはくれますが、納得していないときもあります。

不公平や不公正が存在するときに、報道はどこに立つべきか、公平な社会を意識するのか、形式的に公平な紙面を作るのかなど、バランスのとり方はとても難しいと思います。しかし、寄って立つところはいくつもあると思います。報道の役割としては、形式的に両論併記するということではなく、起きていることの不公平さ不公正さに向き合って伝えること。取材の手法としては、伝えるときに独り善がりではなく客観的な事実を持たせ、比較対象も示し、「確かにひどい」「おかしい」ということが伝わるように心がけることではないかと思っています。

「報道とは何か」というテーマに対する考えは、おそらくそれぞれ違うと思います。最低限必要なことは、事実をとにかく突き止め、独り善がりにならないことだと思います。

❖講義を終えて　自分のスコップと物差しを

多くの学生さんが熱心に話を聞いてくれ、質問もたくさん受けたので、感銘を受けました。感想文を読んでも、細部にわたって記憶してくださり、一人ひとりのメッセージに目を通し、嬉しくなりました。ありがとうございました。

取材手法に関して、日米地位協定によって「主権が侵害」されていることが「理不尽だ」という抽象的な状況だけを報じるのではなく、さらに情報公開や調査報道などを通じて、基地の内側や周辺で起きているさまざまな問題を具体的に伝えることで、初めて理不尽な主権侵害の「実態」が浮かび上がっていくことを伝えられる、という趣旨が理解いただけたようで、よかったです。その意味では、一つの事象を掘り下げてみるスコップが必要なのだと思います。

また報道にはしばしば「物差し」が求められることがあります。その物差しとして、一定の類似状況が存在する他の事例との比較は、報道の客観性や説得力を持たせるために有効な手段だといえます。今回の連載の場合、同じく米国の同盟国であり、また一定規模以上の米軍が駐留し、民主主義国家であるドイツやイタリアでは、日本で起きているような駐留に伴う問題はどう処理されているのか、ということを比較し、その「物差し」としました。

聴講いただいた学生さんの意見のなかには、ドイツやイタリアの安全保障環境や軍隊の法律的な位置づけが違うため､単純に比較できないというものもありました。これについては､私も報道する際に引っかかり続けている部分です。ただ、沖縄の地元紙である以上、基地の周りで生活を送る人々が現実に受けている被害の度合いの違いを伝えることに重きを置くべきだという判断でこの連載を始めました。①同じような問題が起きて、この土地であれば市民生活が救済されるのに、この土地であれば救済されない、というのは、不公平である、②米軍はしばしば、沖縄県民の要求を「運用上の所要」を理由に不可能だと拒むが、他の駐留地ではそれが可能である――という二重基準を浮き彫りにすることが最も重要だと思ったからです。

その上でですが、駐留協定の単純比較ができないのであれば、自国民である住民の暮らしを守るために、どうすれば同じ土台で議論できるようになるのか。それにはおそらく憲法や外交を含む国民的議論が不可欠です。国家主権が関わる問題だからこそ、その関心が沖縄だけでなく本土の皆さまが当事者意識を持って考えていただくことが解決策につながるのではないかと思っています。報道、政治、行政などの現場で日本の将来を担う早稲田大学の学生さんたちがこの講義を契機にそのことを頭に入れていただく機会につながったのであれば、幸いです。将来、報道職を志す方もいらっしゃると思います。在日米軍基地に関する事柄を報じる際に、ぜひ「現場」の視点を複合的に持ち合わせた取材をしていただければと思います。

日米地位協定が「不平等」なのか、特定の報道機関の立ち位置が「公正・公平」なのか、ジャーナリズムを志す学生の皆さんには、それぞれの物差しがあっていいと思います。成熟した民主主義社会のため、報道機関や記者はその議論の土台を提供する重要な役割を果たしていると信じています。フェイクニュースが氾濫するなかで、そのためにはプロフェッショナルとしての責任に基づいて正確で深みのある事実を掘り下げて伝える努力が求められると思います。自分自身への自戒を込めてですが、「本当にそうなのか」という疑問を常に抱き続けることが取材の一歩だと思います。

日産のカルロス・ゴーン　転落劇の取材

オートモーティブニュース
ハンス　グライメル

一　「日産・ゴーン事件」の概要

「オートモーティブニュース」とは何か

私の勤務するオートモーティブニュースは、自動車産業に関するニュースを報道する、世界でも有数のメディアです。創業は一九二五年。本社はデトロイトにあり、主要媒体である週刊紙の発行部数は全世界で六万部に及んでいます。

アジア編集部は、日本、韓国、中国や、その他のアジア地域の自動車産業をカバーしており、主に自動車会社の技術、生産、デザイン、貿易、労働問題に関する記事や、トップマネジメントのインタビューなどを報道しています。

私たちの配信するビジネス・ニュースは、①よく使う製品やサービスについての情報、②経済と税金に関する情報、という二つのポイントを読者に提供することで、皆さんの生活に大きな影響を与えています。

カルロス・ゴーンとはどんな人物か

カルロス・ゴーンは、日産自動車の経営を立て直した注目すべきトップマネジメントでしたが、二〇一八年一一月一九日、彼が乗った飛行機が羽田空港に着いたときに逮捕されました。この逮捕劇は、全世界の自動車産業に対して非常に大きな衝撃を与えました。そして現在彼は、会長やCEOのときに行ったとされる不正行為のために起訴されています。

現在日産は、日本国内ではトヨタ自動車に次ぐ第二位の自動車メーカーであり、世界でも有数のブランドです。しかし、一九九九年には倒産寸前でした。このとき、フランスの自動車メーカーであるルノーは、日産の株を買って支配権を獲得し、日産の再建のためにゴーンをCOO（最高執行責任者）として送り込みました。そして彼は見事に日産を復活させ、奇蹟の経営者として日本ビジネス界のヒーローとなりました。

彼の経営手腕は当時の日本では注目されるところとなり、日本の経営幹部たちがこぞってゴーンのマネジメント手法を研究することとなりました。また、メディアへの露出も多く、さまざまな雑誌の表紙にも登場。彼のサクセスストーリーは漫画にもなりました。

こんなゴーンのニックネームは「セブン・イレブン」。それは、彼が朝から晩まで長時間にわたって仕事に注力していることに由来しています。

ルノーと日産のアライアンスを成功させたゴーンは、二〇一六年には三菱自動車も加え、ルノー・日産・三菱三社のアライアンス体制を確立。ゴーンは三社すべての会長に就くこととなりました。

逮捕、そして長期勾留

そんな順風満帆に見えていたゴーンに、運命の二〇一八年一一月一九日が訪れました。私は、ゴーンの逮捕を携帯電話のニュース速報で知ったとき、自分の目を疑いました。「これは誤報に違いない」とさえ思ったのです。しかしその日の二二時、日産は横浜本社で記者会見を行い、ゴーンの逮捕が事実であることを発表しました。そして彼は一九日のうちに拘置所に収監され、その後一〇八日間にもわたる長期勾留を経験することとなりました。二〇一九年三月に、一〇億円の保釈金を積み立てていったんは保釈されましたが、四月には別件逮捕により二一日間の勾留を受け、その後五億円の保釈金によって再び釈放されることになりました。この間にゴーンは、三社すべての会長職から解任・退任され、二〇一九年四月に行われた日産の臨時株主総会では、ゴーンを解任する決議も行われました。

ゴーンは何の罪で起訴されているのか？

では、ゴーンはどのような罪で起訴されたのでしょうか。それは、いくつかの資金不正行為の容疑によるものです。まず、八〇〇〇万ドル以上もの役員報酬を有価証券報告書に記載しなかったという「有価証券報告書への虚偽記載」によって起訴されています。さらに、個人投資の損失を日産に移すという「特別背任」の罪でも起訴されました。加えて、個人的な資金トラブルをカバーしてくれた知人に対して、日産の資金一四七〇万ドルを不正に流用していた罪にも問われています。このほかにもゴーンは、個人目的のために、日産に対して五〇〇〇万ドルもの損失を与えたとする特別背任の容疑にも問われているのです。

メディアの反応

ゴーンをめぐる報道について、日本のメディアは欧米のメディアとではかなり温度差がありました。日本の国内メディアは、「彼が犯罪を犯して逮捕された」ということを前提に、本件を犯罪事件として報道していました。一方の欧米メディアに関しては、「ゴーンを排除したい西川廣人社長や日本人の幹部たちが仕組んだ陰謀である」という視点からの報道が主流でした。

どちらの主張も、真実の一端をついていると思われますが、しかしその全体像は依然として見えてきていません。

困難を極めた取材

私はジャーナリストとしてこの事件を取材してきましたが、非常に困難を伴うものとなりました。まず、最初の数カ月間の事件の展開がとても速く、状況についていくのがやっとでした。また、事件には日産、ルノー、三菱という三つの大企業が関係していたことに加え、少なくとも日本とフランスという二カ国間に及ぶ事件であったため、取材対象が非常に広く、私一人ではとても対応しきれない状況もありました。

さらに、本件は単なるビジネスニュースではなく、犯罪的要素も濃いことから、情報源が自動車メーカーだけでなく、これまで私があまり経験してこなかった検察や省庁、弁護士などへの取材が必要となり、その裏取り作業に困難を極めることになりました。

事件をめぐる三つの疑問点

この事件の取材をする上で、私はいくつかの重要な疑問点を持ちました。それは、「どうやってゴーンは、日産の他の誰にも知られずにこのような犯罪を行ったのか？」「なぜ内部告発者はゴーンを検察に通報したのか？」「日本人の日産役員たちは、ルノーと日産の統合計画に反対していたのか？」というものでした。

二　なぜ欧米メディアより国内メディアが優位性を持つのか

幅広い情報源を確保――国内メディアの優位性（その1）

日本国内のメディアは、事件当日の夜から大きなアドバンテージを持っていました。これをスクープとして報道したのは朝日新聞です。そして朝日新聞の記者は、空港で検察官がジェット機に乗り込むところまで、ビデオで撮影していました。明らかに朝日新聞は、どこからか「ゴーン逮捕」の情報を事前に入手していたわけです。

しかし、国内メディアは、その情報源を明らかにしようとはせず、そのコメントの引用にも積極的ではありません。また、署名記事も欧米メディアよりは少ないので、責任の所在もあいまいです。加えて、国内メディアは欧米メディアと比べて、日産、弁護士、警察、検察官など、数多くの情報源を持っています。また、日本独特の、「記者クラブ制度」という排他的なシステムもあるので、情報へのアクセスに関しては、国内メディアは欧米メディアに対して大きなアドバンテージをもっているわけです。

日本の法制度の特殊性も、国内メディアに大きなメリットをもたらしています。たとえば、容疑者を最大二三日間保釈せずに勾留できる代用監獄制度や、起訴内容を少しだけ変えて、新しい容疑で「再逮捕」する制度などがこれにあたります。国内メディアにとっては自明のことであっても、私にとっては理解しづらく、状況把握にも一苦労です。

もちろん言語の点においても、日本語がネイティブである国内メディアは、欧米メディアに対して優位性を持っているといえるでしょう。

豊富な人的資源——国内メディアの優位性（その2）

いろいろと国内メディアの優位性を列挙してきましたが、なかでも一番大きなアドバンテージは、「国内メディアには大勢の記者がいる」という点です。

ジャーナリズムにとって、マンパワーは非常に重要です。日本のジャーナリストは、「朝駆け」「夜回り」などの方法で多くの情報を得ています。これは、会社役員や警察官などの自宅に記者を送り、朝の出勤時や夜の帰宅時を狙って取材をするものです。出勤時間や帰宅時間がわからないので、取材対象者の自宅前で何時間も待機しなければなりません。場合によっては、何のコメントももらえずに終わってしまうケースも多々あります。

国内メディアは、大勢のマンパワーを使ってこうした労の多い取材を行うことが可能ですが、私たち海外メディアはそれほど多くのマンパワーを抱えていないので、こうした取材は不可能です。たとえば、私の所属するオートモーティブニュースのアジア編集部には、私のほかには、パートタイムのアシスタント一人がいるだけです。

海外メディアとしての利点——欧米メディアの優位性（その1）

先ほども申し上げたように、欧米メディアの基準として、記事への署名や情報提供者の名前など、その情報の帰属を明確にすることが要求されています。そのため、取材についても記事の作成についても非常に困難な状況に置かれているといえます。したがって欧米メディアでは、オフレコで行われる背景説明などの情報を記事に使うことは非常に難しいわけです。

しかし欧米メディアには、ゴーンの家族や支持者に対しては、よりよいアクセスを持っています。その一つの理由としては、言語の壁がないことがあげられます。また、欧米メディア自身が外資系なので、ゴーンも同じ立場として、ある程度信頼感を持っていたと考えられます。

たとえばゴーンの弁護士は、記者会見の唯一の会場として外国人記者クラブ（ＦＣＣＪ）を利用してきました。それはゴーンの弁護士が、ＦＣＣＪは敵対的な関係にはないという見方をしていることの現れです。またＦＣＣＪには通訳サービスがあるので、ＦＣＣＪでの記者会見は、ゴーンの弁護士が海外の人々にメッセージを発信する手段にもなります。弁護士の戦略の一つとして、ゴーンに対する国際的な共感を築くことがあげられます。したがって、ＦＣＣＪの英語通訳を通じて海外メディアに訴えることは、この戦略にかなった方針であるといえるでしょう。

幅広い海外ネットワーク——欧米メディアの優位性（その2）

また欧米メディア（とくにフランスメディア）は、海外に広い支局のネットワークを持っています。

事件の当事者であるルノーの本社はフランスにあるので、この点については、欧米メディアとって有利に働きました。加えて今回の事件は、中東や米国、インドなどでも多くの展開が見られたので、この点でも、海外に広いネットワークを持つ欧米メディアには有利な状況があったといえるでしょう。

三　取材のプロセスからゴーン事件を検証する

東京地裁での取材状況

二〇一九年一月八日、ゴーンは拘留理由の開示を求めるため、東京地方裁判所に出廷しました。このときゴーンは、逮捕以来初めて公の場に姿を現したことになります。この場で意見陳述の時間を与えられたゴーンは、自身にかけられた容疑に対する無罪の主張を行いました。

法廷には限られた記者しか入れず、二座席のみが海外メディアに割り当てられました。そこで海外メディアは、「プール記者制度」を採用し、ロイター通信、フランスの通信社ＡＦＰ、そしてアメリカのテレビ局から三人のレポーターが選ばれ、交代で法廷に入って取材をし、その内容を海外メディア全員と共有しました。

当日、裁判所の周辺は騒然としていました。記者たちは、ゴーンらが裁判所に入るときに、彼らのコメントや写真をとろうとしていたからです。また、地下鉄から裁判所に向かう歩道は、大勢の若者たちで埋め尽くされていました。彼らは、一般公開された一四席の法廷の座席をとるために国内メディアに雇われたアルバイトの人たちでした。結局一四席のために一一〇〇枚もの抽選券が配られ、当たったチケットは国内メディアの記者に手渡されました。

排他的な「記者クラブ制度」

記者クラブは、国内メディアにとって、特にその強みを発揮することのできるエリアです。たとえば検察庁であれば、何社かの欧米メディアは、検察庁記者クラブの特別な準会員資格を持っており、定期的な記者会見に参加する権利が与えられています。しかし会見は、二～三週間に一度しか行われず、しかもその内容は非常に時代遅れで官僚的なものだといえます。

また記者会見の日時については、検察庁は外国人記者に対して積極的な情報提供を行っていないので、それを確認するために検察庁のサイトをチェックし続けなければなりません。また記者会見に登録するためには、申込用紙をFAXで送る必要もあります。二〇一九年の日本において、いまだにFAXによる登録が行われていることは驚きです。

記者会見では、ほとんどの質問は海外メディアからなされており、国内メディアはほとんど質問をしません。これは、国内メディアは質問をする必要がないからです。彼らは記者クラブのメンバーなので、日常的に検察官と連絡が取れるのに加え、オンレコでもオフレコでも、さらに多くの情報にアクセスすることが可能になっています。したがって、国内メディアの記者たちは、私たち海外メディアの記者たちが、記者会見で素人っぽい質問を続けていることに、本当に辟易していると思います。

リークされた情報はそのまま報道できるのか

また、国内メディアには、情報がリークされるケースもあります。その場合には、「取材源の秘匿」を理由に情報源は報道されません。リークされた情報は、ゴーンにとってだいたいネガティブなもので、しかし刑事責任とは直接関係のないものがほとんどでした。たとえば、「ゴーンが日産の資金を使って、日本やフランス、レバノン、ブラジル、オランダに別荘を購入した」というような類のものです。また、家族旅行や、ゴーンの姉へのコンサルタント料などに日産の資金が使われたというリーク情報も報道されました。

欧米メディアの視点から見ると、こうした報道に関しては、ニュースソースがはっきりしていません。おそらく検察がその情報源になっていたと考えられます。こうした報道は、ゴーンに対して悪い印象を与えようとする、検察サイドのイメージ操作がベースにあったのではないかと、私には思えてなりません。

「人質司法」という問題

ゴーンは、北千住からほど近い小菅にある東京拘置所に勾留されました。そして一一月から一月までの間、弁護士以外の人間に会うことを禁じられていました。逆に、弁護士の同席がなくても、検察官はゴーンを尋問することができました。一日何度も、そして何時間も尋問ができるので、ほとんど朝から晩まで尋問が続けられました。

このような人権を無視した厳しいやり方は、容疑者を自白に追い込むための方法です。しかし、ゴーンは自白せず、無実だと主張し続けていました。欧米人の目には、このような日本のやり方は、いわゆる「人質司法」と写ってしまいます。

一方、ゴーンが起訴された一月下旬には、このルールは変更されることになります。なぜなら、容疑者が起訴されると、検察官は許可なく尋問することができなくなるからです。また容疑者は、弁護士以外の面会者、たとえば家族や友人、あるいは記者などと会うことができるようになります。

東京拘置所での取材活動

最初にこの面会制度を利用できたメディアは、日本経済新聞です。日経新聞の面会は、逮捕後、初めての取材となりました。インタビューは、拘置所のなかにある面会室でガラス越しに行われました。

メディアによる面会依頼は、拘置所内のビジター・センターで行われます。朝、記者たちが提出した依頼書を拘置所のスタッフが被告人に手渡し、それをもとに被告人本人が面会相手を決めるわけです。通常、一日一組のみに、一五分間の面会が許されています。

日経の取材を皮切りに、メディアはゴーンとの面会に躍起となり、国内外問わず、数多くのジャーナリストが拘置所におしかけ手続きを行いました。

日経の次に面会が認められたのは、仏通信社ＡＦＰと仏経済紙レゼコーでした。両社は拘置所内の面会室で共同インタビューを行いました。

私もほぼ毎日のように、面会を申し込むために拘置所に通いました。ゴーンが逮捕される前に、私は何度もインタビューを行った経験があがり、彼がオートモーティブニュースに対してよい印象を持っていることを知っていたので、インタビューを受け入れてくれると思っていました。

ただ、私が面会を申し込んでいることを、ゴーン本人が気づいていない可能性も考えられます。なぜなら、いつも面会を申し入れた一五分後には、「ゴーン氏は皆さん全員の申し込みを受け付けませんでした」といわれることがほとんどだったからです。

したがって、私が毎日来ていることをゴーンに知ってもらうために、拘置所内で買ったみかんを、私の名前を記した紙と一緒に差し入れることにしました。毎日みかんの差し入れを行い、会いに来ていることを知らせました。

日を追うに従い、ジャーナリストの数は減っていきましたが、それでも私は通い、みかんを送り続けたのです。そしてついにある日、ゴーンの弁護士の一人から電話がかかりました。「ゴーン氏は、あなたが拘置所に通い続けてくれていることに感謝しています」。私はその言葉に期待が膨らみました。そして弁護士は続けます。「ゴーン氏からの伝言です。『もうみかんは十分です』」。私はその言葉にがっかりしましたが、次に弁護士はこう告げました。「あなたが次のインタビューの有力な候補者の一人です」と。

しかし残念なことに、そのあとすぐにゴーンが弁護団を変え、それと同時に私とのインタビューも打ち切りとなってしまいました。

保釈後のメディア騒動

新たな弁護団は三月五日、ついにゴーンの保釈を勝ち取りました。すると、またメディアの大騒ぎが始まりました。保釈当日の翌三月六日、朝八時に拘置所に着くと、すでに何百人ものジャーナリストが拘置所にある駐車場のフェンス越しにずらっと並んでいました。道の反対側にある家の屋根の上にテレビカメラを設置した局までありました。

私は、フェンス越しの最前列に構えていましたが、しかし場所を確保するために身動きがとれないため、トイレや食事を取りに行くことすらできません。保釈予定時間の一六時半ごろまで続く、長くてつらい一日が始まりました。

そうした苦労の末、夕方にゴーンは保釈されることになりましたが、その瞬間は騒然となりました。弁護士はゴーンを作業員に変装させ、彼のプライバシーを守ろうとしましたが、その目論見は大きく外れました。

私の場所からはゴーンの顔を確認できませんでしたが、テレビカメラの強力なズームレンズによって、彼の変装はすぐに見破られることとなりました。その後ゴーンを乗せた自動車は、メディアがチャーターしたバイクの一団によって追跡され、上空からも何台ものヘリコプターが彼の動向を逐一チェックしていたため、ゴーンはメディアから逃げることはできませんでした。

四　事件から見えてきた課題と取材への教訓

裁判の行方とその影響

ゴーンの裁判の判決は、二〇二〇年の春になるとの見込みです。その後の控訴審も考えると、その後も二年以上かかかることが予想され、ゴーンは、早くても六八歳になるまでは裁判を闘わなければならないでしょう。

それでは、こうした状況のなか、ルノーと日産のアライアンスはどうなるのでしょうか。この事件の影響を受けて、両社の間には不信感が募っています。日産は、ルノーの目指す「完全な経営統合」の圧力に対して抵抗する姿勢を見せているのが現状です。一方でルノーがフィアット・クライスラー・オートモービルズ（ＦＣＡ）との新たな経営統合を検討しているなか、ルノー・日産両社はそのパートナーシップを維持し続けることができるかが問われています。

今回の事件は、日本の司法制度にも何かしらの影響を与えることが予想されています。すなわち、日本の司法によるゴーンに対する長期の勾留は、「人質司法」として国際的に強い批判を受けてきました。ゴーンが保釈された背景には、こうした国際的なプレッシャーがあったとの見方が大勢です。今後日本の司法制度は、こうした国際的世論の圧力により変革の道を歩むことになるのでしょうか。

欧米メディアにとっての課題

今回の事件を振り返ってみると、欧米メディアは国内メディアに対して多くの側面で不利な立場にあるといわざるをえません。先にも述べましたが、取材源へのアクセスや人的資源の厚みだけをとってみても、国内メディアは欧米メディアに対して大きなアドバンテージを確保しているからです。

逆に欧米メディアにとって有利な点としては、海外コネクションの豊富さや「外資としての強み」くらいしかありませんでした。

また、今回の事件に関する取材では、欧米ジャーナリズムのルールが、逆に欧米メディアの足を引っ張ってしまったことも否めません。たとえば欧米ジャーナリストは、複数の情報源によって確認できた事実でないかぎり、匿名の情報としてそれを引用することは許されていません。しかし、今回のゴーン事件では、そうしたルールだけでは、情報確認のできないケースが数多くありました。

今、欧米のジャーナリストは選択を迫られています。ルールを曲げて、事実確認のあいまいな匿名情報を使うか。それとも、そうした情報を使わずにライバルである国内メディアに負けるか。あるいは、「国内メディアによると」という形で国内メディアの情報を引用するのか。しかしこれらの選択肢はどれも、最良の道ではありません。

❖講義を終えて　謎が深まる日産ゴーンスキャンダル

この講演を行ったあと、日産ゴーンのスキャンダルを取り巻く謎と激動はますます大きくなりました。そして日本の検察当局のカルロス・ゴーン元会長への対処には、国際的な批判がさらに高まっています。ゴーンは、公の場に出て彼自身で説明しようとしましたが、その試みは実現しませんでした。一方、日産の西川廣人最高経営責任者（CEO）は、自身の不当な報酬問題に対する批判を受け、辞任を余儀なくされました。

国際的な批判の新たな根源は、日本の検察が、ゴーンの彼の妻との接触やコミュニケーションを禁止したことでした。検察は、ゴーン夫妻が意思疎通を図れば証拠改ざんのおそれがあるためとだとしていますが、二人の接触を妨げることで、検察はゴーンへの圧力を強めようともしているようです。

ゴーンの妻、キャロル・ゴーンは、海外メディアと数え切れないほど多くのインタビューを行い、日本の法制度を批判、日本での夫の扱いは人権侵害だと主張しています。海外メディアも、日本のメディアよりもこの意見に共感を示しています。

この問題を批判する舞台として、キャロル・ゴーンは六月の大阪・G20会議を利用しようと考え、世界の指導者たちに、安倍総理とゴーンの事件について話し合うよう積極的に促しました。

一方、ゴーンは、「自分自身で必ず真実を話す」とツイッターに書き込み、その後沈黙していました。そしてG20サミットの前夜突然、日本の外国特派員クラブで初めてのライブ記者会見を行うと発表したのです。しかし開始予定の数時間前に、記者会見は不可解にキャンセルされました。

どうやら、ゴーンの家族は会見を開くべきかで分裂したようでした。一部では、会見を行えば日本の検察がゴーンの保釈条件を厳しくし、ゴーンに圧力をかける可能性があるとも伝えられました。この九月までの間、彼はまだ公の場に姿を現していません。

しかしその頃には、西川も厳しい批判を浴びていました。株式連動型の役員報酬制度を不適切に使用し、四七〇〇万円の配当を増やしていたことが明らかになったのです。日産がゴーンは同様の不正を犯していたと訴えていました。この事実はメディアに大きな議論と抗議を引き起こしました。海外メディアは「ダブルスタンダード」だと批判、二人とも同様にインセンティブシステムを乱用したにもかかわらず、ゴーンは西川よりもはるかに悪い扱いを受けている、と報じました。

騒動のなか、西川氏は二〇一九年九月に辞任に追い込まれました。このため、日産はすぐに新しいCEOを見つけなくてはならなくなり、新たな危機を引き起こしました。日産の取締役会は、一〇月末までに新しいCEOを見つけたいとしています。同時に、日産は一連の不正問題についての社内調査結果を公表し、ゴーンとグレッグ・ケリーの不正行為の規模は総額三五〇億円に達するとして、法的な返還を求める方針を明らかにしました。また、ほかにもインセンティブシステムを乱用していた役員がいたとしています。この幹部は誰なのか？　彼らは処分されるのか？　それは日産内部のガバナンス問題が長引く兆候なのか？　調査報告書は一〇〇ページを超えていましたが、その多くは非公開とされました。一体、ほかにどんな不正行為が記載されていたのでしょうか。

二〇二〇年は、日産にとってさらに激動と困惑をもたらすことになりそうです。ゴーンの刑事裁判は二〇二〇年春に始まる見込みです。ようやく、ゴーンは自分の言葉で自身の弁護を行うことになります。そしてその言葉は、日産とそのリーダーシップに泥を投げかけることになるのではと予想されています。

Ⅲ 人々の現在を可視化する

Life　なぜ私は、福島を伝えつづけるのか

ドキュメンタリー監督／ジャーナリスト
笠井千晶

一　自分なら震災にどう向き合うか

私の経歴

私は大学卒業後、新卒で静岡放送に入社し、報道部に配属されました。報道記者として、日々の事件や事故をニュース番組で伝える仕事をしていました。その静岡報道時代に、ドキュメンタリー制作という仕事に出会います。その日の出来事を端的に伝えるニュースとは違い、一つのテーマを深く掘り下げることができるドキュメンタリー制作に、とても魅力を感じました。静岡放送で八年間勤めたのち、一年半ほどニューヨークに留学し、ドキュメンタリーの勉強をしました。帰国後は、名古屋の

中京テレビに再就職して、再びテレビ局の報道の仕事に携わり、七年間務めたあとに退社しました。現在はフリーランスとしてドキュメンタリー映画などを制作しています。

私が中京テレビ在職中に、休日を使って撮影した『Life 生きてゆく』というドキュメンタリー映画があります。東日本大震災後の福島県沿岸部が舞台なのですが、私は会社を辞めて、この映画を個人的な作品として完成させました。福島県南相馬市に住むある家族を、二〇一一年の震災の年から五年半にわたって追いかけたものです。私がフリーランスとして踏み出すきっかけになった作品でもあります。きょうは私がなぜ福島に足を運び、組織を離れて一人でこの映画を完成させたのか、そうした経緯についてお話ししたいと思います。

週末を利用した取材

東日本大震災が起きた当時、私は中京テレビの報道部で働いていました。発災から一二日後には、同じ日本テレビ系列の宮城テレビに応援として派遣されました。そこは、〝国民の命を守る〟という使命を持った「災害報道」の最前線の現場です。報道機関のなかにいた当時の私は、そうした組織をあげての大掛かりな体制のなかに身を置いていたわけです。こうした非常時の応援取材のなかでは、記者の個人的な想いを軸に取材を行うことなど、ほとんど受け入れられる余地はありませんでした。

私は静岡放送時代から中京テレビに至るまで、ドキュメンタリー制作に携わってきました。ですので、これだけ大きな災害に直面したとき、やはり思うのは「ドキュメンタリーで震災を描き、伝えたい」ということでした。しかし組織の歯車として動いているうちは、想いを形にすることができないまま時間が過ぎていきました。

東北の被災地のなかでも、発災からまもない当時の福島はマスコミにとって非常に特殊な場所でした。原因は、原発事故です。放射能による被ばくのリスクが伴う現場に、社員を派遣するべきかどうか、管理職たちは頭を悩ませていました。私の記憶では、震災前から決められていた社内の取材規定でも、「事故を起こした原発から四〇キロ圏内には基本的には入らせない」とありました。それでも震災から二カ月が過ぎた頃には自分で会社に企画書を出し、中京テレビの取材として、福島第一原発に近い南相馬市にも入りました。しかし会社からはさまざまな制約を課されます。現地での取材中は常に放射能を測定しながら移動をし、一時間ごとに空間線量を報告するため、会社に連絡を入れなければなりませんでした。そのような環境で、とても取材に集中することはできませんでした。

そこで私は、休日を利用して福島に行こうと思い立ちます。それが震災の年、二〇一一年八月のことでした。以降、二足のわらじを履いた生活が始まります。平日は名古屋でテレビ局の仕事をし、週末には東北の被災地域に足を運ぶ、そんな生活を三年半続けたわけです。

「ジャーナリストの衝動」とは

こうした活動を私が何年も続けられたのは、自分のなかに、消すことのできない強い想いがあるからではないかと思います。つまり、自分自身が「知りたい」「現場を見たい」という気持ちです。それが時に大きな力となり、私の背中を押してくれます。ほとんど衝動的に「現場に行かざるをえない」という、何かに突き動かされるような想いこそが、ジャーナリストには必要だと思うのです。

二 「複合災害」当事者との出会いと葛藤

では次に、映画『Life 生きてゆく』の一シーンをご紹介しましょう。

《登場人物》

上野敬幸：『Life 生きてゆく』主人公／福島県南相馬市萱浜(かいはま)在住。福島第一原発の北二二キロにあった自宅が津波に遭い、両親と子ども二人の家族四人を亡くした。震災当時、地元の消防団員として、津波による行方不明者の捜索にあたる。活動団体「福興浜団」を立ち上げ、避難指示の続く福島第一原発二〇キロ圏内などで捜索や被災家屋の片づけといった復興支援活動を続けている。

上野貴保(きほ)：敬幸の妻。

上野永吏可(えりか)：津波で亡くなった長女。当時八歳。

上野倖太郎(こうたろう)：津波で亡くなった長男。当時三歳。現在も行方不明。

上野倖吏生(さりい)：震災の半年後に生まれた次女。

写真１　上野さんの独白（南相馬市にて　2012年3月15日）

写真２　亡くなった二人の子どもたち

《ビデオ要約》（実際の映像にはナレーションはない）

映画の主人公である上野敬幸さんが、二〇一一年三月の震災直後からの体験を、初めて笠井のカメラの前で独白した場面。世間には「福島といえば放射能」という空気があり、福島の津波被災地には誰も目を向けてくれないという。みんなが放射能から避難して行くなか、警察や自衛隊も来ない。上野さんは避難を拒み、自宅のあった萱浜地区で津波の行方不明者を自力で捜し続けていた。

上野敬幸　福島第一原発が爆発して避難所もなくなり、見るかぎり誰もいないなか、自分たちだけは家族を捜さなきゃいけないと、必死に捜しているけど。捜索は「警察と自衛隊がやった」と思っている人たちがほとんどだ。でも、うちらのところは俺たちだけだ。ずっと置いてきぼりだ、ここは。

――上野さんは、行方不明になった長男・倖太郎くんを捜し続けていた。しかしあるとき、一つの考えが頭に浮かぶ。

上野敬幸　捜索の途中でね、倖太郎は「俺を生かすために出てこないのかな」と思ったときがあっ

写真３　卒業証書授与（2015年3月23日）

たの。もし早い段階で倖太郎が見つかって抱きしめていたら、俺は自分で命を絶って死んでいたと思う。だから倖太郎に助けられているんだなと。倖太郎はわざと出てこないんだろうなと思ったの。

――一方、長女・永吏可ちゃんは、津波から二日後に自宅の裏で見つかった。上野さんは自分の手で遺体を抱き、安置所に運んだ。原発事故が起きると安置所の業者もみな避難していった。燃料も人も不足して、すぐには火葬もできなかった。

上野敬幸　永吏可は、きれいな顔だった。あの顔がどんどん変わっていく姿とか、俺は安置所でそれをずっと見ていた。あとからぶつけたんだろうね、そのあざがどんどん出てきたりとか。だってドライアイスも何もない状態でずっと一〇日以上置いておいたので。

――上野さんの妻・貴保さんは震災当事は妊娠中で、放射能を避けるため、県外への避難を余儀なくされた。その結果、永吏可ちゃんの火葬にも立ち会うことができなかった。

上野敬幸　原発がなければさ、永吏可の顔を触ってあげて、ほおずりだってできたと思う。そういうことが全くできないまま、火葬になって骨も拾ってやることができなかった。

――震災から丸四年が過ぎた二〇一五年。永吏可ちゃんの卒業証書が授与された。震災当時、小学二年生だった永吏可ちゃんが通っていた大甕小学校の教室で、上野さんと貴保さんが証書を受け取った。同級生やほかの保護者たちが見守り、その姿に拍手を送る。しかし、上野さん夫婦の心は複雑だった。

上野敬幸　目の前で同級生を見るのは、つらいと思うんです。目を背けたい部分なのかな。同級生が成長していくというのは当たり前のことなんだけど、永吏可は当然二年生のままで終わっていて。

上野貴保　永吏可もあんなふうに大きくなってたんだろうなって思うと、見届けたかったような気もするし。だけど、こればっかりはどうしようもないから。この先何年たっても何十年たっても自分が死ぬまでたぶん、四年前と同じ気持ちのままずっと生きていくと思います。

――貴保さんは悲しみを胸にしまい、震災後に生まれた次女・倖吏生ちゃんの子育てに追われる日々を過ごす。

上野貴保　亡くなった二人のことを考えてるとキリがなくて、毎日でも泣くようになっちゃうので。本当、忘れないまでも考えないようにする。心をコントロールして、気持ちをセーブして生活するというスタイルですね。

「複合災害」という視点

『Life 生きてゆく』は、二時間ほどのドキュメンタリー映画なのですが、私が六年近く福島に通い、撮りためた四〇〇時間に及ぶ映像を、自分自身で編集し作った作品です。しかし最初から、具体的な視点があって撮り始めたというわけではありませんでした。

当初、私が福島に足を運んだ理由は、「放射能の影響下での暮らし」とはどういうものかを知りたいという、漠然としたものでした。ところがあるとき、全く違った「視点」に気づかされます。一人で何度も福島に足を運ぶうち、偶然出会うことになったのが、南相馬市で映画の主人公となる上野敬幸さんでした。上野さんとの交流のなかで初めて気づかされたのが、「複合災害」という視点です。

福島では、地震と津波に、福島第一原発の事故が重なり、複合的な被災状況が発生しました。具体的にいいますと、福島の津波被災地では震災直後、放射能のために、自衛隊の救助や捜索の手が入りませんでした。原発事故のせいで、津波の犠牲者や遺族達が置いてきぼりにされていたのです。それは福島の知られざる被災の一面であり、震災を伝える上では「新たな視点」だと感じました。

映画の主人公である上野さんたちは、その複合災害の被害者だったわけです。上野さんとは、二〇一一年秋に出会い、五カ月後の二〇一二年三月に、初めてカメラを向けさせて貰いました。

当時の上野さんの話は、今も変わらず私のなかに強い印象として残っています。津波が押し寄せ、原発事故が起きたあとの沿岸部には、津波で流され亡くなった方々の遺体が放置されたままだったそうです。上野さんたちは誰の手も借りず、仲間数人だけで四〇人以上の遺体を回収したといいます。その多くは、近所の顔見知りの方たちでした。上野さん自身も、二人のお子さんとご両親を津波で亡くしています。遺族が自力の捜索を強いられ、日々遺体と向き合い続けていたというのです。

人の命がここまでないがしろにされていたことに、私は大きなショックを受けました。テレビ局員として報道現場に携わっていたにもかかわらず、こうした事実を聞いたことがありませんでした。メディアがそこに目を向けてこなかった結果だと思います。そして、一度見捨てられる体験をした、こういう人たちにこそ目を向けなければと、せめて私だけでも向け続けようと強く心に誓いました。

心のなかの葛藤――自分のスタンスをどうとるべきか

その後、「会社員」と「フリーランス」という二足のわらじを履きながら一人で毎月福島に通い、撮影を続けました。その間に私は、福島の現状を伝えようと、自分が撮影した映像で短編の作品を作り、チャリティ上映会を開催し始めます。そうして一年、二年と過ぎていくにつれ、上野さんご家族は、普段は口にしないような心の奥にある想いまで、私のカメラの前で話してくれるようになりました。すると徐々に私のなかに、葛藤が芽生えていきました。「チャリティ上映会を続けているだけでいいものか」と。上映会のために作る映像は、せいぜい三〇分程度の断片的な内容に過ぎません。「平日は会社の仕事、週末は福島取材」というスタンスにも限界を感じていました。

そしてまもなく決断します。「いったん会社を辞めて、長編作品を作るための時間を手に入れよう」と。そして会社に辞表を出しました。こうして震災から丸四年となる、二〇一五年三月にフリーになったのです。その後は、インターネットで活動資金を募るクラウドファンディングなどを利用し、何とか費用を工面しながら、福島に足を運び続けます。そしてついに、二〇一七年に映画『Life 生きてゆく』を完成し、公開までたどり着くことができました。福島に夜行バスで通った回数は、優に一〇〇回を超え、撮影した映像は四〇〇時間にものぼっていました。

テレビではできない仕事がある――「フリーランス」という選択

では、私が選んだ「フリーランス」という選択はどうだったのでしょうか。フリーになって四年ですが、今は経済的にも軌道に乗ってきて、結果的にはよい選択だったといえるでしょう。しかし一方で、『Life 生きてゆく』という作品は、「テレビ局内にいて作れなかったのか」と聞かれることがあります。会社を辞める前には、当時の上司からも「テレビを通して世に問うたらどうか。テレビなら、多くの視聴者に届くし、被災者のためにもなるのではないか」といわれたこともありました。

それでも私が、どうしてもフリーランスとして『Life 生きてゆく』を作らなければと考えた理由があります。それは、取材対象者との信頼関係です。私は上野さんご家族と本当に近い距離に身を置き、一緒に震災後を歩みながら五年半、映像を記録してきました。そのような取材を、上野さんたちは「テレビ」というメディアに許してくれたわけではありません。もし私が最初から「テレビ局の記者として撮影に来ています」と名乗っていたら、おそらく上野さんは、映画で描かれているような心の奥深いところにある想いを、私に明かしてはくれなかっただろうと思います。

福島を訪ねるとき、何より私が大切にしてきたことは、カメラを向ける相手と同じ目線で、いち個人として関わるということです。マスメディアが震災報道のなかで、被災地域からの信頼を失っていた当時、私は組織と距離を置き、自分一人で誰にも頼らず、現地に通い続けるという選択をしました。

だからこそ、辛い被災体験を自然と話してもらえるようになりましたし、プライベートな家庭のなかの撮影まで許されたのではないでしょうか。それを急に「テレビで放送する」といったら、どうでしょう。そのように、小さな欠片を一つ、また一つと積み上げるようにして築いた信頼関係のなかで、私なりの誠意というのが、フリーという立場を選んで作品を作るという選択肢だったわけです。
加えて、テレビ局内ではできなかった理由がほかにもあります。仮にテレビ番組として制作する場合、五年以上の長期にわたり、毎月何度も名古屋から福島に通って取材を続けることは、予算や締め切りの都合上、許されなかったと思います。その意味でも、やはり自由なフリーランスだからできたことだと思っています。
今も『Life 生きてゆく』は全国各地で自主上映が続いています。上映会という場には、テレビとはまた違うよいところがたくさんあることにも気づきました。それはまたのちほど触れたいと思います。

三　映画『Life 生きてゆく』——東京電力に対する新たな視点

では次に、映画のなかで東京電力の社員が登場するシーンをお見せしましょう。

《登場人物》
石崎芳行：二〇一五年当時の東京電力福島復興本社代表兼、東京電力副社長。福島復興本社は、二〇一三年に設立された。福島の復興推進、除染、被災者への賠償など復興関連業務を統括する東京電力の社内組織。福島県内に拠点をおき、石崎さんが初代代表に就任した。

《ビデオ要約》（実際の映像にはナレーションはない）

二〇一五年五月のゴールデンウィーク。上野さんたち「福興浜団」が、津波で被災した萱浜地区の真ん中に作った菜の花迷路には、東京電力の社員が、運営側の手伝いとしてボランティアに入っていた。連休最終日の夕方、上野さんの自宅に突然石崎さんが訪ねてきた。その場では、二人和やかに会話している。しかし二年前、二人は上野さんの自宅で対面していた。その初対面のとき、上野さんは石崎さんの名刺を投げ捨て、「殴ってやりたい」といって拳を震わせたという。

石崎芳行　こんにちは。

上野敬幸　はい、どうもー。

（リビングで談笑のあと、帰っていく石崎さんの後ろ姿を見ながら）

上野敬幸　東京電力の副社長。だから大変お偉い方でございます。俺は、前にここで会ったときはもう鬼の形相でしょう。初めて会ったときはもう鬼だからさ、ずっと。飛びかかりそうな勢いだから。

笠井　ここに来たんですね。

上野敬幸　そうそう。それでもやっぱり、ああやって回って来てくれるだけ、全く姿を見せない政治家よりはまだいいよね。

写真４　石崎芳行さん登壇（2015年11月）

写真５　第二原発内の石崎さん

――石崎さんは、二〇一五年一一月、南相馬市で開かれたシンポジウムに、上野さんと並んで登壇した。東京電力の制服姿で、「復興本社代表」と書かれた腕章をしている。

石崎芳行　まずは皆様方に、私どもの原発事故で今なお大変なご迷惑、ご心配をお掛けし続けていること、あらためまして深くおわび申し上げます。本当に申しわけございません。

私自身も実は福島第二の所長を震災の前の年まで三年間やらせていただいておりました。当時は私自身が地元の皆さんに、「原発は絶対事故を起こしません」と、「そういうつくりになっています」と、堂々と説明していました。それを今、恥じております。

――事故後には当時の東京電力の社長とともに、福島県内の避難所をお詫びに回っていたという。

石崎芳行　避難されている方のなかに、実は私が福島第二の所長をやっているときに仲よくしていただいた方がたくさんいて、寒い体育館で毛布にくるまって寝転がっている皆さんに会って、「お前、あのとき安全だといっただろう」「うそつきやがったな」「だましやがったな」という、そういう皆さんの目が忘れられません。

写真6　福島第二原発 遠景

写真7　石崎さんと上野さん

――一方で、上野さんの東京電力に対する見方には、変化が現れていた。組織としての東京電力と、一人ひとりの社員は別だと思うようになった。きっかけは、石崎さんと知り合うよりも前に出会っていた、一人の男性社員の存在だった。

上野敬幸　当然、会社としての東京電力というのは今でも憎いです。でもそのなかで東京電力のある社員の人と知り合ったときに、その人が僕と話をして、その後、萱浜に毎朝通うようになったんです。お線香を津波で亡くなった人の家のところにあげながら、毎朝集落を回っていた。そういったのを僕は黙って、声を掛けずに見ていたんですけど。やはり東京電力は憎いということは変わりないですけども、その人と会ってから、社員一人ひとりについては「人として」見るようになったかなと思う。

――石崎さんは上司として、現場の社員たちの声にも耳を傾けていた。震災当時のエピソードがある。

石崎芳行　震災直後に、福島第二で働く地元出身の女性社員から実はメールが来ましてね。その女性社員の出身が浪江町の請戸地区で、実家が津波で流されて、ご両親が亡くなられて。「両親に会いに行きたいんだけれども、自分は発電所の職員だから行けない、苦しいです」というのを伝えられたんです。自分としては、いてもたってもいられずに福島第二に行って職員と一緒に寝泊まりして、いろいろな話を聞いたりしていたんですけれども。やっぱり社会の皆さんから見れば加害者であると、そういう心の葛藤を抱えた社員が実はたくさんいるのも事実ですね。

——上野さんは、その女性社員の話を石崎さんから聞いた。そして東京電力のなかにも、津波で家族を亡くした人がいることを改めて考えたという。さらに石崎さんが、そういう社員たちにも親身になっていたことに、感銘を受ける。

上野敬幸　第二原発も、第一原発とは状況が違うとはいえ、発電所のなかが大変なことになっていたわけでしょう。それで職場を離れられないし、自分の家族が行方不明のまま仕事をやらなければいけなかったというのは、すごい大変だっただろうし。会社が東京電力で、事故を起こしたのは間違いないけど。でも俺らと同じように犠牲になっている人はいるわけだからね。そのことを、石崎さんのところには社員から直接メールが来ていたというね。石崎さんという人の人柄が出ていていいね。優しい人だね。福島には必要な人だね。

加害企業である東京電力をどのように描いたのか

ジャーナリズムの世界では、東京電力は原発事故を起こした加害者側の企業であるため、その責任の問題にフォーカスした報道が主流です。私はそうしたアプローチは取らずに、別の視点から東京電力を描こうと思いました。それが「加害企業に属するいち個人」という視点です。

実際に私は、東京電力の石崎さんと上野さんとの交流が生まれていく過程を、リアルタイムで目の当たりにしました。上野さん自身の気持ちは、「会社としての東京電力は憎い。しかし、そこで働く個人についてはそうは思っていない」というものでした。そこから、加害者と被害者という立場を越えた対話が可能になったのだと思います。

この映画のストーリーは、被災した上野さんご一家が津波と原発事故に遭うなかで、亡くなった家族の命を想い続け、生きている自分たちの命の意味を問いながら、震災後を生きていくという物語です。こうした映画のなかで、東京電力をどう描いていくかを考えたとき、私は加害企業としての責任よりも、そこで葛藤しながら働く個人にフォーカスして描きたいと考えたわけです。東京電力のなかにも、自分自身や家族が被災した人だっているわけです。その視点から、福島がこれから歩むべき道の方向性を見つけていきたいと考えました。

東京電力との新しい関わり方

二〇一七年の秋には、この映画が東京電力の本社で上映されることになりました。社長以下一二〇名の幹部や管理職の方々の前で映画を上映し、上野さんと私の対談も聞いてもらいました。

その後、東京電力側の申し出を受け、二〇一七年一〇月から二〇一八年三月にかけて、地方の支社や営業所でも上映会を開催してもらいました。この映画を通じて被災当事者の声が、東京電力で働く一人ひとりに直接届けられたことは、私にとっては望外の喜びでした。

そのとき私は、視聴した社員の方々にアンケートをお願いしたのですが、集められた四一九人分のアンケート用紙には、加害企業のなかで責任を背負いながら働く人々の真摯な言葉が綴られていました。たとえば、ある五〇代の男性社員はこんな言葉を書いています。「私は震災直後から約四年半、第一原発の現場で事故の収束と廃炉の業務に従事してきましたが、ことある毎に発電所内の慰霊塔にお参りする事を日課にしてきました。当社を許せないという上野様の気持ちは、同じ父親としてよく分かります。私も恐らく同じ状況であったら、東電を許せないと思ったはずです」。

ここまできちんとしたアンケート結果を送ってもらえるとは想像もしていなかったので、その誠実な対応には感謝しました。それこそが、テレビでは味わうことのできない「顔の見える交流」であり、大きなメリットだと考えています。上映会という場のおかげで、当事者同士の交流のきっかけを作ることができたわけです。ジャーナリストとしての私は、加害者への糾弾や対立構造の枠組みのなかでの主張だけではなく、こうした「対話」の場を作ることも、自分自身の役割の一つだと思っています。

四　フリーランスという選択

現在私はフリーランスとして独立して四年目です。三年前には個人事業主として起業し、創業支援の補助金などを利用しながら、撮影機材や映像編集システムなどの設備一式を揃えた仕事場を構えました。そうした補助を受けるため、向こう五年間の事業計画を提出し、収支報告も毎年行っています。

学生に対してフリーランスの是非を語るとき、往々にしてこうした経済的な側面は見落とされがちですが、会社員のように給料が出るわけではないので、自分で稼いでいかなければなりません。したがって独立した場合には、経済的自立の問題がどうしても大きな壁として立ちはだかってしまいます。しかし今の私は、自分がやりたいと思う仕事だけで生計を維持できています。テレビやネット配信のドキュメンタリーを制作することに加え、映画の上映会や講演会活動などが主な収入源です。テレビ番組の制作では、局の下請けではなく、すべてこちら側から提案する企画です。自分自身が撮影した映像を使って番組を制作するため、映像の権利を自分で持ち、その使用料も含めてテレビ局から支払ってもらっています。他業種のアルバイトや、生計を立てる目的だけのための仕事は全くしていません。フリーランスの映像ディレクターとして、ある意味、理想的な形かもしれません。

今回の映画を作る際には経済的な危機や、一人で撮影から編集まですべてを行うという大きな負担を伴いました。しかし最後までやり抜くことができたのは、ひとえに福島の家族たちに対して、「自分なりに報いたい」という気持ちがあったからだと思います。

私がなぜ、福島を伝えつづけるのかというと、それは「社会的使命」や「ジャーナリストとしての大義」のためではなく、まず「私はそれが知りたい」「福島で出会った家族の姿を、この目で見つづけたい」という強い想いがあるからです。震災後の福島で出会った人々に、私はこれからも会いつづけたい。その方々がどのように暮らし、生きていくのか、あるいはどんな希望を持って何に幸せを感じるのか、そのことを「人生」という長いスパンで記録したいと思っています。記録するからには、「伝える」のが当然の流れです。「知りたい」という想いがない人には、決して「伝える」ことはできないのです。

❖講義を終えて　ジャーナリストが作るドキュメンタリーとは

今回は、事前に学生たちに私のドキュメンタリー映画『Life 生きてゆく』を視聴してもらった上で、講義を行いました。講義後の質疑でいただいた質問の多くは、映像制作の現場での実践的な手法についてのものでした。

ジャーナリズムの世界での映像の役割というと、スクープ的な場面を撮影したものや、決定的瞬間を捉えたものというイメージが大きいかもしれません。しかし、長い時間をかけて真実を追い求めていく調査報道や、問題の渦中にいる人物の告発などといった場合でも、映像がモノをいう場面が多く存在していると思います。災害報道の現場でも、人間の表情や音声としての言葉を生き生きと伝えられる映像の方が、活字やスチール写真よりも真に迫れるという場面は、少なくないと思っています。

そんなときに求められる映像表現は緻密であり、細部まで考え抜かれた結果の「主観的表現」だと思います。誰が撮っても同じ、事実がただ映っているだけ、そういうことでは全くないのです。その意味でドキュメンタリーは、現実を伝える映像表現のなかでもニュース映像とは一線を画すといえます。

そうした素材を活かすためにあるのが、映像編集作業です。適切なタイミングで切り取ったカットを並べ、巧みな構成によって、観る人の心をぐいぐいと惹きつけるようでなければなりません。

よいドキュメンタリーの条件は、報道的な切り口によるスクープとしての価値を備えているのと同時に、表現としても良質であることが求められます。『Life 生きてゆく』もそうですが、ナレーションのない作品ならなおさらです。美しい映像、臨場感のあるカメラワーク、映像を上回るような存在感のある音声やノイズなどの要素が不可欠です。

　しかし一方で、映像のクオリティを上げることばかりに気を取られていると、取材対象者との関わりがおろそかになったり、取材相手に自分たちの都合を押し付けたりする失敗に陥る危険もあります。それでは本末転倒です。そういった意味で、ドキュメンタリーという表現によってジャーナリズムを実践するには、高度なバランス感覚が必要だと思っています。つまり、冷静に物事を見つめられる論理的思考と、人の心に訴えるモノを創り出す感性の両方が必要です。取材対象者に腹を割って話してもらえるような人としての魅力を、取材する自分自身が身に付け、もう片方では、クリエイティブな映像表現を追い求める力も磨かなければなりません。

　私は、報道の現場で記者経験を積みながら、同時に自ら編集作業を行うことを続け、今に至っています。実は最初に入社したテレビ局で、先輩にこう尋ねられたことがあります。「お前は、記者になりたいのか？　それとも、ディレクターになりたいのか？」。その意図は、「現場ひと筋の『情報を取れる』記者を目指すのか、それとも『映像編集に携わる』制作者を目指すのか、どっちだ？」ということでした。しかし私は「両方やりたいんです」と答えていました。報道記者として記者クラブに詰めながら、会社に戻れば映像を自分で編集し、ドキュメンタリーの台本も書く。そうしたテレビ局時代の一五年あまりの積み重ねが、フリージャーナリストとしてドキュメンタリーを制作する、今の自分の土台となりました。学生の皆さんも、ぜひ自分から道を狭めることなく、「やりたい」という気持ちを大切に前へ進んでいって欲しいと思っています。

孤立する人々——刑事事件から見えてきた家族の変容

読売新聞東京本社社会部
小田克朗

一　連載「孤絶」のキックオフ

「家族内事件」というアプローチ

刑事事件に占める家族内事件の割合が増えています。警察庁の統計によると、殺人事件が親族間で発生した割合は、二〇〇三年の四二％から一五年の間に五五％に上昇しています。こうしたなか、刑事事件担当の記者の間で「家族内事件をテーマとして取り上げ、さまざまな視点から取材を進めてみよう」という話になり、新聞連載「孤絶」はスタートしました。

現代社会では、生活は豊かになり、トラブルを防ぐための知識も蓄積されているはずなのに、なぜ一番近しいはずの家族の間で刑事事件が発生してしまうのでしょうか。今回の連載では、その答えを探ることを目標に取材を始めました。そのためには事件当事者に、じっくりと話を聞く必要がありまず。ただ、刑事事件の担当記者は、日々のニュースに追われているので、テーマに迫るための長い取材を行うことは普段はなかなかできません。しかし今回は、取材チームの記者たちに「腰を据えて取材をしたい」という強い思いがあり、取材態勢も組めたので、プロジェクトを進めることができました。

全国紙の強みを生かした調査報道という手法

読売新聞は全国四七都道府県に取材拠点があるので、連載を行うにあたっては、この拠点から事例を集め、量的な分析を試みるという方針を立てて取材を開始しました。

具体的な取材の手法としては、たとえば「介護殺人」というテーマを設定した場合、全国の取材拠点に呼びかけて介護殺人に関する情報の提供を依頼します。その後、集められた情報を集約し、名前や住所、事件の背景などをリスト化していくわけです。

そして今度はそのリストを参照しながら、自宅住所がわかる案件については実際にその自宅を訪問し、刑事弁護人がわかればその人に取材をします。あるいは加害者にインタビューするための依頼などを行ってみたりもしました。もちろん、逮捕されて刑務所や拘置所にいるケースもあるので、そうした人には手紙を送ったり面会依頼を出すことで取材を申し込むという作業を続けました。こうして一年半ほどの間に取り上げたテーマは、「介護殺人」「児童虐待」「引きこもり」「障害」となりました。今度はそのテーマごとに、五〇～一〇〇人に及ぶ加害者に対して取材を試みました。このなかで、加害者本人が取材に応じてくれたのが一割程度。残りの九割程度の人には断られて終わるという経過をたどりました。取材ができた人たちに関しては、本人だけでなく、その加害者の家族や介護・障害施設の支援者、弁護士、あるいは裁判員制度であればその裁判員などを対象に、多面的な取材も行いました。

二　事件の根底にあるのは「孤立」というテーマ

認知症の妻に対する殺人未遂事件

このように、加害者への取材を進めるなかで、家族内事件の根底には「孤立」というテーマがあることが見えてきました。したがって、「孤立」という側面から、それぞれの事件を描いていく方針を選択しました。

連載の第一部一回目で取り上げたのは、認知症の妻を殺そうとしてしまった八十歳代の男性のケースです。自宅に伺い、「なぜこの事件が起きてしまったのか」という話を、夫妻のライフヒストリーとともに聞きました。インタビューは、数日に分けて合計七～八時間程度行いました。

彼の話によれば、彼は子どもに恵まれており、収入も多く、妻に充実した介護サービスを受けさせようと思えばそれができたわけですが、子どもには介護の負担をかけたくないことに加え、妻を介護施設に入れるのは〝うば捨て山〟に捨てることに等しいとも考えていたようです。その結果、自らが孤立する道を選択してしまったという状況が見えてきました。

統合失調症で引きこもりの息子に対する殺人事件

もう一つは、統合失調症を持つ息子さんを絞殺してしまった男性（七九歳）のケースです。この方は、精神障害を一六年間もわずらい引きこもり状態にあった息子さんの面倒を見てきましたが、彼の暴力や奇怪な言動に悩み続けてきました。ただ、息子さんの病気のことについては、親族や近所の人たちには隠し続けてきたようです。しかし、その息子さんに家族を傷つけるような言動が見られ、最終的には自分のなかで耐えられなくなってしまい、「家族を守らなければならない」という思いから、誰にも相談することなく殺害にいたってしまったわけです。

ただ精神障害は、この人が考えているような病気ではありません。専門病院もあり、治療も可能な病気なので、この方にある種の偏見があったことは否めません。そのため、身近な人に相談をせずに犯行に及んでしまったということでした。

娘を虐待の結果、殺害してしまった事件

さらに、児童虐待のケースもあります。これは、三歳の女の子が、実の母親とその交際相手である

継父に虐待死させられた事例です。この案件も私が取材をし、加害者である継父やその家族などに話を聞きました。それによるとこの母親は、交際相手である継父と一緒にいることを優先させて、三歳の娘を自宅に放置していました。しかしそのことについては、犯人の父母（娘の祖父母）には何ら相談することもなく、あるいは友人に助けを求めることもせずに、ただただ娘に対するネグレクトを繰り返していたわけです。

その結果、娘は食事も与えられず、あるいは寒い日に風呂場で水のシャワーを浴びせられるなどの虐待も受け、二カ月間誰にも会うこともなく亡くなってしまいました。

この事件についても、娘と実母、それに継父の三人が家族ごと孤立した状態にあったことが事件の背景にあったわけです。

海外におけるケース

連載では、海外における状況も記事として掲載するために、世界各国での取材も行いました。私はイタリアを担当しましたが、特にイタリアでは精神医療が進んでおり、患者本人や家族に対する支援が非常に充実していることに加え、いわゆる精神科病院というものがなく、在宅で治療できるようなシステムも整備されていました。

したがって、日本のような家庭内事件がないわけではありませんが、その数は非常に少ないことがわかりました。

ただ、人と人とのつながりが薄まり、孤立する人が増えれば、いつ日本のような状態になるかはわかりません。そうしたリスクを絶えず孕んでいることは事実です。

なぜ加害者本人に取材するのか

この連載では、加害者側に「何で殺してしまったのか」「何で死なせてしまったのか」ということを主眼に据えて取材を行いました。なぜかというと、事件の再発を防ぐためには、殺してしまった理由について直接当事者に聞くことが必要であると考えたからです。また、普段私たちは刑事事件を取材することが多いのですが、実は加害者から直接話を聞くことについては、あまりしてこなかったという反省もありました。というのは、逮捕されてしまうと、まずは接触できない状態に置かれますので、どういう供述をしているのかを警察や検察に対して取材し、それをもとに記事にするケースがほとんどだったわけです。しかし今回は、背景事情まで聞く必要もあり、これまでの反省も踏まえて加害者への直接取材を行うことにしたわけです。

事件の発生状況を俯瞰した「鳥の目」による取材

それに加えて、今回の連載では、事件の発生状況を俯瞰した「鳥の目」の視点を盛り込むように心がけました。通常の事件記事というのは、被害者や加害者、あるいは関係者への取材をもとにした「虫の目」の視点で書かれがちです。しかし今回の連載では、取り上げる事件が社会のなかでどういう位置づけにあり、同様のケースが何件くらいあるのかを記事として示していく必要がありました。そのため、「鳥の目」の視点を取り入れることも主眼に置いて取材を進めました。

たとえば、①介護殺人や心中はここ三年半の間に全国で一七九件以上起きていること、②高齢の夫婦の間でのケースが一番多いこと、③加害者は男性の方が多いこと、などが、この「鳥の目」の視点による情報となります。こうした俯瞰的要素や傾向の分析なども提示していく作業を行いました。そうすることによって、記事のわかりづらさを解消し、問題の所在を読者に訴えていくことができたと思っています。

また、「鳥の目」によってその全体像を示すことは、行政機関や支援機関、あるいは研究者に対して、非常に有効なデータを示すことができたと思っています。

記事のフォローアップとしての行政機関へのアンケート

このような実態調査という形で書いた記事を、今後どのようにフォローアップしていくべきなのかという問題提起も行いたいと考え、対策を考えるべき行政機関に対してアンケートを取る試みも行いました。

たとえば、調査のなかで一七九件の介護殺人・心中が確認されましたが、そのなかには当然、行政機関が介護支援という形で関わっているケースもあるわけです。そうしたある種の「介護の失敗」の事例について、行政は問題点や教訓を検証したのかどうか、アンケートでお聞きしました。すると、六割の自治体では検証しており、逆に四割の自治体では特に何も調べていないという結果が出ました。なぜ四割もの自治体が特に何もしていないのでしょうか。それは、自治体が、事件に関する捜査情報や裁判資料などの情報を収集していないということがわかってきました。この結果を受けて、「確かに事件の情報を収集して検証することは重要だ」と認識し、調査を開始した自治体もなかにはありました。

三　連載への反響と社会への影響

加害者への同情や共感

連載を始めて私たちが一番驚いたのは、読者の方々からたくさんの手紙やメールが寄せられたことです。先に述べたように、私たちは加害者の声を中心に取り上げて記事を書いていたので、「何で加害者に同情するような記事を載せているのか」という批判がたくさん来ることを懸念していました。しかし蓋を開けてみると、「私も、もう少しでそういう事件を起こしていたかもしれない」「他人ごととは思えない」という、加害者への同情や共感を示す声が数多く寄せられました。

記事を読んでの気づき

逆に介護のケースでは、「自分は、配偶者を施設に預けたことに罪悪感を持っていたが、記事を読んで、もし預けていなかったら自分も同じことをしたかもしれないと思い、自分の気持ちが楽になった」という安堵の声や、「介護のつらさにスポットを当ててくれてありがとう」という感謝の言葉などが寄せられました。

あとは、介護施設などで働く支援者の方々からは、制度の充実・改善を求める声や、そうした職業に就きたいと考えてる学生の方々からは、「実情を知ってますます目指したくなった」などの声なども寄せられました。

社会に対する記事のインパクト

では次に、この連載企画が社会にどのような影響を及ぼしたのかについて述べてみたいと思います。たとえば国会では、「読売新聞の記事によると全国で三年半の間に一七九件もの介護殺人や心中が起きているが、それに対してはどのような問題意識を持っているのか」という質問が出され[1]、それにあと押しされる形で厚労省の担当部署が取り組みを始めるなど、課題提起につながったケースがありました。

また、引きこもりの子どもを父親が殺してしまったケースを記事で取り上げ、さらに引きこもり対策の現状について自治体に取材をして記事にしたところ、厚労省の担当者から、「そのデータを提供してもらえないか」という問い合わせがきました。そして結果的に、引きこもりに対する充実した支援策を講じる予算がついたというケースもありました。

加えて、それぞれの現場で、さまざまな支援を担っている自治体からも、「この事例について詳しい情報を教えて欲しい」という照会が来て新たな対策を始めたケースもありました。今ご紹介したような形で、少しずつ社会に影響が出てきているのが現状です。

四　取材から見えてきたこと

新たな社会システムの必要性

では次に、今回の連載のような非常に身近なテーマを深掘りしたときに、私が感じたことなどについて述べてみたいと思います。

先ほど、連載のなかで「孤立」というテーマが見えてきたという話をしましたが、現代社会においては、血縁や地縁といった人間関係のしがらみ（つながり）が急速に失われつつあるということを私は感じました。それが失われたからこそ、連載に取り上げたような事件が起こるわけですが、しかし、「家族だから支えなければならない」「地域の集落で助け合わなければならない」という関係性が、今後も失われていくことは避けられません。

そうした場合、血縁・地縁に代わる仕組みをほかに考えていかなければならないのではないか、という問題意識を私は持ちました。具体的には、税金を財源とした社会的なサービスによってそれを補っていく必要があるのではないかと思いました。

孤立化が進む日本

日本の孤立度がわかるデータがあるので、少しご紹介したいと思いますが、一家族の世帯構造の推移を見た場合、一九五五年時点では五人だったのが、二〇一五年では二人程度と激減しています。家族のなかでさえ、コミュニケーションできる人の数は少なくなってきており、孤立する確率は格段に上昇してきているのが現状です。さらに現在では少子化も進行しているので、これまでは家族が助け合いながら行ってきた介護などは、今後一人で負担していく傾向がますます進行することが予想されます。そうなれば、何の対策も打たなければ、家族内事件の発生件数は増加の一途をたどるのではないかと思っています。

日本人の持つ「固定観念」の問題性

それから、「世の中の人が持っている固定観念というものが、事件を生んでいるのではないか」ということも感じました。日本社会には、「介護は家族がしなければいけない」「子育ては母親の責任」という固定観念に縛られている人が少なくなく、こうした傾向を持つ人が思い詰めて事件を起こしてしまうということを実感しました。

そうした状況のなかで、私たちの連載記事を読んでくださった方が、「介護は家族がしなければならないと思っている人が、殺人事件を起こしてしまった。自分も同じようなことをしてしまうかもしれない」と考え、周りの誰かに相談したり支援を求めてくれるようになればいいと、私は記事を書きながら考えました。

事件の背景や要因へのアプローチも重要

加えて、「事件取材とは何か」ということについても考えました。ニュースを見ればわかることですが、刑事事件の捜査や裁判というのは、容疑者がその犯罪を犯したかどうかということにフォーカスされます。したがって、私たちの取材も、「この人は犯人といえるのか」「冤罪（えんざい）の可能性はないのか」ということが中心となってきます。しかしそれは、事件を捉えるには一面的な見方でしかありません。事件の全容を見るためには、「なぜそこに行政の支援が入らなかったのか」「家族はどのように受け止めたのか」「再発防止のために何をすればいいのか」という別の視点も必要なはずですが、その点が見落とされがちだったことを実感しました。

全国紙の強みを生かす

あとは、全国紙としての強みも改めて実感しました。読売新聞は日本の各地に拠点を持っており、それぞれが継続的に定点観測を行っています。つまり、そこで起きた重大事件は網羅的に把握しているわけです。そのような全国で蓄積された情報を集約・分析することで、誰もやっていない実態調査を行うことができるということがわかりました。

五　何に留意して記事を書いたか

加害者への情緒を排する

次に、記事を書く際に気をつけた点についてもお話ししたいと思います。

まず、加害者を書くことの難しさですが、加害者は、同情の余地はあっても、結局は犯罪を犯した人です。したがって、記事を書く際に「情緒的になり過ぎない」「形容詞的な表現はしない」「事実だけを取り上げる」という点に留意しました。それから、いろいろな関係者の話を聞き、彼らがその加害者についてどう考えているかということについても言及し、事件の持つ多面性について記述することを心がけました。

また加害者がいるということは、一方でその被害者もいらっしゃるわけです。したがって、加害者について書く場合、その記事が誰かを傷つけてしまわないように配慮しながら記事を書いていました。

誰に向けた記事なのか

あとは、「誰に向けてこの記事を書いてるのか」ということについても、深く考えました。たとえば、児童虐待の記事を書くときには、同じように子育てをしている親御さんはどう思うのか、あるいは介護殺人について書くのであれば、今介護をしてる人はこの記事をどのように読むのか、ということを常に考えながら書きました。つまり、加害者と同じ境遇にある読者に向けて、何を書いてどのように伝えればいいのかについて深く考えていました。

どこに視点を据えた記事なのか

新聞にはいろいろな記事が掲載されていますが、大きく分けると三つに分かれると私は考えています。一つは当局の発表記事です。「誰々を逮捕しました」「誰々に有罪判決が下りました」「政府はこのような政策を行うことを発表しました」という記事がこれに当たります。そして次にあげられるのが、当局が未発表の、あるいは発表するつもりのない事実を記事にしたものです。「誰々を逮捕する方針を固めた」「政府は〇〇法を改正する方針を固めた」などの記事がそうです。三つ目は、公的な資料の収集・分析や、独自の調査をもとに、特定の視点を軸として書かれる記事です。

今回の連載は、「家族内事件」という視点から構成されているので、今述べたなかの三番目の記事に該当すると考えられます。そして私たちは、その視点からぶれないように、取材を行い記事を執筆してきました。

「家族内事件」というテーマ自体は、今後ますます深刻化することが予想されます。直近の例を見てみても、たとえば元農林水産次官の男性がひきこもり状態の息子さんを殺害して起訴された事件[2]や、日々紙面に登場している児童虐待の問題など、枚挙に暇がありません。

家族のあり方は、時代や国、地域によってさまざまであり、かつ大きく変化していくものだと思いますが、今の日本では、人々が構成する最小の共同体である点に変わりはないようです。お互いを助け合うセーフティーネットとしての機能を維持しつつ、そのリスクをどう抑えるか。その観点から、日々起きる事件や出来事を引き続き、見つめていきたいと考えています。

（1）第一九二回国会衆議院厚生労働委員会（二〇一六年一二月七日）。
（2）『読売新聞』二〇一九年六月二二日付朝刊社会面（元次官、殺人罪で起訴）。

❖講義を終えて　事件は「自分ごと」

一連の家族内事件の連載記事をもとに、いくつかの中学・高校や大学で授業や講義を行う機会を得ました。そのなかでは、多くの学生・生徒から、事件を我がこととして受け止めたという感想をいただきました。「祖父が認知症で、介護疲れから起きる事件は人ごとではない」「普通の人が当事者となりうる。田舎にいる家族のことが少し心配になりました」など、自分の家族と照らし合わせた人が多く、自らの行動を変えることを考える契機になったとの声もありました。

事件報道の役割の一つは、同様の事件の再発防止を促すことだと考えています。そのためには、読者に自分ごととして受け止めてもらう工夫が必要ですが、学生らの反応を知るにつけ、若い人の行動に多少なりとも影響を与えることができたとすれば嬉しく思います。

学生の感想のなかには、「一人暮らし世帯へのモニタリング」、「閉鎖的な家族が社会とつながるパイプ作り」といったように、再発防止を図る対策に触れる内容もありました。学生の皆さんが「どうしたら解決するか」を考えたのと同じように、われわれ取材班も解決策を議論しながら記事を掲載していきました。現場に精通した支援者や研究者と議論を交わし、取材班なりにベストと考える対策を行政や社会に提示していったつもりです。その結果、賛同を得られるものもあれば、批判されるものもありました。ただ、最初から完璧な解決策が見出しにくい問題こそジャーナリストの出番だと感じています。悩みながら事件現場と向き合っていることが記事から垣間見えれば、読者の読み方も変わってくるかもしれません。

また、取材対象者の多くが犯罪加害者だったこともあり、一部の学生からは、「悲しみを抱えている人の話を聞いたときに感情のコントロールはどうされていますか」という質問もありました。確かに、取材をしていて感情の起伏が大きくなり、気持ちが沈んでしまう時期もありましたが、同じテーマを共有しながら取材班というチームで動き、意見をいい合うことでストレスが解消されていった面は大きかったです。同時に、苦しみつつも答えてくれた取材対象者の声を社会に生かさなければならないという使命を自覚することも、冷静さを取り戻す一助になっていました。

最後に、「家族内事件をシンプルに孤立という言葉で片づけていいのか。孤立という言葉は主観であり、記者が思う孤立感というバイアスがかかっている」「家族内事件の根本的な問題は、本来あるべき保障や対策の不足にある」といった学生からの指摘や注文もありました。確かに、一連の記事は誰もが納得する完璧な「答え」を提示したとはいえない点があるかもしれません。むしろ、問題提起の一つだったと改めて感じています。読者が自分ごととして受け止め、行動を変えるきっかけとなるような新たな問題提起を今後も探していきたいと思います。

連載「つながりなおす　依存症社会」の取材から

信濃毎日新聞編集局報道部次長
小松恵永

一　信濃毎日新聞での依存症キャンペーン

依存症に向き合う取材班を結成

信濃毎日新聞では、毎年テーマを決めてキャンペーン報道に取り組んでいます。介護の問題や不妊治療、御嶽山噴火災害など、さまざまなテーマを扱ってきました。そのなかで、二〇一七年は「依存症」にスポットを当てました。当時の報道部長の提案でした。そして私が担当デスクとなりました。

依存症は近年、さまざまな場面で問題になっています。著名人が薬物事件で検挙されたという報道はたびたびなされています。長野県の中野市では、二〇一四年に危険ドラッグを吸った若者が車を運転して暴走し、死傷者を出す事故がありました。飲酒がからんだ悲惨な事故は、全国で後を絶たず、アルコール依存症の影響も指摘されています。

また最近では、ギャンブル依存症への関心も高まっています。日本でも、統合型リゾート（ＩＲ）整備法ができ、これからカジノができる状況になりました。それに伴いギャンブル依存症対策が大きな課題になってきています。

さらに、ネット依存という問題もあります。若者がインターネットやオンラインゲームにのめり込んで生活に支障をきたす例が社会問題化してきています。

そういったさまざまな問題がありましたので、一度しっかり依存症に向き合ってみようということで、二〇一六年秋に取材班が結成されました。私のほか、専従の記者が三名、写真部から専従カメラマンが一名という態勢を組み、取材を始めました。のちに支社局などの記者三名も加わりました。

図表1が二〇一六年一二月三一日付朝刊一面での最初の紙面です。「やめられない　リスクは隣に」という見出しのプロローグからスタートしました。

事前取材をもとに基本方針

信濃毎日新聞では、大報道部制をとっていて、医療部といった専門部署はなく、専門の記者もいません。私も含めて、取材班の記者は依存症について取材をした経験はほとんどありませんでした。そこで最初は、依存症とはどんなものなのかを知るために毎日本を読むことから始めました。取材班の

図表1　「つながりなおす 依存症社会」プロローグ
『信濃毎日新聞』（2016年12月31日朝刊1面）

信濃毎日新聞　2016年（平成28年）12月31日　土曜日　日刊　9版★

信濃毎日新聞
1873年（明治6年）創刊
発行所
信濃毎日新聞社
長野本社
松本本社
©信濃毎日新聞社2016年

やめられない リスクは隣に

つながりなおす 依存症社会 プロローグ

長机の上のケーキにろうそくがともる。照明を落とした暗がりの中、男女7人の笑顔が浮かび上がった。

今月21日の夜、上田市ふれあい福祉センターの一室。今年、NHK大河ドラマ「真田丸」の舞台となり、にぎわい続けた街なかとは違う時間が流れていた。

週1回、ギャンブル依存症の人が集まるミーティング。この日はクリスマス会を兼ね、家族やアルコール依存症の人らも招いた。

参加者の1人が手作りしてきたケーキを味わう輪の中に50代の夫婦がいた。

18年前、妻は夫が隠れて借金を重ね、パチンコを繰り返していると知った。問い詰めると、消費者金融などへの負債が500万円以上あった。「もうやめて」。どれだけ言っても聞いてくれず、借金はやがて数千万円に膨らんだ。

夫がパチンコにはまったのは、5万円が10万円になるといったちょっとした体験がきっかけだ。負けが込んでも「次は取り返せる」と信じ込み借金を重ねた。新築した自宅も手放すことになった。

夫婦げんかが絶えなくなり、妻は心のバランスを崩した。子どもは家に寄り付かなくなった。

夫は妻が探してきた医療機関で依存症と診断された。精神科医から回復に取り組むグループを紹介され、同じ境遇の人に出会った。他人の体験を聞き、自分も話し、内面を見つめ直した。今はパチンコをやっていない。妻も依存症の人の家族会で仲間を見つけ、心の自由を取り戻した。

いつか逆戻りしないか―。夫婦には今も不安がある。

それでも「きょうのような日が迎えられることは奇跡」。妻はそう思った。

「息子が賭け事をやめなくて」「妻に無断で送金を続けた…」。クリスマス会の参加者たちはそれぞれに悩みを口にした。

会の最後、7人は手をつなぎ、輪になって、祈るように言葉を唱えた。

自分に変えられないものを受け入れ、変えられるものは変えていく勇気を―。

結びあい、みんなで言葉に出す。それが次の1週間を生きる支えになっている。

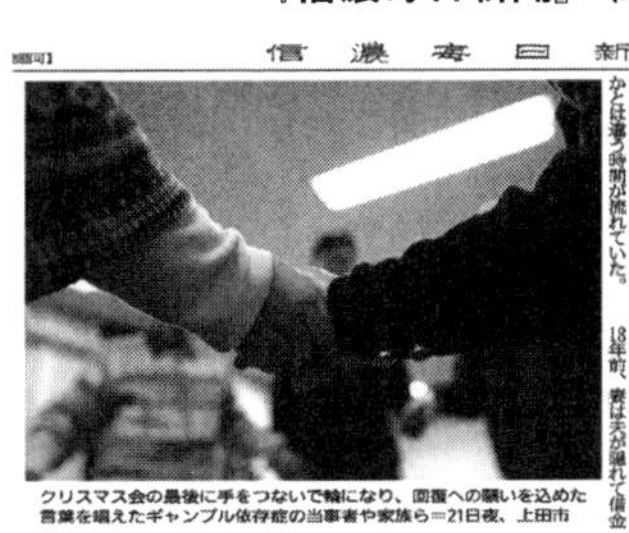

クリスマス会の最後に手をつないで輪になり、回復への願いを込めた言葉を唱えたギャンブル依存症の当事者や家族ら＝21日夜、上田市

ギャンブル・ネット…現代映す

「依存症」。ギャンブルに限らず、薬物の摂取や飲酒などがやめられなくなる病気だ。繰り返し受ける「快楽」によって脳のブレーキが壊れ、自分の意思では行動を制御できない状態に―。医学的には、そう説明される。

今月15日、カジノ解禁に道を開く統合型リゾート施設（IR）整備推進法が成立した。「ギャンブル依存症の対策が不十分だ」といった声を押し切り、国会では賛成が多数を占めた。

厚生労働省によると、国内でギャンブル依存症が疑われる人は536万人いるという。だがこの数字も、3年前の簡単なアンケートを基にした推計だ。同省はカジノ法成立を受け、ようやく詳細な面接調査に着手した。

「だらしがない人間」「意志が弱いから」―。依存症が「個人の問題」として片付けられがちな日本では、対策は後手に回っている。周囲に打ち明けられない人、自身が依存症だと気付かない人は少なくない。数字の向こうにある実態は、見えない。

神奈川県立精神医療センター専門医療部長の小林桜児さん（46）。信州大医学部（松本市）を卒業後、薬物依存症からの回復プログラム開発に長年携わってきた。

接する依存症患者たちは、多くが苦しさや本音にふたをして生きてきた。他人を信じたり、頼ったりできずに次第に孤立し、隙間を埋めるように「物」がもたらす充足にすがるようになっている。薬物、アルコール、ギャンブル、インターネットのオンラインゲーム…。欲望を満たす対象は次々に現れ、お金さえあれば大抵のものが手に入る。

日々、患者たちと向き合ううち、小林さんは「脳の病気という点だけに目を向けても、問題は解決しないのではないか」と考えるようになった。

依存症社会への処方箋を見いだしたい。そのためにはまず、私たち誰もが依存症と隣り合わせに生きていることを知る必要がある。

年明けからの連載の第1部では、ネットに居場所を求め、のめり込んでいった人たちの姿を追う。

【1月3日から社会面に掲載します】

ご意見・情報 お寄せください

連載へのご意見や、依存症に関する身近な情報をお寄せください。〒380―8546 長野市南県町657 信濃毎日新聞社編集局「つながりなおす」取材班（ファクス026・236・3017、メールはtsunagu@shinmai.co.jp）

部屋がいっぱいになるくらい、とにかくあらゆる関連文献を買ったり借りたりして、みんなで毎日読み続け、基礎知識を叩き込んでいきました。

私自身はデスクとして、連載を展開するにあたり基本的な考え方、指針を示さなければなりません。そこで、二カ所の専門医療機関に、事前取材に出向きました。

一カ所目が神奈川県横須賀市にある久里浜医療センターです。ここは、二〇一一年にインターネット依存専門外来を日本で初めて開設し、ネット依存の人がたくさん通院しています。

場合によっては入院やデイケアでのプログラムを受けています。週二回、外来診察の日がありましたが、しばらく先まで予約で埋まっており、私たちの長野県からも通院している方もいたと聞いて驚きました。

もう一つの取材先が、横浜市にある神奈川県立精神医療センターの小林桜児先生です。小林先生は慶應義塾大学で哲学を学んだのち、それを実践的に考えるために信州大学医学部に入り直して精神科医になられた方です。小林先生の著書[1]のなかに、「依存症というのは人を信じられない病」ということが書いてあり、私はその言葉に強い関心を持ち、先生を訪ねました。

依存症というのは薬物やギャンブルなどさまざまな快楽を脳が覚えてしまい、それを忘れられなくなる脳の病気であり、意志が弱いとか、だらしないということではないといわれています。さらに、小林先生たちが、依存症外来の初診で依存症と診断した人に尋ねたところ、九割の人に子どもの頃に虐待やいじめなどの「逆境体験」があるという結果が出ていました。

そういう体験がある人は、なかなか人にそれを打ち明けられず、人に頼ることができなくなる。そのため薬物などにしか頼っていかざるを得なくなるのではないかということで、小林先生は、依存症は「信頼障害」でもあると捉えています。その背景には、自分の欲求や感情よりも周囲の期待にこたえることを優先する「過剰適応」があると指摘しています。過剰に周囲に合わせようとすることで自分が苦しくなっていく。しかし、それが苦しいということもだんだんわからなくなってきて、薬物に頼っていくという説を立てており、幼い頃の境遇や現在の生きづらさというものが依存症の根底にあるのではないかという話をお聞きしました。

それらの取材を通じて、「依存症は病気であり、治療の対象である」ということ、「人が依存症に陥る過程には生きづらさや現代社会が抱える闇のようなものがあるので、連載を通じて、そのことも書いていく」というのが、最初に立てた基本方針になりました。

連載タイトルを「つながりなおす　依存症社会」に決定

取材ではまず、当事者の方が集う、地元の断酒会やアルコホリック・アノニマスなどの自助グループで話を聞いていきました。たとえば、週に一回の例会に集まり、いろいろ話をして、最後にみんなで手をつないで「今週、一週間がんばったから、またもう一週間がんばろう」といって別れる。そういった姿など通じて、「つながり」をキーワードに据えようという方向になりました。

そして、連載のタイトルは、「つながりなおす　依存症社会」としました。「依存症社会」としたのは、私たちの身の回りには、お酒だとか、ギャンブルだとか依存対象になりうるものがあふれているからです。また、「つながりなおす」の「なおす」ですが、最初は「治す」という字を当ててはどうかとの案も出ました。しかし、ある記者が、依存症というのは、回復はするけれど完治はしないという説明を医師から受け、それなら「治す」という言葉は酷ではないかと意見を出しました。二週間くらい議論を重ねて、社会のさまざまなつながりを築き直す必要があるという意味を込めて、ひらがなで「つながりなおす」と決まりました。

二　当事者への取材とその反響

夜通しゲーム――高校卒業に六年かかった男性

依存症といってもさまざまなものがあるなかで、連載を始めるにあたって、どの切り口からスタートするかも悩みどころでしたが、ぜひ若い人にも関心を持ってもらいたいということで、第一部はネット依存をテーマとすることにしました。

ちなみに、当時はネットに夢中になることを依存症と呼べるのかどうかについて議論がありました。しかし、二〇一九年五月、WHO（世界保健機関）は、オンラインゲームなどのやり過ぎで日常生活が困難になる「ゲーム障害」を新たな依存症として認定しました。

ネット依存については、二人の若者に取材をしました。

一人目は、ゲームにのめり込んで、高校を卒業するのに六年かかったという男性です。この方の家は、長野市のはずれの山あいにあり、高校までバスで一時間くらいかかるところにありました。母親と二人暮らし。母親が早く仕事に出かけてしまい、少し寝坊して次のバスになってしまうと、もう学校には遅刻してしまうということで、「面倒だからさぼってしまおう」ということがよくあったそうです。そのときに、家にいてほかにやることがないので、オンラインゲームをするようになる。ゲーム上で、仲間ができて交流が生まれるとどんどんのめり込むようになって、学校に行かなくなる。それで、留年をしてしまいます。ネット電話で会話しながら遊ぶのは、大勢で食卓を囲んでいる気分で、仲間は家族のような存在になったそうです。

学校としては不登校の生徒はそれまでにもいたのですが、オンラインゲームをやっていて不登校になったケースというのは初めてだったそうです。それだけに、先生方も対処の仕方がわからずに、苦慮したそうです。

男性は通学時間が長いことをオンラインゲーム上の仲間に相談すると、学校の近くでの一人暮らしを勧められました。母親も「家にいてはだめだ」と賛成しました。アパートでの一人暮らしを始めた男性は、最初のうちは学校に通っていたのですが、やはりゲームの世界にどんどんのめり込んでいって、またたんだん学校に行かなくなってしまいました。

あるとき、そのゲームをやっている仲間同士で会おうということになり、男女数人が東京で待ちわせ、初めて顔を合わせたそうです。そのときに、彼は関西に住んでいる女性と親しくなり、個人的に交際するようになりました。しばらく交際を続けていたのですが、あるとき、ゲームをしている最中に突然、その女性から「いいかげんにして」とメッセージが届きました。理由は全く見当がつかず、別れを告げるような言葉が次々送られてきました。彼は非常にショックを受けて、オンラインゲームをするのが怖くなってしまいました。

それを機に、ゲームから離れることにしました。そしてまた学校にも通うようになり、計六年かかったのですが卒業することができて、専門学校に進みました。そして、パソコンは調べ物などで本当に必要なときだけ電源を入れることにしました。なぜなら、ゲームをやり出すと止まらなくなってしまって生活が壊されるという恐怖があるからだといっていました。

ネットを巡り親と衝突した高校生

ネット依存の取材でもう一人登場してもらったのは、高校生の男子でした。彼は、子どもの頃に親からゲームを禁止されていて、周りの友だちはみんなゲームをやっているので自分だけできなくてつらい思いをしていたそうです。それでも、高校に入学してやっとスマートフォンを買ってもらい、LINEや当時流行っていたパズドラなどに夢中になりました。スマホをするのは、夜一〇時までだということになっていたにもかかわらず、時間を過ぎることが多く、しばしば親子喧嘩になっていたそうです。そして最後には父親から「おまえはネット依存だ」といわれ、「そうだよ、おれはネット依存だよ」といい返して口をきかなくなりました。

一方で学校にも行かなくなり、自室に引きこもるようになってしまいました。引きこもってオンラインゲーム三昧の生活をしており、学校は留年してしまいます。それで父親との仲は険悪なままだったのですが、母親がこれではいけないと、本人と二人でカウンセリングを受け、だんだんと本人も心がほぐれてきます。

彼は運動が苦手で、クラスマッチで足を引っ張ったことで落ち込みました。一方で、スマホの使い方をめぐって親との関係が険悪だったのでそのことを話せません。そのため、弱音を吐けないような状態でゲームに救いを求めるような状態でした。そういうことが、カウンセリングを通じてわかってきました。

その後も彼は不登校のままだったのですが、アルバイトをしてお金を貯め、自分でパソコンを買って、思う存分ゲームをやろうと考えました。そして宅配便の仕分けのバイトをしてパソコンを買います。しかし、いざそうやってゲームをしてみると、意外と面白くありませんでした。それはなぜかというと、アルバイトの現場で知り合った、三〇代、四〇代で非正規雇用の人たちが、正規雇用の職を探しているのになかなか就けないなど、大変な現実を見て、自分が今、こうした生活をしていてはだめではないのかと考えるようになったからです。それで両親を交えて、カウンセラーと話し合いました。そして、父親からの助言もあってとりあえず高校だけは卒業しておこうということで復学して、卒業しました。母親はカウンセリングを受けた結果、彼がゲームをしてもあまり怒るようなこともなくなり、家族との関係も以前よりはよくなりました。彼は今、都内でＩＴ関係の専門学校に通っているそうです。

先日、久しぶりに当時取材した記者が電話をしてみたら、取材時より明るい声で話してくれたそうです。取材を受けたことで、改めて自分の思いや家族との関係を客観的に見ることができるようになり、自分が立ち直るきっかけになったといってくれたそうです。私たちにとっても非常によかったと思えるケースでした。

ブログに「断酒日記」をつづる女性

次にアルコール依存症の女性に取材しました。この方は、薬科大学を卒業して長野に帰ってきたのですが、アルコール依存症で就職ができないということでした。ブログで「断酒日記」をつづっており、それを記者が見つけて、取材を申し込みました。

彼女は、高校生のときに教師になりたいという希望を持っていました。しかし父親から、薬剤師になることを勧められ、薬科大学に進みました。

しかし、もともと自分がやりたかった勉強ではないし、授業も難しいということで、苦しくなってしまい、だんだんお酒に溺れてしまいます。朝起きたらまず缶チューハイを飲んで、水筒にもチューハイを入れて学校に持っていきました。授業中、つらくなると、廊下に出て飲んでいました。そのうち、リストカットなどの自傷行為もするようになってしまったのです。

それを聞いた父親は驚き、知人のカウンセラーに相談し、その背景を解きほぐしていきました。彼女は、小学校の頃から柔道をしていて、好成績を収めてもいましたが、父親はほめてくれず、楽しかった柔道は苦しいものになってしまいました。進路についても父親のいう通りにし、とにかく親の期待に応えてきました。そういう状態がつらくなっても、誰にもいえずにお酒で紛らわすようになってしまいました。父親はカウンセラーとの面談を通じ、娘をほめても甘えさせてもあげなかったことに気づき、後悔し、その気持ちを彼女に伝えました。

彼女は何とか大学は卒業できたのですが、今もアルコール依存症と闘っています。

予想外に大きな反響

連載を始める前は、依存症というのはマイナーなテーマだと思っていたので、あまり反応がないのではないかと考えていました。ところが蓋を開けてみると、さまざまな依存症に苦しむ当事者や、その家族からのメールや手紙が非常にたくさん寄せられたのです。毎朝出勤すると、私の机の上には読者からの手紙がたくさん届けられていて、どの手紙にも、今まで誰にもいえずに苦しんできた思いなどが書かれていました。依存症で苦しみ、それを打ち明けられずにきた人がこんなにたくさんいるのかと、驚かされました。

こうした声も紙面で伝えようと、読者の投稿欄「伝えたい」も作って掲載していきました。それを読んでまたメールや手紙を送ってくれる人が増えていきました。

今、「新聞離れ」といわれていますが、こんなにも多くの方が読んでいてくださっているんだと、その反響の大きさに改めて責任の重さを感じました。

三　依存症を生み出す側の問題と対策

依存症を生み出す側にも目を向けて

この連載では、依存症当事者の人たちの実情や苦しみを伝えることに加えて、依存対象物を生み出している側にも目を向けました。

たとえば、パチンコでギャンブル依存症のようになっている人は多いのですが、以前は、いくらお客が借金を作っても「のめり込む客は自業自得」と考えている業界の関係者も多かったとみられます。しかし今、ＩＲ整備法（特定複合観光施設区域整備法、いわゆる「カジノ法」）ができて、その過程でギャンブル依存症が着目されるようになり、業界側としても依存症対策をしっかりして、社会から信頼を得ていかなくてはならないとの考え方が徐々に広まってきました。当事者団体の動きもあり、今では、のめり込みを防止する試みを取り入れ始めています。

一方で、アルコール依存症に関するテレビＣＭの問題もあります。以前はよくビールのＣＭで、「ゴクッ、ゴクッ」と喉を鳴らして飲み干す表現がありました。しかし、あの音による表現は、アルコール依存症の人にとっては非常に飲酒欲を喚起するもので、アルコール依存症問題に取り組むＮＰＯ法人ＡＳＫ（アスク）などが問題点を指摘し、今ではＣＭでそういう音を出す表現はなくなっているはずです。それ以外にも、ＣＭや広告についていろいろな対応がとられています。

ゲームに関しては、業界に取材をしてみるとパチンコやアルコールの業界のような規制はまだないようでした。作る側としては、いかに遊び続けてもらうかを考えており、そこにブレーキをかけるのは現実的でないと話す業界関係者もいます。韓国のほうが対策が進んでおり、記者を派遣して現地で取材しましたが、夜になると強制シャットダウンのような仕組みがあるそうです。日本国内では、無料通信アプリ「ＬＩＮＥ」を配信する会社のＬＩＮＥ（本社・東京）が、講師を学校に派遣して中高生に使い過ぎを注意するといった試みを実施する動きも出てきています。

依存症にかかわる犯罪での刑罰と治療

社会の側の対応については、「依存症にからんだ犯罪に対して、刑罰を科すだけでいいのか」という点も連載では考えました。違法薬物の使用は、それだけで逮捕されるわけですが、刑務所で服役しても、出所後の再犯率が非常に高い。そのため、ただ罰するだけではだめなのではないかという考えが最近では広がってきています。

長野県では、パチンコで借金を作ってしまい、それが返せなくなったことで景品交換所に強盗に押し入り、抵抗されたので放火して交換所の女性を殺しかけたという事件がありました。この事件の裁判のなかでは被告人に対する精神鑑定で「病的賭博」との結果が出て、ギャンブル依存症であると指摘されました。しかし、裁判のなかで、依存症については深い議論にはなりませんでした。結局、そのまま有罪になって服役することになりました。その弁護士は、治療を優先させることができなかったのだろうかと、非常に悔やんでいるということでした。

「ダメ、ゼッタイ」だけでは駄目

違法薬物に対する啓蒙ポスターで「ダメ、ゼッタイ」というのを、ご存じだと思います。これは、厚生労働省が一九八七年から展開している薬物乱用撲滅運動のフレーズですが、いくら「ダメ、ゼッタイ」といっても薬物依存の事案はなくなりません。したがって、「ダメダメ」といっているだけではだめで、きちんと治療をさせなければならないのではないかという考えが出てきています。

これは記事でも書いたのですが、文部科学省が、学校が薬物乱用防止の講演会を実施する上での注意点をマニュアル[(2)]にしています。そのなかで、講演に「不必要な情報」として、「薬物乱用者や薬物依存の患者の治療、更生、社会復帰のための情報」をあげています。

これはなぜかというと、回復するのであれば、薬物を使っても大丈夫だという誤解を与えるという見解で、とにかく「怖い」「危ない」「一回でも使ったらおしまいだ」ということさえ教えておけばいいという考えがあります。しかし、それではだめだという声が、支援者団体や当事者団体からは上がってきています。薬物依存になってしまうのはなぜなのか、どうすればそこから回復できるのかを考えるという流れが必要なのではないでしょうか。

実際、刑務所でも、薬物事案による受刑者に対しては、服役中に治療プログラムを受けさせるということが始まっています。また二〇一六年からは刑の一部執行猶予制度もスタートしました。これは、薬物事案で有罪となった人の刑を一部猶予して早期に社会に戻し、保護観察のもとで回復プログラムを受けるといった試みです。服役期間を長くするよりも、治療を受けながら社会復帰する方が、再犯を防げるのではないかとの考え方です。

NHKの番組で歌のお兄さんをしていた杉田光央（あきひろ）さんという方は覚醒剤の使用で逮捕されましたが、長野県上田市にある長野ダルクという施設で回復プログラムを受けています。今では長野県内で支援者が杉田さんのコンサートを開いてくれるなど、周りに支えられながら回復を目指しています。ダルクというのは、「Drug Addiction Rehabilitation Center」を略して「ＤＡＲＣ」。薬物依存症の回復支援施設で、全国に一〇〇カ所ぐらいあるとされます。

自分も依存症を生み出す側ではないか

この取材班は本当によく顔を合わせては議論しました。互いの記事を読んで批評し合い、いろいろな角度から記事を見つめることに腐心しました。

連載の最後には、エピローグとして、依存症を生み出す一つの要因として、人とのつながりが切れてしまうといった苦しいことがありながら、それをなかなか打ち明けられない、そういうことがあるのではないかと指摘しました。だから、そういう「弱さ」をさらけだしても排除されないような社会であるべきではないかという取材班の思いをまとめました。

これは、取材を通して感じた、私自身が依存症を生み出す側にいるのではないかという考えも踏まえています。たとえば、職場などで困っている人がいたとき、誰かが助けを求めていたとき、自分は見て見ぬ振りをしたことはなかっただろうか、そういったことが依存症を生む要因につながるのではないかと、連載を通じて考えさせられました。

四　新聞の力

キャンペーン報道、価値観転換を意識

この連載を通じて私の頭のなかにあったのは、キャンペーン報道には、それまで当たり前だと思われている価値観を変えていく視点が必要だということです。依存症について、私自身も最初は「だらしない」「意志が弱い」との印象も持っていましたが、取材を通じて見方が変わってきました。依存症は病気であり、それを生む社会の背景があるということがわかってきました。

以前、子育てや児童虐待の問題を扱った連載を担当したことがありました。そのときも、非常に反響が大きくて、子育て中の母親からもたくさん手紙をもらい、それなりに手応えを感じた連載でした。しかし、マスコミ業界の関係者からは、「この連載は結局、女性が子育てをするという価値観から抜け出せていないのではないか」という評価が寄せられました。それを見たとき、たしかに私のなかに「子育て＝女性」というイメージの前提があり、既存の価値観から抜け出せていなかったことに気づきました。そうした経験もあり、長期連載をするときには、自分でも気づいていなかった価値観の前提を転換していくことが大事なのではないかと考えるようになりました。

その後、二〇一〇年には認知症をテーマにしたキャンペーン報道[3]に記者として関わりました。当時はまだ認知症を「家族の恥」などと思う人も多く、隠さなければならないという風潮がありました。

その際に、顔と実名を出して登場してくださる高齢のご夫婦がいました。認知症の奥さんと介護するだんなさん、双方の苦悩を赤裸々に語ってくださって、当時としてかなり驚きを持って受け止められました。その連載をきっかけに、長野県でも認知症に対する捉え方が変わってきて、認知症は誰もがなりうる病気で隠さなくていいという意識が広まり、周囲に助けを求めたり、新たな家族会ができたりといった動きも出てきました。その意味で、キャンペーンの効果はありました。

今回の依存症のキャンペーンも、これをきっかけに依存症に対する社会の見方が少しでも変わることがあれば、成果であるでしょうし、そのように世の中を変えることができるのは、新聞の力だとも思います。

新聞記者としての喜び

こういう取材は、苦労が多いものも事実です。まず取材を受けてくれる人を探すのが大変です。取材を受けてくれる人に行き着いても、心を開いてもらうまでには相当の時間がかかります。しかし、話したくなかったり、心に秘めてきたりしたことにこそ、真実があったり、読者の共感をよぶエピソードがあったりもします。

この連載で私はデスクとして、記者には細かい点まで取材を求めました。記者は取材相手の生い立ちから何から突っ込んで聞いていきますので、嫌がられることもたびたびあり、精神的にきついこともあったと思います。編集局長からは「みんな、大丈夫か」とたびたび心配されました。

そのようにきついことも多い仕事ですが、それでもその記事によって少しでも社会に影響を与えることができれば、「ああ、やってよかったな」と思えます。私の二五年の新聞記者生活は失敗も多いのですが、何とか続けてこられたのは、読者の方々からさまざまな反応があり、それによって「書いてよかった」と思える瞬間があったからです。

（1）小林桜児著『人を信じられない病——信頼障害としてのアディクション』（日本評論社、二〇一六年）。
（2）文部科学省『薬物乱用防止教室推進マニュアル〜教育委員会における取組事例〜』（二〇一二年二月）八頁。
（3）連載「笑顔のままで　認知症——長寿社会」（二〇一〇年一〜六月）。一〇年度新聞協会賞、ＪＣＪ賞、第二九回ファイザー医学記事賞大賞、日本認知症ケア学会・読売認知症ケア賞特別賞を受賞。連載は『認知症と長寿社会——笑顔のままで』（講談社、二〇一〇年）に収録。

❖講義を終えて　記者の熱意を知ってほしい

二〇一九年七月一一日の講義から一週間後、早稲田大学広報室から受講生の皆さんの感想文が届きました。一人四〇〇字程度で一一七人分。一つひとつの文面から、熱心に私の話を聞いてくれた様子が伝わってきました。

「私たちにできることは理解することだと思った。自分には関係ないと情報を遮断するのではなく、相手がなぜ依存症になってしまったのか、関心を持つことが大事であると考える」。ある男子学生の感想文にはこう書かれていました。連載の狙いをくみ取るだけでなく、自分自身の問題として捉え、当事者の背景にも目を向けようとしてくれました。

ネット、アルコール、ギャンブル……。依存対象となりうる物は身近にあふれています。「生きづらさ」を抱えている学生も多いのではないでしょうか。今回は若い人にも身近なテーマだったこともあり、より関心を持ってもらえたのかもしれません。ほかの感想文でも、自分や家族、友人の立場に置き換えて考えているものがほとんどで、記事を読み解き、自らの問題として捉える力が十分あると感じました。

しかしながら、新聞を読む若い人は減っています。今回の講義では、紙面の一部をパワーポイントで映しましたが、六七回の連載すべての紙面を見てもらえばよかったかな、とも感じています。

長期連載では、どのように章立てし、各回で何を伝えるか、相当な議論を重ねます。毎回が読んでもらうための「勝負」です。写真部記者も記事の趣旨をよく理解した上で、素材を考えます。整理部記者はレイアウトを考えるとともに、連載の流れを理解し、記事を読み込み、これぞという見出しをひねり出します。こうした記者たちの熱意がこもった紙面は、連載をまとめた書籍とは迫力が違います。だからこそ、新聞を手に取ってもらいたいのです。

「私は現在記者を志しており、密な取材によって社会に新しい問題意識・価値観を与えるような記事を書けるようになりたいと考えています」。女子学生の一人はこう書いてくれました。近年、女性の記者は増えています。ぜひ挑戦してほしいと思います。

新聞記者の世界も「働き方改革」が進んでいます。今回の取材班には子育て中の女性記者も入りました。長期連載では初のケースです。会議を夜に開くのは避け、休日や夜の取材が必要な場合は、ほかの記者がカバーしました。こうした工夫や本人の努力で、子育てをしながらでも記者を続ける可能性を広げました。記者の仕事は不規則になりがちですが、労働時間短縮や休日確保の取り組みは進んでいます。

毎夏恒例の本紙一面の連載「山ろく清談」で、この夏に登場していただいた映画監督の新海誠さん（長野県小海町出身）はこう述べています。「ローカルのことを深く考えて作った作品が、結果的にグローバルに届くのであれば、幸せなことです」。最新のアニメ映画『天気の子』で、モチーフにしているのは足元の風景や育った土地の風習だとしています。

地方紙記者である私も、足元の日常にある人々の喜びや怒り、苦しみなどを丁寧に追うことが、結果的に全国、世界に通じる視点につながっていくと考えています。

男子学生の一人は今回の講義を通じて、「ジャーナリストは正義感だけではなく人間力も問われる職業であると強く感じた」と書いてくれました。一つの事象も、記者の視点、感性、姿勢で記事は大きく変わります。だからこそ、やりがいがあります。一人でも多くの学生が新聞記者を目指してくれたらうれしいかぎりです。

Ⅳ

個と組織の連帯が生むジャーナリズムの形

会社の壁を越えたコラボレーションと調査報道
――パナマ文書・パラダイス文書取材日本チームの経験

共同通信編集局特別報道室編集委員
澤　康臣

一　パナマ文書とタックスヘイブン――単に税金だけの問題ではない

パナマ文書とは何でしょうか。それは、タックスヘイブンに関する文書です。それでは、タックスヘイブンとは何か。一般的には「極端に税金が低い場所」だといわれています。しかし、実はその定義は非常にあいまいなものです。今、法人所得税は世界的に下がる傾向にあり、タックスヘイブンだけでなく普通の国でもかなり低くなっています。こうなると「タックスヘイブンの問題」はどうも「単に税金が低い」というだけでは他の国とどう違うのか、説明がしづらいのです。何か別な問題があると考えたほうが自然です。では、その問題とは何か。

それは「匿名性の問題」です。自分の名前や素性を明かさないでビジネスができてしまう。ここに大きな問題があるといえます。だからタックスヘイブンは脱税をはじめ、不正な経済活動と深い関係を持っているのです。

租税回避のメカニズム

タックスヘイブンを使った税逃れについて、基本を押さえてみましょう。図表1をご覧ください。

皆さんが日本で起業し、コーヒーチェーンを始めたとします。ベトナムからコーヒー豆を輸入して、コーヒーを仕入れて日本の顧客に販売するというビジネスモデルです。実際に一〇〇円でコーヒー豆を買い、八〇〇円で販売すると、手元には七〇〇円残ります。人件費などの諸経費を払っても利益が出れば、そこから法人税を取られます。日本の場合、法人税（実効税率）は三〇パーセント弱。このとき「自分が苦労して稼いだ金をなぜ国に取られるのか」と考える人がいるのは当然です。税金を圧縮したい。そういう人が利用するのが、英領ケイマン諸島のようなタックスヘイブンなのです。

具体的には、まずこのケイマン諸島に子会社を作ります。そして、このケイマンの子会社がベトナムからコーヒー豆を輸入します。ケイマンの子会社から、あなたのコーヒーチェーン店はコーヒー豆を仕入れます。このとき、ケイマンから日本への仕入れ価格は八〇〇円にします。それを八〇〇円で販売するわけですから、あなたの日本のコーヒーチェーン店は全く儲からないことになります。

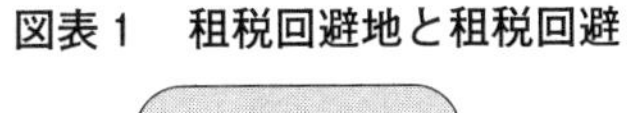
図表1　租税回避地と租税回避

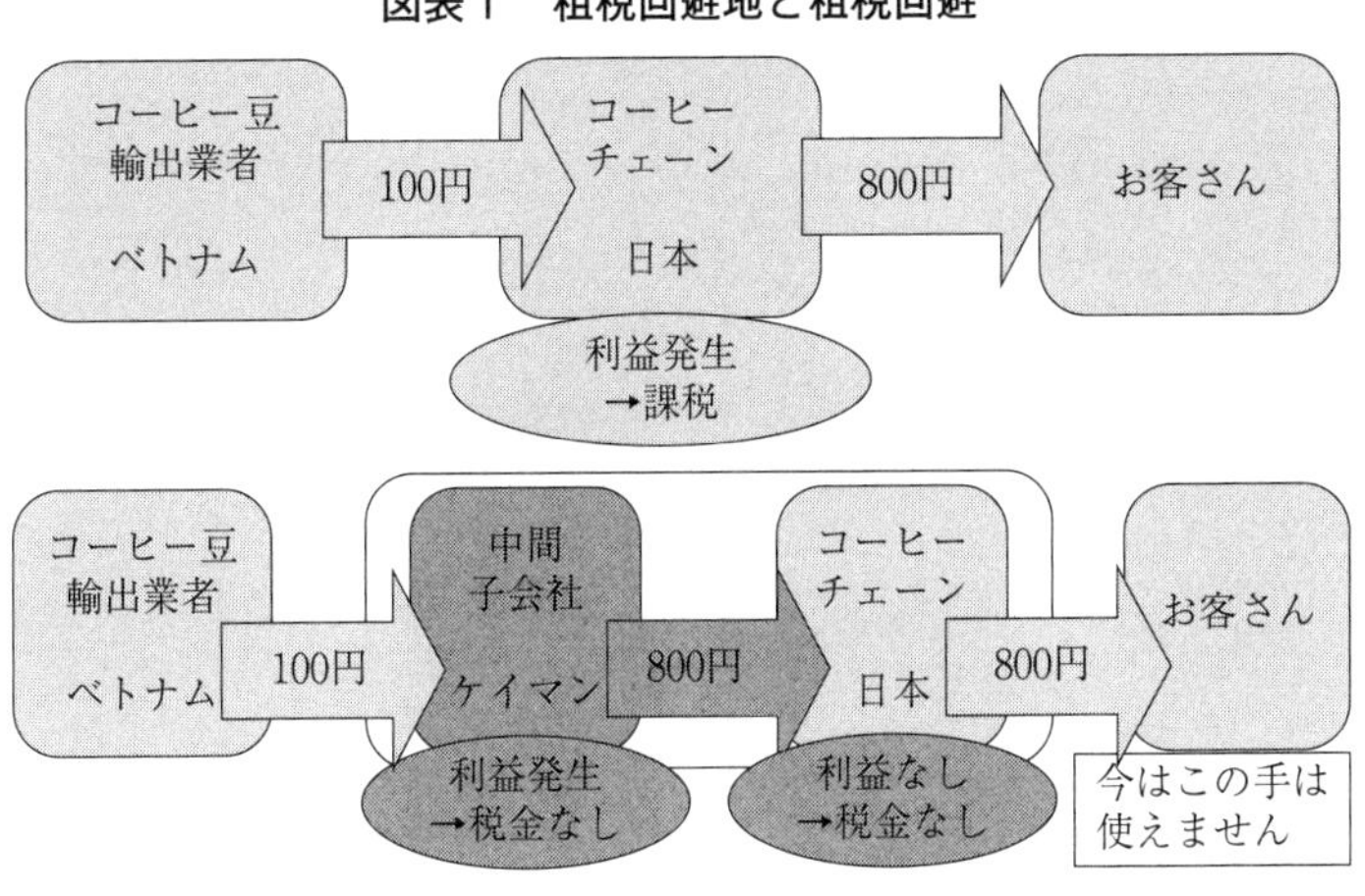

一方で、儲けを出しているのが、ベトナムから一〇〇円でコーヒー豆を仕入れ、八〇〇円で販売したケイマンの子会社です。この子会社はタックスヘイブンに立地しているので、税金を支払う必要がないわけです。ここにどんどんお金がたまっていきます。

これがタックスヘイブンを使った一番初歩的な税逃れの仕組みです。ただし、この方法はあまりにも有名になってしまったので、今では法律が改正されて利用することができなくなりました。

タックスヘイブンは「バレない仕組み」を提供する

租税回避のメカニズムについて説明をしましたが、先ほど「タックスヘイブンは匿名性の問題」だと申し上げました。タックスヘイブンでは、そのビジネスを誰が行っているのかを隠すことができるということです。たとえば、イランに対して武器を売ることは国連安全保障理事会の決議違反になるのですが、匿名性を利用して隠れて行えば、違反が露見することはありません。「バレなければいい」と考える人は、残念ながら世の中にはたくさんいます。そして、その「バレない仕組み」を提供するのがタックスヘイブンなのです。

実態がつかめない「匿名のビジネス」

匿名の経済活動がどのように行われるのかを具体的に見ていきましょう。日本では、不動産の所有者を記した登記簿は一般に公開され、つまり不動産の所有者が誰であるか公開され、不正取引が防げるようになっています。東京・原宿のある不動産を例としてご説明しましょう、所有者は「ダリーエンティティ」という会社の住所を見ると、英領バージン諸島となっています。有名なタックスヘイブンの一つです。住所の最後に「私書箱三四四四号」と書かれています。私書箱が三〇〇〇以上もある場所――。これは私書箱を大量に設置してあるレンタルオフィスの可能性が高いです。社員が働いている現実のオフィスではなく、郵便が受け取れるだけの形式上のオフィスです。つまりこの会社は、英領バージン諸島のレンタルオフィスに、郵便受けだけを置いているペーパーカンパニーの可能性がうかがえます。

日本では、会社の情報は、所在地も役員構成も公開情報です。会社の役員、つまり社長など実際に会社を動かしている人がわかれば、会社の素性や背景もかなりわかります。しかし、タックスヘイブンでは匿名性が優先され、役員など手がかりになる情報が隠されます。こうなると、その会社の実態を知ることは極めて困難です。実際に私は、先ほどの会社がある英領バージン諸島の法務局に「役員名を知りたい」とメールを出してみました。「役員は登記されているが、非公開です」という返事が来るだけでした。

考えてみてください。早稲田大学の周りの土地をものすごい勢いで買い占めているペーパーカンパニーがあったとします。それが英領バージン諸島に所在する会社だったら、会社を動かしている役員が誰かを知ることもできません。素性を探ることは著しく困難になってしまうわけです。それがタックスヘイブンにおける匿名の経済活動なのです。

ペーパーカンパニーの社長は「レンタル」

「そうはいっても、土地を買っているのであれば不動産売買契約書があるはずで、そこには法人名とともに、社長名が書かれるはずではないか」という人がいるかもしれません。そうです。契約書から社長名がわかります。しかし、そうした契約書を作成するために「名ばかり社長」を貸し出す業者までタックスヘイブンにはあるのです。パナマ文書に関する調査のなかでは、一万社もの会社の役員を兼ねている女性、レティシア・モントヤ氏の存在が明らかになりました。この人は大事業家なのか——そうではありません。業者に月五〇〇ドル（約五万円強）で雇われ、名義を貸して登記上の「名ばかり役員」になっている貧しい女性でした。彼女はむしろ被害者だといえるでしょう。

会社が結んだ契約書をいくら調べても彼女の名前しか出てこず、実質的な所有者は誰だかわかりません。このような「匿名カンパニー」を隠れみのにして、隠れて経済活動を行えるのがタックスヘイブンなのです。

二　パナマ文書の世界的な報道態勢——文書の流出とジャーナリストの連携

タックスヘイブンでは秘密が堅く守られる。そのはずだったのに、情報が流出した——。それがパナマ文書です。秘密情報はどうやって記者のもとに届いたのでしょうか。

あるときミュンヘンにある南ドイツ新聞の記者のところに「データに興味はあるか」というメッセージが来ました。これがきっかけとなり、やりとりの末、二・六テラバイトもある「パナマ文書」のデータが南ドイツ新聞にもたらされました。南ドイツ新聞からすれば大スクープ級の「超お宝情報」です。しかしその情報は世界各国の多岐にわたり、ドイツでだけ報道してもインパクトに欠けてしまいます。南ドイツ新聞に、情報に基づき世界各国を取材できるだけの記者がいるわけでもありません。そこで、南ドイツ新聞も連携している「国際調査報道ジャーナリスト連合（ＩＣＩＪ）」に連絡を取り、同じ志を持つ世界中のメディアやジャーナリストに情報を共有化し、みんなで取りかかるという判断をしたわけです。

本来、このような秘密情報というのはメディアにとって一番貴重なものです。それを人に渡すわけですから、社内にも反論があったそうですが、記者の世界的協力でインパクトのある報道をすることのほうが大切だという判断をしたということです。

こうした情報共有、共同取材のことをＩＣＩＪは「ラジカルシェアリング」という新しい概念で呼ぶことにしました。パナマ文書のプロジェクトに関わる世界中の三七〇人の記者は、パナマ文書の秘密を絶対に漏らさず、しかしその一方で、取材計画や取材結果、出稿計画、報道するプランなどはすべて分かち合って取材を進めていくという考え方のことです。

日本における「パナマ文書報道チーム」の結成

共同通信へのオファーは、あるとき友人のジャーナリストであるシッラ・アレッチさんから来たメールでした。「澤さん、ご無沙汰しています。お元気ですか。今回連絡しているのは澤さんの調査報道チームについてです。あるプロジェクトがあり、メールでは詳しくいえないのですが、関心はありますか」。「内容がいえないけれど興味はあるか」。答えようがないと思うかもしれません。でも記者ならば回答は一つです。「興味がある」。こうして、先ほどのラジカルシェアリングをベースに、私も一緒に取材することとなりました。

パナマ文書プロジェクトには、昔からよく存じ上げている記者で、調査報道のすばらしい専門家である朝日新聞の奥山俊宏編集委員のチームが先に参加していました。そこに私たち共同通信特別報道室も加わり、協力して国内取材を進めました。その後、ＮＨＫ社会部のチームも参加することとなります。

「ラジカルシェアリング」を実践する

私たちがラジカルシェアリングを具体的にどのように行ったかというと、朝日、共同、NHKが顔を合わせて三社会議を頻繁に開催し、取材もしばしば一緒に行き、すべて隠しごとなく取材・報道活動を行いました。世界各地からプロジェクトに参加した三七〇名の記者との分担は、たとえば日本の情報は私たちが取材し、アメリカのケースはアメリカの仲間が取材して、インターネット技術を用いた厳秘のウェブサイト上で情報を共有し、意見を交換していくというものでした。

この間、情報の漏洩は全くありませんでした。やはり志を共有する仲間は大事だと思いました。私たちがなぜ情報を漏洩してはならないのでしょうか。それは、たとえばロシア大統領のウラジーミル・プーチン氏がジャーナリストに対してどういう態度を取っているのかを見ればわかります。彼に批判的なジャーナリストや報道機関は迫害を受け、ときには、経緯は定かでないものの、死亡しているという現実があります。突然、私たちの仲間が不審な交通事故で死亡するなどということがあってはなりません。そういう事態を避けるためにも、秘密は絶対に守らなければなりません。

完全なセキュリティ体制で情報漏洩を防ぐ

私たちに禁止されていたことがありました。それは、このプロジェクトについて普通にメールで書くことです。必ず暗号化して発信することを義務づけられました。暗号化にはＰＧＰという技術が使われました。これは、現在使われている暗号技術のなかでは、最高水準にあるといわれています。それとも一つ、私たちのプロジェクトチームは三七〇人もいるので、メールだけでは到底コミュニケーションはやりきれません。そこで、先ほどいった厳秘のウェブサイト、ＩＣＩＪ専用のＳＮＳである「アイハブ」を利用して、掲示板で情報を共有したり、アップロードできる場所を用いて資料等のやり取りを行いました。当然ながら「アイハブ」は厳重なセキュリティで守られています。

三　株主名簿から問題の核心に迫る――取材方法と成果、そして課題

膨大な資料から情報を絞り込む

パナマ文書のなかで、一番重要なものは株主名簿です。株主というのは会社に出資をしている人たちです。出資比率に応じて会社の意思決定権を握るのが普通ですから、株主が一人なら、その一人の人が会社の最終意思決定をできます。そんな会社が土地を買い占めているなら、その一人株主の意思で行っていると考えられます。この会社が一〇〇億円を持っていたとすれば、その一〇〇億円は実質的にその株主のものです。したがって、株主名簿は非常に重要な情報なのです。

しかし、株主名簿はただの名簿であり、それだけ見ても無味乾燥な情報です。これら株主名簿をはじめパナマ文書そのものに何か記事になりそうなことが書いてあるわけではありません。それでは、なぜこうした情報が記事になるのでしょうか。

それは、私たち記者が関係者に一人ひとり実際に当たって、取材をするからです。パナマ文書だからといって特別な取材をするわけではありません。普通に通常の取材活動を行うだけです。しかしその積み重ねによって、大きなニュースバリューのある事実に突き当たることがあるのです。取材に特別なところがあるとすれば、先ほども述べましたが、朝日新聞やＮＨＫの記者と一緒に取材をし、世界全体で見れば各国の三七〇人の記者と共同作業をするというところだけです。

この株主名簿をどのように調べていくのかということですが、まずは日本人であると思われる名前を抽出していきます。一枚一枚調べていくと、パナマ文書全体を見るには単純計算で三〇年くらいはかかるので、検索機能を使います。日本人らしい名前が見つかると、そこにはパスポートなどの情報が添付されていることが多くあります。なぜなら、株主となってタックスヘイブンに会社を作るためには身分証明書が必要だからです。そうしたものを参照しながら、さらに人物を特定していくことになります。公共性のある人物やビジネスエリートなどに焦点を定めて、データを絞り込んでいくわけです。

最後は当然ご本人に確認をしなければなりません。事実かどうか、本当にタックスヘイブンに会社を設立した本人かどうか。当事者に取材をしてその考え方や事実関係を確認することなく報道することはありません。こうした人間同士のリアルコミュニケーションが、ジャーナリストとして苦労するところであり、しかし面白いところでもあるのです。

検証は空振りの連続

たとえばこういうケースがありました。パナマ文書のなかに、日本の財務事務次官経験者と同じ名前がありました。そこで、株主名簿に添付されていたさまざまな資料を調べてみました。すると、東京都文京区のとあるマンションの高層階に住んでいることがわかりました。しかし、その高級官僚の実際の住所を調べてみると、文京区の住所ではありません。「個人的に持っているマンションなのか」と思い、パスポートを調べてみると、顔写真も違うし、生年月日も違っており、この人物は元次官ではないことがわかりました。

このように、可能性のある情報を調べて確認しながら消し込んでいくうちに、本物の情報が残っていきます。この繰り返しが私たちの取材活動なのです。

取材の成果

パナマ文書でいろいろな成果が出ました（図表2）。そのなかで、ロシア・プーチン政権のペスコフ報道官の妻がタックスヘイブンの企業に関与していたことを、イギリスのガーディアン紙が報道したところ、ペスコフ氏は否定しました。そこでガーディアンは反論し、ペスコフ報道官の発言の虚偽と事件の真相を紙面で展開するのですが、そこではパナマ文書に入っていたペスコフ氏の妻のパスポートのコピーまで掲載するなど、かなり大胆な報道を行っています。ガーディアン紙というメディアはとてもリベラルな新聞で、読者には研究者や学生などが多いのが特徴です。

図表2　ICIJ記者たちの成果

- アイスランド・グンロイグソン首相
- 英キャメロン首相
- プーチン大統領の盟友チェロ奏者ロルドゥギン氏ら
- プーチン氏の広報官ペスコフ氏の妻ナフカ氏

図表3　日本における報道の例

租税回避地

セコム株700億円管理

創業者ら、相続税など圧縮か

創業者らによる株式管理

セコム株

保有

一部移転

複数の法人

管理

2016年(平成28年)4月27日　水曜日

回避地に日本関連270社

パナマ文書　利用　個人にも拡大

日本だと図表3のような報道を行いました。警備大手セコムの創業者や親族につながる複数の法人が一九九〇年代にタックスヘイブンに作られ、当時の取引価格で計七〇〇億円を超す大量のセコム株が管理されていたということです。専門家からは「税が圧縮できる仕組みだ」との指摘もありますが、セコムコーポレート広報部は取材に「税務当局に詳細な情報開示を行って、適正な税金を納めている。課税を免れるためのものではない」と説明しています。セコム関係の資料はおよそ七〇〇ページぐらいありましたが、これを読み込み、表を作って整理をし、関係者に説明を求め、それを記事にまとめていったわけです。

パナマ文書からいろいろなことがわかりましたが、税逃れという観点からは財源問題につながります。財源の問題はつまり保育園の待機児童の問題であり、生活保護費の問題です。そのため、貧困問題に取り組む雨宮処凛さんはパナマ文書報道のあと、記者会見で「パナマ文書の問題は私たちの問題だ」といってくれました。非常に嬉しかったです。

顕在化した課題

多くの国の記者と一緒に仕事をしていると、日本の場合、情報公開に限界があり、ほかの国では開示されている情報が開示されていないケースも多々あることがわかります。それが取材の障害となったのも事実です。たとえば、アメリカのＦＢＩが発表するプレスリリースはウェブ上で常に公開され、裁判での有罪を伝えるプレスリリースも、被告の名前も含めて常時公開されており、消されることはありません。こうした情報と、パナマ文書に出てきた名前を付き合わせてみれば、たとえば犯罪者がタックスヘイブンを利用しているケースも見えてくるはずなのです。

日本の「振り込め詐欺」のような詐欺犯なら、全国のお年寄りを騙して集めた多額の金を、どこに隠すのかが問題となります。隠し場所がわかってしまえば、摘発され有罪となったときに没収されたり、被害者側に訴訟で差し押さえられたりしてしまうからです。したがって、匿名法人が設立でき、お金の持ち主を隠せるタックスヘイブンが必要となるわけです。ここに隠しておけば、誰の金か知られません。詐欺犯などは当然タックスヘイブンを利用していたと思われるのですが、日本の場合はこうした情報が公開されずにすぐに消去されてしまうので、わずかなケースを除き、結局真相を突き止めることはできませんでした。

アメリカの財務省は日本の指定暴力団の関係図をネット上で公開しています。日本の警察も同じようなデータはもちろん持っていますが、少なくとも誰もが見られるようには開示されていません。記者が取材で個人的に見せてもらえることはありますし、警察サイドが特別に宣伝したいときにも開示されるでしょう。しかしアメリカのように、常時開示されているということはありません。

もう一つ報道する上で問題なのが、日本の場合かなり匿名報道圧力が高い国なので、「これを書いたら炎上する」「これを書いたら苦情が来るかも」など、報道側も非常にセンシティブになっているところです。記事でさまざまな個人名、法人名が匿名になりやすく、よって読者にとって調査や検証、議論の役に立ちづらいものになってしまいます。

四　見えてきたもの——情報開示とジャーナリストの相互協力

最後に課題について述べておきたいと思います。先ほどラジカルシェアリングについてお話ししました。朝日新聞、ＮＨＫそして共同通信という三社共同で仕事をしたことは、私にとっては非常に学ぶところが多かったといえます。たとえば、朝日新聞の奥山さんからは、取材相手に出す質問状の書き方で注意を受けたことがあります。あるいは、取材の進め方でも「そう進めるのか」「こんなやり方をするのか」と得心することがたくさんありました。

三社共同で仕事をしてきた結果、お互いにジャーナリストとしての実力がついたという実感があります。そして、ジャーナリストの力が伸びていくことは、世の中にとっても必要なことではないかと思っています。

「国内限定」な日本のジャーナリズム

しかし一方で、日本の記者は関心が国内に限定されやすく、「井のなかの蛙」という環境にあるといわざるをえません。日本語でこと足りる社会なので、あまりよその国のことに関心を持たず、すごく内向きだと実感しています。記者も外国のことをあまり知ることがなく、外国の記者と一緒に仕事をするチャンスもありません。外国の記者の仕事ぶりを見ていると、「こんな取材の仕方もあるのだ」

と、学ぶところが多々ありました。そして、彼らの報道に懸ける情熱のようなものを垣間見て、「私たちも頑張らなければ」と思わされたことが何度もありました。

外国との連携以前に、何より、国内でも会社の垣根を越えた連携が珍しいのが現状です。学ぶことがとても多いし大きな仕事に取り組めますので、複数のメディアが協力して仕事をする場が増えればいいと思うのですが、今それを急に進めることは簡単ではありません。そこで今やれることとして、私は社の垣根を越えた「学ぶ場」を作るところから始めればいいのではないかと思っています。

「競争」ではなく「協力」を！――調査報道記者大会の試み

映画『スポットライト――世紀のスクープ』は、ボストン・グローブ紙の記者たちが、カトリック司祭による性的虐待事件のスクープ報道を行うまでを描いたものです。この映画にも描かれたサシャ・ファイファーという女性記者がいるのですが、彼女がある会合の場で「今、世界中のマスコミがピンチです。競争も大切ですが、それ以上に協力が必要なのです」と話していました。私も同感です。ラジカルシェアリングのように共同で取材をするのはハードルが高いのですが、たとえば、知識やスキルをシェアする「学ぶ場」から始めるのがいいと思います。

アメリカでは、毎年六月に「調査報道記者編集者協会（Investigative Reporters and Editors：ＩＲＥ）」の年次大会が開催され、二〇〇以上もの講座が開講されています。記者のノウハウやテクニックを習得する場で、毎年世界中から二〇〇〇人近い記者たちが参加しています。

私は世の中を変えたい、ジャーナリズムの世界ももっと面白くしていきたいと思っているので、このような大会のような場を、仲間の記者たちと一緒に日本でも始めました。「報道実務家フォーラム」というものです。三〇前後の講座を開き、記者に役立つ知識やスキルのシェアをします。日本からも新しい変化を作っていきたいと思っています。

なぜ情報開示が必要なのか

二つ目の課題としては、先ほど申し上げた情報公開の問題があげられます。私一人ですぐ変えられるものではないのですが、まずは勉強会を開きながら情報開示の問題についてアプローチしていきたいと考えています。アメリカでは、裁判の記録はすべて開示情報として公開されており、インターネットでダウンロードすることも裁判所によっては可能です。しかし日本の場合は閲覧すら大変で、さらに刑事裁判では検察官が弁護人に開示した証拠を裁判以外の目的で使用することは禁止され、これを守らなかった場合には罰則規定まで定められています（開示証拠の目的外使用）。弁護士がこうした資料を記者に提供すると違法になることがあるのです。裁判の公開と全く矛盾し、他国では考えにくい規制です。まずは、こうした状況を変えていかなければなりません。

なぜ変えなければならないのでしょうか。情報を持っている人――多くは権力者やエリートですが、そういう人々と記者との力関係が著しく悪化してしまうからです。権利として当然に得られる情報が多ければ、記者は情報を持っている人に媚びを売る必要はありません。逆に、権利として得られる開示情報が少なかった場合、どのようなことが起きるのでしょうか。情報が欲しいためにおべっかを使ったり、仲良くなろうとしたり、最悪なケースは、気に入られやすい記事を書くようになりかねません。開示情報が少ないということは、そうした結果を招く危険を孕んでいるのです。この「仲良くなってネタを取る」やり方は「アクセス・ジャーナリズム」と呼ばれます。

もう一つは、社会にジャーナリズムの賞をたくさん増やしたいということです。記者であっても会社に属している以上、会社員でもあります。私自身も「上司に嫌われたいか」と聞かれれば、嫌われたくはありません。でも、社外にジャーナリズムの賞がたくさんあり、それらを受賞できたら、たとえ上司がいい顔をしなかった仕事でも、結局は顔が立ちます。会社のことばかり考えず、もっと自由に、より面白い仕事ができるようになると思います。

「匿名圧力」に抗う

加えて、先ほど申し上げた「匿名圧力」です。英米では実名を報じることを日本よりはるかに重視し鉄則としているのですが、日本においては昨今、実名情報を報道することで「報道被害が増えてしまうのではないか」という議論が出ているのも事実です。しかし、それは本当に「報道による被害」なのでしょうか。報道自体はきちんとしたもので、ただその情報を悪用してハラスメントや差別をしている人がいるということも相当多いのではないでしょうか。深刻な問題ですが、それまでも「報道被害」というべきかどうかは疑問です。報道被害とハラスメントの問題をきちんと切り分けて議論し、どうすればハラスメントの被害を防ぐことができるのかを、報道側ももちろん含め、皆で知恵を出し合ってそれに立ち向かう必要があると思っています。

　こうした取り組みは、一人のジャーナリストや一社のメディアではできることではありません。専門家との協力も必要となってきます。これも「情報のシェアリング」と「努力のシェアリング」が必要なのだろうと私は考えています。

　私たちは、「君たちは努力が足りない。もっと頑張れ」とよくいわれます。たしかにその通りです。しかし、頑張りだけでは限界があります。世界の記者たちに学びながら新しい仕組みを作り、ジャーナリズムをよくしていきたいと考えています。

❖講義を終えて　コラボレーションが報道界を強くする

激しく争うライバル報道機関同士が合同取材をする。私は想像したことがなかった。だが、パナマ文書・パラダイス文書をきっかけとして、日本の報道にコラボレーションの波が訪れているように見える。

新聞、テレビなどの報道メディアはいわば「自前主義」を取ってきた。自社記者だけが書いたものを報道することへの厳格さが強い。通信社電にもできるだけ頼ろうとしない。逆に、他社が重要な記事を独自報道した場合、「NHKが○○と伝えた」などと出典明記の引用をして内容を報じることも避ける。自社で一から取材し、その日の締切までに後追い記事を完成させる。

だが調査報道のように時間を掛けた記事を他社が出してきたとき、短時間ではあと追い困難だ。その場合はあきらめることになる。意義深い、手の込んだ記事ほど、そうなりやすい。

欧米ではそこまでの「自前主義」はない。「○○と、ニューヨーク・タイムズが報じた。それによると……」と引用する「他力本願」で書いてしまい、自社のオリジナルコンテンツとしては識者談話や関係者反応を織り交ぜ報道する、というやり方がある。自社にとっては出せるニュースの幅が広がり、初報を書いた新聞は引用してもらえるメリットがある。別の機会に自社が特ダネを出せば、これも他社に引用してもらえるわけである。

これは実利的に思える。あるとき米国人記者と話していると「日本には調査報道が少ない」という。日本の調査報道は発展途上だが最近こんなスクープやあんな暴露があったのですよ、と紹介すると「知らなかった、よい仕事だ。全社引用して追いかけ、大騒ぎにならなかったのか」と驚く。そうならないのが日本である。自前主義が足かせとなり、すばらしい報道がしばしば一社だけでしか報じられない。その結果、報道のよい仕事が目立たない。ジャーナリズム自体のインパクトも評価も下がる。

自前主義は会社間の壁を厚くする。他社の記者が、たとえば取材で当局者から不誠実対応や嫌がらせを受けても助けず、他人事とみる弱点が生まれる。

パナマ文書、パラダイス文書はこの文化に風穴を開けたと自負している。ライバル同士による合同取材の成功がメディア界に与えた影響は大きい。最近の好例は、九州拠点の西日本新聞が仕掛けた、地方メディア・コラボだ。同紙の調査報道ニュースを、他の地域の新聞やテレビとも連携して報道する。二〇一九年六月現在、参加媒体は一〇に広がり、ときにはパナマ文書ばりの合同取材をする。権力や大企業の不正を暴く調査報道の記事が、多くの連携メディアを通じて広く読まれる。

もう一点は、取材や報道のスキルと知識を、会社の垣根を越えて学び合う「報道実務家フォーラム」の取り組みだ。早稲田大学大学院政治学研究科ジャーナリズムコースと、筆者も加わる現場記者のグループが二〇一〇年から取り組んできた。よい仕事をした記者の講演や、情報公開術、データ活用法の講座が中心で、近年は数百人が集まる報道界最大級のイベントになりつつある。取材手法の開発と伝授もまた、各社の「自前主義」が強かった。だが欧米では記者の大会で取材術講座が多数開かれ、会社も媒体も関係なく教え合う。ジャーナリズム界全体が強くなるわけだ。報道実務家フォーラムも記者同士の交流を深める場になっており、プロフェッショナルの連帯感が作られている。

厳しい話題の多いジャーナリズム界をどう力づけ、どう未来を築くか。そのカギの一つ、コラボはこうして現場を変えつつある。

言論の自由の砦としてのファクトチェック

ファクトチェック・イニシアティブ（ＦＩＪ）事務局長／弁護士
楊井人文

一　フェイクニュースとは何か

フェイクニュースをめぐる「危険な議論」

日本において、「フェイクニュース」という言葉は一般的に知られるようになってきましたが、「ファクトチェック」については、まだまだ知名度が低い状況です。

正直私は、フェイクニュースという言葉があまり好きではありません。フェイクニュースは非常に使い勝手がよく、わかりやすい言葉なのですが、一方で非常に危険な概念だとも思っています。

今、「フェイクニュースは社会的な問題である」という意識が社会のなかで高まってきています。

そして、「問題のあるフェイクニュースを規制しなければならない」「フェイクニュースを撲滅しなければならない」という議論も出てきています。しかしながら、それは非常に危険な側面を持っていると私は思っています。

ファクトチェックに関しては、「フェイクニュースの対抗手段」とメディアで紹介されることがあります。それが全くの間違いだというつもりはありませんが、誤解を与える面もあります。ファクトチェックは情報の内容面に着目して何が事実で、事実でないのかを検証する手法ですが、フェイクニュース問題に対する万能薬ではありません。ですが、ファクトチェックは、誤情報・偽情報に惑わされない社会を築く上で、必要不可欠な営みです。ファクトチェックの方法論を改善し、民間レベルでの社会的実践を広げていくことにより、安易な規制に流れていかないような状況を作っていかなければならないと私は考えています。

フェイクサイト「大韓民国民間報道」のケース

二〇一六年頃のアメリカ大統領選挙において、SNSやインターネット上において「でっち上げ」のニュースが拡散されたことで、フェイクニュースは一躍話題となりました。ある有名な英語辞典によれば、フェイクニュースは「報道を装って拡散される虚偽の情報」と定義されていますが[1]、さまざまな定義の仕方があり、必ずしも定まっているわけではありません。

海外では、本物のニュースサイトを装った偽ニュースサイトや、根拠薄弱な情報をセンセーショナルに伝えるサイトが相次いで立ち上がったことが、いわゆるフェイクニュース問題として深刻に捉えられるようになりました。日本でも二年くらい前に、韓国に関する完全な作り話がニュース記事として拡散する事件がありました。「大韓民国民間報道」という名称でニュースサイトを装い、「韓国、ソウル市日本人女児強姦事件に判決　一転無罪へ」というような、韓国に反感、嫌悪感をかきたてるセンセーショナルな記事がいくつも掲載されていたのです。

ネットメディアのバズフィードジャパン（BuzzFeed Japan）がこのサイトの虚構性を暴く報道をすると、まもなく閉鎖されました[2]。このサイトを作ったという二五歳の無職男性はバズフィードの取材に対し、すべて作り話（フェイクニュース）と認めた上で、サイトを作った目的を「短期間でお金を稼ぎたい、というのが理由」と説明し、結局は儲からなかったといいます。彼は「デマや噂はこの世に溢れている。それに踊らされるのは個人の問題なのではないか」というコメントも残しました[3]。実際に海外のフェイクサイトも、広告収入を目当てにしたものが多いと指摘されています。

広がり過ぎるフェイクニュースの概念

このように、外形的にニュース・報道記事を装って発信されたものがフェイクニュースの典型とされますが、ツイッターなどへの短文投稿や、既存のニュースメディアが発した記事もフェイクニュースといわれることがあります。なかには、客観的に真実でないと確定したものでなくても、自分の目から見て真実でないと見え、否定されるべき情報をフェイクニュースと呼ぶケースも少なくないように思われます。

その典型がトランプ大統領でしょう。彼は、自分にとって都合の悪い、批判的な報道を行うCNNなどの伝統的の既存メディアを名指しして、「お前たちの報道はフェイクニュースだ」と批判しています。

トランプ大統領でなくても、自分の認識と相容れない情報・言説に対してフェイクニュースという言葉が使われがちです。何がフェイクニュースなのかは、客観的な定義・基準のないままに使われると、それを指摘する人の立場によって恣意的に選択される危険性があるということです。

先ほどの「大韓民国民間報道」の事例のように全く根も葉もない作り話は、いわば反韓感情を助長する危険のある偽情報といえるでしょう。客観的に真実でないと証明されているものなら、フェイクニュースと呼んでもいいのかもしれません。しかし、客観的・科学的な検証を欠いたフェイクニュースのレッテル貼りは、それ自体が政治的言論の一種といっても過言ではなく、無用な対立や分断を助長しかねないものなのです。

最近、この問題に取り組む海外の専門家の間では、フェイクニュースという曖昧で危険な概念は避けるべきだとして、代わりに誤情報（misinformation）や偽情報（disinformation）といったより中立的な概念で議論する流れになっています。誤情報は意図せずに発せられた誤った情報、偽情報は悪意を持って発せられた誤った情報を指します。

偽情報問題の対策に取り組んでいる国際的な非営利団体ファーストドラフト（First Draft）は誤情報・

図表1　誤／偽情報の「7つのタイプ」論

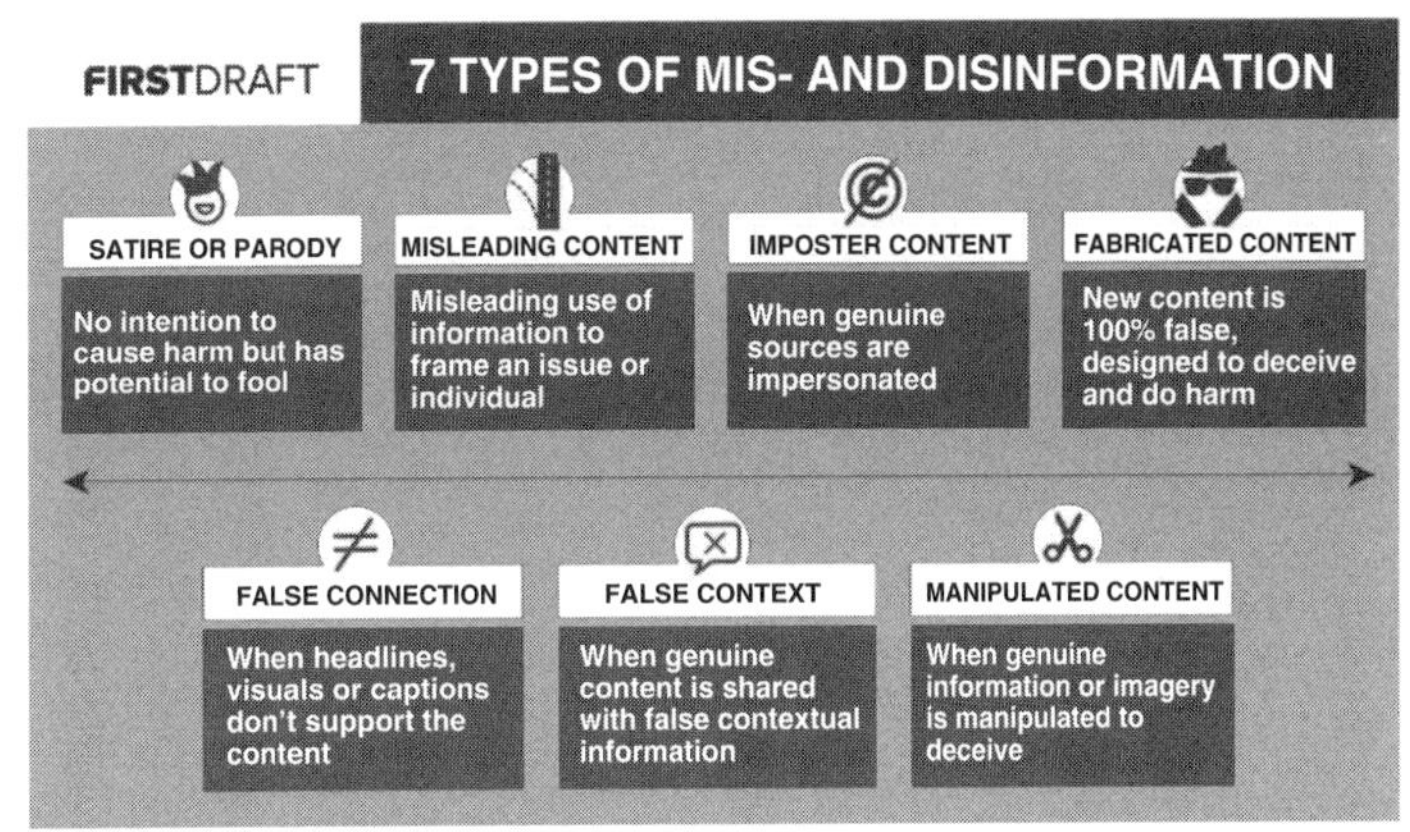

（出所）First Draft の "Fake news. It's complicated" より。

偽情報を七つのタイプに整理しています[4]（図表1）。ただ、これも一つの整理の仕方に過ぎず、誤情報・偽情報の定義はまだ確立しているとはいえません。

二　フェイクニュースは規制すべきか

誤情報の拡散メカニズムとその影響

以下では、意図の有無にかかわらず事実と異なる情報を「誤情報」と定義して話を進めていきたいと思います。誤情報はどのように拡散されていくのでしょうか。ファーストドラフトが作成した誤情報拡散モデルによれば、最初は全く影響力のない匿名のウェブ空間で出現した情報が、閉鎖的なネットワークや陰謀論的なコミュニティを通じて次第に拡がり、よりオープンなソーシャルメディアで拡散し、場合によってはプロのメディアに登場することもあるとしています[5]。近年、誤情報拡散には、ソーシャルメディアが大きな役割を果たしているといわれるようになり、運営しているプラットホーム事業者は拡散防止のための対策をとるように迫られています。

特に槍玉にあがっているのがフェイスブックです。当初、マーク・ザッカーバーグCEOは、情報の真偽は人々が判断すべきことで、プラットフォーム企業が誤情報を取り締まるべきではないと消極的でしたが、強い批判にさらされ、二〇一六年一一月に積極的に対策に乗り出すと方針転換しました。投稿の監視員を増やし、情報の真偽調査は第三者のファクトチェック団体に委託して、ユーザーにファクトチェック情報を提供する機能を導入しています。(6)

濫用のおそれのある法規制

より踏み込んで誤情報を法律で規制すべきという議論もあります。

まず、前提として確認しておくべきことがあります。誤情報が従来、全くの法規制の対象になっていなかったかというと、決してそうではありません。日本にも、偽計業務妨害罪や、選挙における「虚偽事項の公表」罪（公職選挙法）や「風説の流布」罪（金融商品取引法）など、誤情報・偽情報の流布を取り締まる法律があります。ただ、いずれも誤情報を流すことで具体的な権利侵害や社会的害悪といった危険や結果が発生したケースを取り締まるものであって、誤情報を流す行為それ自体を害悪の有無と切り離して一般的に取り締まるものではありません。

実際に適用された事例としては、熊本地震（二〇一六年）で動物園からライオンが逃げたとの偽情報を流した人物が偽計業務妨害罪で逮捕されたケース（執行猶予で不起訴）があります。[7] ただ、憲法で保障されている「表現の自由」との関係で、こうした情報発信行為に対する取り締まり従来慎重になされてきたと思います。

一方で、偽情報を発信する行為それ自体を処罰する法律を作った国もあります。マレーシアで作られた「偽ニュース対策法」もその一つです。この法律が適用されて最初に逮捕されたのは、マレーシアを訪れた外国人観光客でした。その外国人がマレーシアの警察の捜査を批判する動画を投稿したところ、同法違反で逮捕されたのです。このほかにも、野党候補として総選挙に出馬したマハティール元首相（二〇一八年当時）がこの法律に違反した疑いで捜査対象になりました。[8] こうしてマレーシアの偽ニュース対策法は、警察や政府など当局側にとって都合の悪い情報を流布した人物の取り締まりに悪用されるリスクが非常に高いとして批判を浴び、廃止の論議が起きました。[9]

もちろん、日本の既存の法規制も、マレーシアの偽ニュース対策法も、故意や悪意のあるケースに限定して取り締まることを建前としていますが、誤情報を発信した本人には騙す意図がなくても、第三者には悪意があると疑われ、捜査対象になるおそれがあります。そもそも、ある情報発信・表現行為が「事実と異なる」かどうかは、白黒はっきりとできず、解釈が分かれることも少なくありません。マレーシアの例を見るまでもなく、捜査当局に、具体的な権利侵害や害悪の発生とは無関係に、単純に「誤情報かどうか」を判断し、どの誤情報を取り締まるかを取捨選択できるような権限を与えてしまえば、規制主体の恣意的な運用により表現・言論の自由が不当に制約されてしまう危険性が極めて高まります。誤情報問題で安易に法規制をすべきではないと考えるのは、そのためです。

誤・偽情報の判定は難しい

私たちは、日々さまざまな情報に接していますが、どんな情報にも発信者の意図や編集が介在します。また、人の言葉には解釈の幅がありますので、情報の内容を一義的に解釈できるとはかぎらず、受け手の読解力や知識、文脈の理解によって複数の解釈が成り立つケースも少なくありません。

したがって、人が情報の正確性について「誤りだ」「不正確だ」「ミスリードだ」と評価・判定する場合、どうしても主観的な評価が混じることは避けられず、機械的に一律な判定を下せるものではないのです。あとで説明しますが、ファクトチェックの実務でもこの判定が分かれることは多々あるのです（ただし、判定が分かれうるからといって、ファクトチェックが信頼できないということではありません）。

さらにいえば、誤情報だと判定できても、それが故意・悪意をもって発信されたものなのかどうか、つまり、初めから嘘だと認識して騙す目的があったのかどうかを、判断することも容易ではありません。先ほど例にあげた偽情報サイト「大韓民国民間報道」の作成者がバズフィードの取材に応じ、自ら偽情報と白状していたのは非常に稀なケースでしょう。おそらく多くは自ら進んで悪意性を認めようとはしないので、悪意性の有無を調べようとすれば、「この人の思想背景は何か」「どういう目論見でこういう記事を書いているのか」など内面的な調査が必要になるのです。

このように、「悪意のあるフェイクニュースを取り締まるべき」という議論や考え方は、方法論としても非常に難しく、思想信条の自由や表現の自由の観点からみて非常に危険な要素を孕んでいることを強調しておきたいのです。

三　ファクトチェックとは何か――その概要と現状

ファクトチェックのケース・スタディ

ファクトチェックは、公権力によるフェイクニュースの取り締まりとは本質的に全く異なる営みです。そのことは、表現規制に極めて敏感な国柄であるアメリカにおいて、民間のファクトチェック活動が非常に盛んなことからも明らかです。

ファクトチェックとは、一言でいえば「真偽検証」、つまりその情報や言説の内容が真実かどうか、正確かどうか」を調査して、その結果を発表する活動を指します。

ワシントン・ポスト紙は、一〇年以上にわたってファクトチェックを行っています[10]。具体的には、政治家の発言などの真偽を調査し、その結果をピノキオのマークの数（四段階）によって視覚化して公開しています。「ほぼ正しいが、一部に省略や誇張がある」と判断されるとピノキオが一つ、「完全に間違い」だとピノキオが四つ表示されます。特にドラルド・トランプ大統領のツイッター投稿などを重点的にチェックしており、就任二年半で一万件を超える発言の検証結果を発表しています。

二〇一六年の米大統領選挙で「ローマ教皇がトランプ候補を支持した」というニュース記事が、しばしばフェイクニュースの典型例としてよく引き合いに出されます。このケースは、アメリカで最も老舗のファクトチェック団体であるスノープス（Snopes）がファクトチェックを行いましたが、まず記事の冒頭で、問題になっている言説の内容、記事の掲載場所を特定しています。次に、その言説の正確性について「誤り」（Fa lse）という判定（レーティングといいます）が示されます。そして、このような判定に至った根拠、取材調査で確認された事実や証拠、情報源について詳しく説明した記事本文が続きます。この記事を掲載したサイトは自ら「ファンタジーニュースサイト」と称して事実に基づいた記事を掲載しているサイトではなく、同様の報道をしている信頼できるメディアは全くないことを指摘しています。このように、ファクトチェック記事は「どの情報を、どのように調査した結果、どんな根拠に基づいて真偽を判断したのか」を論証するスタイルが一般的です。

アメリカの代表的なファクトチェック団体としては、いま紹介したスノープスのほか、フロリダ州の地方紙タンパベイ・タイムズが設立したポリティファクト（PolitiFact）があります。この団体は米大統領選のファクトチェック活動でピュリッツァー賞を授与された実績もあり、主に政治家や有識者の発言をチェックしてきましたが、最近は地方紙から完全に独立し、フェイスブックなどネット上の言説も積極的にチェックするようになっています。

これらの団体はそれぞれ独自のレーティング基準を設けています。先ほど紹介したワシントンポスト紙はピノキオの数で四段階評価をしていましたが、ポリティファクトは六段階のメーター表示を採用しています。[11] 目的は、読者にわかりやすくファクトチェックの結果を伝え、興味関心を持ってもらうためです。「真か偽か」という単純な判定だけではなく、「半分事実」(Half True) とか「証拠なし」(Unproven) などさまざまなレーティングが用いられています。[12]

このことからもわかるように、ファクトチェックは、なにも誤・偽情報だけを取り扱っているわけではないのです。ファクトチェックが対象としているのは、社会に影響を与える真偽不明な情報であり、検証の結果が「事実に反する」と判断することもあれば「正確だ」と判断することもある。大事なのは、確実に根拠に基づいて認定できる事実は何であって、何でないのか、それをきちんと調査して読者に判断材料を提供する役割を持っているということです。

世界に広がるファクトチェック

このようなファクトチェックの活動は、ここ近年急速に広がっています。米国デューク大学の調査によれば、ファクトチェック団体は、二〇一四年の四四媒体から二〇一九年の二一〇の媒体と、五年間で四倍近くに増えています。[13] その国はアメリカばかりでなく、欧州やアフリカ、中南米、そしてインド、東南アジアなど、民主主義がまだ成熟していない地域にも広がっているのです。

メディア横断的なプロジェクトもいくつも実現しています。二〇一七年のフランス大統領選挙の「Cross Check」というプロジェクトでは、ＡＦＰ通信など大手メディアやプラットフォームなどを含む一九社が参加してファクトチェックが行われました。[14] 背景に、前年のアメリカ大統領選挙で偽情報拡散が問題になったことからメディア側に危機感があったようです。いくつもの偽情報を明らかにし、選挙に与える悪影響は限定的だったといわれています。

同様の動きはアジアでも拡がっています。二〇一七年、韓国のソウル大学でファクトチェックセンターが立ち上がり、既存の新聞やテレビ、ネットメディアなど二七社が加盟する形で恒常的にファクトチェックが行われています。[15] 韓国を代表するニュースプラットフォームのネイバー（NAVER）支援を表明し、当初は主に政治家の発言をチェックしていましたが、最近ではネット情報のチェックも増えてきているようです。

ファクトチェックの質を担保するため、世界各地のファクトチェック団体によって結成された「国際ファクトチェックネットワーク」（IFCN）は「非党派性・公正性」（Non-partisanship and fairness）など五つの原則を定め、審査を経て加盟を承認する仕組みもできています。[16] フェイスブックはファクトチェックの提携先をIFCNの加盟団体から選んでいます。

「非党派性・公正性」とは、どちらか片方の立場に偏ってチェックするのではないことや、常に同じ手法・基準でチェックを行うという原則です。そのほかに「情報源の透明性」「財源・組織の透明性」「明確で誠実な訂正」なども謳われています（詳しくは拙著『ファクトチェックとは何か』（岩波書店、二〇一八年）参照）。

ファクトチェックの要諦は、「意見の正しさではなく、事実に関する言説の正確性を検証する」「特定の立場から離れて事実の検証に徹する」「根拠・証拠を明示する」といったところでしょう。

とはいえ、ファクトチェックはあくまでも人間が行うものなので、完全無欠というわけではありません。ファクトチェック自体が正しく行われているのかを読者が判断できるよう、「どのようにその事実を確認したのか」「なぜこのように判断したのか」という理由を丁寧に説明し、場合によってファクトチェックの記事の修正・訂正することも躊躇せずに行うことが重要と考えられているのです。

日本における取り組み

世界の動きと比べると、日本でのファクトチェックの取り組みはまだ始まったばかりで、小規模です。これからの時代に重要性が増すファクトチェックを少しでも日本でも根づかせ、広げていきたいと思い、私は二〇一七年、ファクトチェック・イニシアティブ（FIJ）という団体を設立しました。この団体は、自ら直接ファクトチェックを行うのではなく、メディアや市民にファクトチェックの重要性を呼びかけて、それぞれのファクトチェック活動を支援することを目的としています。[17]

ネット上から真偽不明の情報を人工知能（AI）技術によって自動的に収集し、ファクトチェックに取り組むメディアに提供したり、重要な選挙などの機会にプロジェクトを実施したりしています（図表2）。二〇一七年秋の総選挙では、FIJの呼びかけに応じた四メディアが参加する形で、ファクトチェックの実施を実現しました。選挙期間中に、政治家の発言やネット上の情報、メディアの報道をチェックし、二〇件余のファクトチェック記事を発表しました。

私が実際に取り扱った例を紹介します。この総選挙の直前に、立憲民主党という新しい政党が発足しましたが、産経新聞は「新党を作るには、原則国会議員五人以上の参加が必要だが、衆院解散に伴

図表2　ＦＩＪのファクトチェックシステム

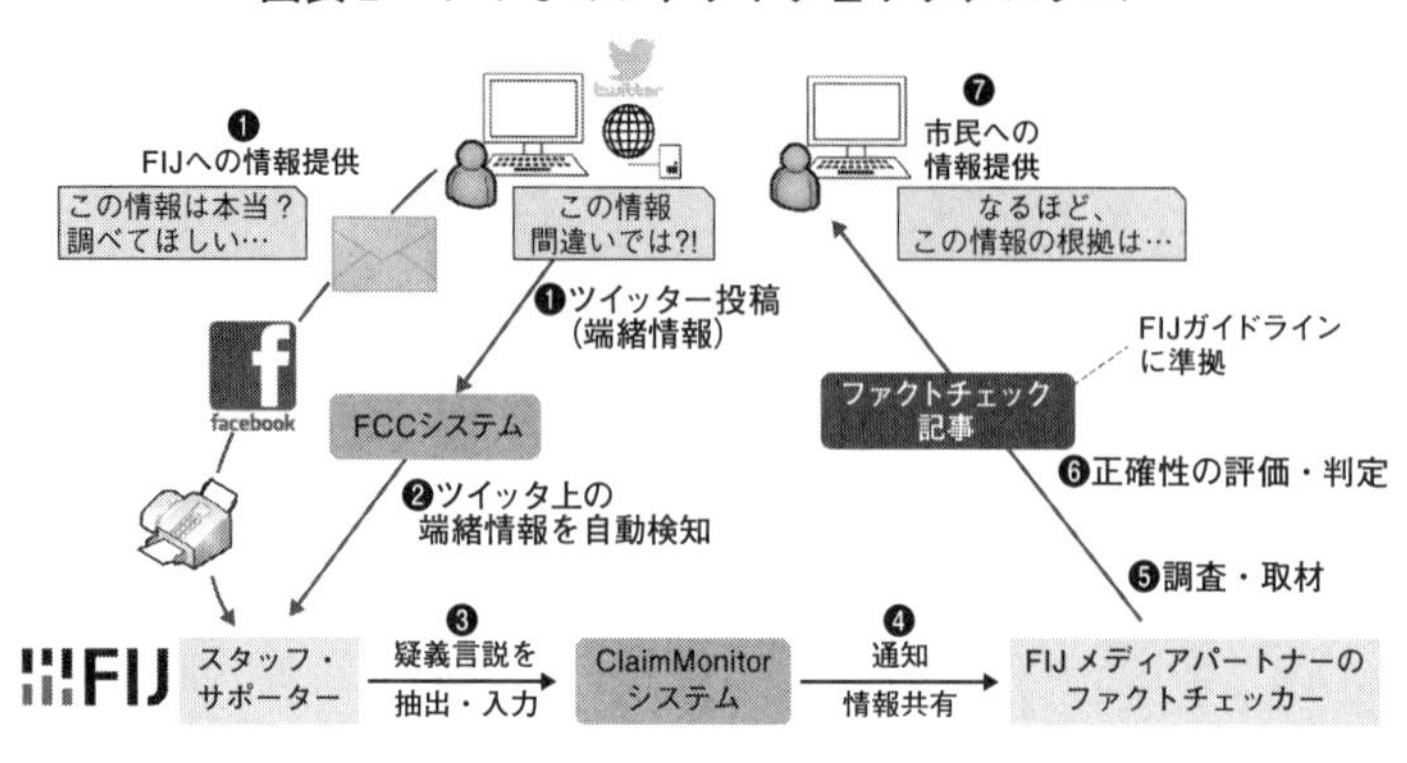

い前衆院議員はカウントできない」と指摘し、立憲民主党の結党時のメンバーは衆議院解散によって失職していたため、「国会議員五人以上」という政党要件を満たしていないと示唆したのです。

ツイッター上で、この記事は「誤り」だとする指摘が見つかり、調査・取材を始めました。すると、たしかに公職選挙法などの政党要件の定めは「現職の国会議員五人」が必要と思われたのですが、法律を所管する総務省の担当部署に取材したところ、例外的に解散で失職した議員も政党要件にカウントされるという規定が法律よりも下位の政令にあり、産経新聞の指摘は誤報だと紙面明快な回答が得られたのです。このことをファクトチェック記事として発表しましたが、産経新聞は紙面に小さな訂正記事を掲載しただけで、ニュースサイトの記事は訂正されずに放置されていました。すると、記事を鵜呑みにしたと思われるネットテレビ番組が「立憲民主党は政党要件を満たしていない」という誤った指摘をしたのです。しかし、放送中に視聴者からファクトチェックの情報提供があったようで、番組の後半で事実上の訂正がなされたということがありました。

これは、ファクトチェックが誤情報拡散の防止に一役買うことができた事例です。地道な活動ですが、誤情報・偽情報が広がり、無用な誤解に基づく対立や批判を助長しないためにも、丁寧に事実を調べ、誰でも納得できるように論証する作業を、もっと広めていく必要があると考えています。

四 ファクトチェックが作る未来の社会

ファクトチェックは「万能薬」ではないが、表現の自由の砦である

「ファクトチェックだけで、フェイクニュースを排除することはできるのか」という疑問を聞くことがあります。フェイクニュースの拡散速度にファクトチェックが追いつかないとか、フェイクニュースを信じている人たちにファクトチェックの結果が必ずしも届いていないか、届いたとしても反発されて入れられていない、という指摘もあります。

まず、繰り返しになりますが、ファクトチェックは誤情報を排除・撲滅するための活動ではないということです。公権力のような強い権限をもって、取り締まるものではありません。言説・情報を発表前にチェックする「検閲」とも全く異なります。あくまで、真偽が問題となる情報を事後的に調査し、検証結果を伝える活動です。当然ながら一定のタイムラグは避けられず、検証結果が明らかになるのは誤情報がかなり拡散したあと、ということも珍しくありません。

このようにファクトチェックに限界があることは認めますが、この世に万能薬というものはありません。ファクトチェックにさまざまな課題があるからといって、民間レベルで地道なファクトチェックは無駄だから諦めて誤情報の拡散を放置するとか、逆に、表現活動全体を萎縮させる悪性の副作用を甘受して誤情報の発信を取り締まる規制を導入するといった選択肢は取れないでしょう。

そうであれば、一人ひとりが誤った情報に惑わされないように、ファクトチェックを活性化し、その効果を高めるための方策を模索すべきではないでしょうか。

しかも、ファクトチェックの担い手自体がまだ非常に少なく、実効性を高めていくために改善の余地があると思われます。伸びしろが大きく、現時点の小さな取組みだけで評価すべきでないと思うのです。

誤情報に惑わされない社会の構築を！

ファクトチェックでは、誤・偽情報を「撲滅」できないし、それを目指しているものでもありませんが、一定の「抑止」効果はあります。人々に情報の真実性・信憑性を考えるきっかけを提供する役割があるからです。そのように人々が良質なファクトチェックの助けを得て、情報の真偽を見極め、誤・偽情報が自然に淘汰されていくことが望ましいと思います。

もちろん、ファクトチェックだけでは十分でないので、メディア情報リテラシー教育や、プラットフォーム事業者の自主的な対策など、いろいろな対策を複合的に進めていく必要があると思います。

しかし、実効性のある対策を目指すためにも、誤情報の実態を把握しなければならず、そのためにもファクトチェックは必要不可欠なのです。

ファクトチェックの大きな課題は、検証に時間も手間もかかり、情報量に比べて担い手が圧倒的に不足していることです。持続可能なファクトチェック活動のモデルが確立されていないことに加え、社会的な認知度も不足しています。ファクトチェックを拡大・普及させるには数多くの課題がります。

海外でもこうした課題は共通していますが、ファクトチェック団体に対して財団が大規模な支援をしたり、プラットフォーム事業者と連携したり、メディア横断的な協力関係を構築したり、メディア情報リテラシー教育に活用するなど、さまざまな取り組みが行われています。日本もそうしたものを参考にしつつ、独自にファクトチェックを支える仕組みを構築する段階にあるのではないかと考えています。

いずれにしても大切なことは、「フェイクニュースは社会にとって危ないものだから、これを規制して撲滅しなければいけない」という議論は、非常に危険な側面を持っており、あくまでも表現の自由を守りながら、情報の正確性を検証するという地道な取り組みを軽視してはならないということです。

表現の自由の自律性を守り、表現空間をより豊かなものにしていくためにも、民間レベルで多様な主体がファクトチェックに取り組む文化を根づかせていくことこそが、今求められていることだと考えます。

（1）https://www.collinsdictionary.com/dictionary/english/fake-news
（2）https://www.buzzfeed.com/jp/kotahatachi/korean-news-xyz
（3）https://www.buzzfeed.com/jp/kotahatachi/korean-news-xyz-2
（4）https://firstdraftnews.org/latest/fake-news-complicated/
（5）https://firstdraftnews.org/latest/5-lessons-for-reporting-in-an-age-of-disinformation/
（6）https://www.facebook.com/help/1952307158131536
（7）https://www.sankei.com/west/news/170322/wst1703220056-n1.html
（8）https://www.asahi.com/articles/ASL533Q7GL53UHBI00R.html
（9）https://www.nikkei.com/article/DGXMZO34241050W8A810C1910M00/
（10）https://www.washingtonpost.com/politics/2019/01/07/about-fact-checker/
（11）https://www.politifact.com/truth-o-meter/article/2018/feb/12/principles-truth-o-meter-politifacts-methodology-i/
（12）https://africacheck.org/about-us/how-we-rate-claims/
（13）https://reporterslab.org/fact-checking/
（14）https://firstdraftnews.org/project/crosscheck/
（15）http://factcheck.snu.ac.kr/home/snufactcheck
（16）https://ifcncodeofprinciples.poynter.org/
（17）https://fij.info/about

❖講義を終えて　問われる民間の取り組み　不十分なら行政の関与も

この講義の直前、私は総務省から世界のファクトチェックの現状について話してほしいといわれ、有識者会議「プラットフォームサービスに関する研究会」でお話しをしてきました。事務方からは事前に、フェイクニュース問題に対する行政上の対応について提案してほしいともいわれていました。正直いって私はかなり悩みました。表現の自由に関わるセンシティブな問題だからです。

私は、講義でも申し上げたように、誤・偽情報に対する新たな規制（たとえば、悪意ある偽情報の発信行為を処罰する、といった規制）の導入はすべきでないという立場です。ただ、政府・行政はこの問題に一切関わるべきでないのか、何らかの関与はあってもよいという立場をとるべきなのか、悩みました。

というのも、海外ではファクトチェックをはじめとする民間レベルのさまざまな取り組みに加え、誤・偽情報問題に対する対応策が行政レベルでも活発に議論されています。日本ではファクトチェックなどの民間の取組みが非常に少ないことは否めません。民間が自主的にやらないなら、行政が何らかの対策をとる必要があるのではないか、という議論が出てくることは当然予想されました。

実際、総務省の有識者会議では、特にEUにおける対策の現状がかなり詳しく紹介され、総務省が関心を寄せていることがうかがわれました。EUでは偽情報の発信を直接的に法規制するという枠組みはとっていないものの、「行動規範」（Code of Practice in Disinformation）という形でFacebookやGoogleといったプラットフォーマーに対策を促す「共同規制的枠組み」を採っています。一五項目と多岐にわたる対策には、ファクトチェック活動の促進も含まれています。

ただ、状況は日本と欧州とでは大きな違いがあります。まず、欧州ではすでに民間レベルでたくさんのファクトチェック団体・メディアが存在し、プラットフォーマーとの連携を強化することでファクトチェックの効果が高まる素地があります。日本には残念ながらまだそうした素地ができていません。また、EUには二八カ国が加盟し、法規制ではなく「行動規範」で対策をとっており、一国の政府機関による法規制とは本質的に異なります（ただ、ドイツ・フランスでは限定的ながら法規制を導入しています）。

そこで私は、総務省の会議において、安易に法規制に頼るべきでない理由を訴えた上で、多様な担い手による自律的な取り組みを通じた「誤・偽情報の自然淘汰・脱力化」を目指すべきであるとの考えを示しました。この方向性は有識者委員からも一定の賛同を得られたと感じています。行政側への期待としては、ファクトチェック活性化のための環境整備などをあげるにとどめました。

同研究会は年末の報告書の取りまとめを目指しています。現段階では「民間部門における自主的な取組」を基本とすべきであるとしつつ、「仮に自主的なスキームが達成されない場合あるいは効果がない場合には、共同規制的枠組みの構築など、行政からの一定の関与も必要ではないか」という検討案が示されています。将来的に、行政の関与の余地は残っているといえます。

ボールは、私たちの側にあります。表現の自由が確保された社会では、一定程度の誤・偽情報は必ず出現します。大事なことは、それらを躍起になって撲滅しようとすることではなく、もっと情報の発信に責任をもち、事実と真偽検証への関心を高めることだと思います。そのためにジャーナリストも市民も、やるべきことはまだたくさんあるのです。

ジャーナリズムと情報公開制度を使うということ

特定非営利活動法人情報公開クリアリングハウス理事長
三木　由希子

一　知る権利

情報公開を求める活動

一九六〇年代、サリドマイドという医薬品の副作用によって、多くの胎児が死産になったり、障害を持って産まれるという薬害事件が発生しました。政府は、妊娠初期に服用すれば胎児に影響があることを知っていながら、周知することなく対策を怠り、被害が拡大しました。被害児の親たちは、事件の再発防止と救済を求め、訴訟を起こします。しかしながら、大きな壁にぶつかります。政府が持っている情報にアクセスすることができず、どのような不利益を受けたのか、被害者が具体的に立証できなかったのです。実は、同様の問題は、ジャーナリズムの世界や表現の自由を追求する人々のなかでも起きていました。

サリドマイド被害者の弁護団には自由人権協会という人権ＮＧＯに所属する弁護士が多くおり、情報公開法制に関する研究を始めます。一九七九年に自由人権協会が情報公開法要綱を発表し、それを契機に、共通の問題意識を持つ市民が政府の持つ情報に対して公開を求める権利を獲得しようと、「情報公開法を求める市民運動」を設立し、法律の制定に向けた活動を始めます。一九八二年には自治体で初めて情報公開条例が制定され、広がっていきます。市民は自治体の情報公開条例を使うという経験を積み重ねながら、情報公開法制定を求めて取り組み、一九九九年五月にようやく情報公開法が成立しました。しかし、情報公開の仕組みはできましたが、その権利を誰かが使わなければ情報は出てきません。そこで制度の利用者を支援し、また、制度が適切に運用されているのか監視する活動も必要になります。法律はできても、それを効果的に機能させないと、結局、政府も変わらないということです。私たちは、公的機関における知る権利の保障を具体化するために、制度を利用する人たちの支援を重視しています。昨今、特に、報道関係者の制度活用が顕著で、取材に関連した相談が増えています。

それでは、現在、情報公開と報道がどのように関わり、社会を変える力になっているのでしょうか。

二　情報公開と報道機関

制度利用への転機

一九七〇から一九八〇年代は、大型汚職事件の影響で情報公開法制定が野党を中心に主張されるようになり、法案も議員提案で出されましたので、政治争点という文脈で報道されてきました。また、自治体で制度ができ始めると、どのような情報が公開されたか、非公開になったかが報道の中心でした。

報道機関のなかには情報公開制度の重要性に気づいている人はたくさんおり、少数ですが制度を使っている人もいましたが、取材手段として情報公開制度を使うことに抵抗を感じる文化もありました。つまり、「市民も使える制度で取れる情報を、取材で入手できないのは記者の能力に関わる」という発想が根強くありました。取材で情報をとる力はどの時代でも変わることなく必要ですが、結果的に情報公開制度という情報収集手段があるのに使わない、という状況にありました。

それが大きく変わるきっかけの一つが、官官接待問題です。自治体が公費を使って国や都道府県の職員を接待していた問題です。各地にある市民オンブズマンが、自治体に飲食費などを支出する「食糧費」の支出文書を情報公開請求して、実態を明らかにしました。公開された支出文書からは、飲食費用が高額であるだけでなく、カラ接待で架空の領収書を出して、裏金を作っているような実態も出てきて、大問題になりました。このあたりから、情報公開制度がどう役に立つのかが認識されるようになり、情報公開制度を使う記者が増え始めました。

二〇〇一年の情報公開法施行と同時に、取材で活用しようと組織的に取り組んだのは、朝日新聞でした。事前に、全国の記者からどういう情報をとりたいかという請求案を集めて、その後の追加分を含めて一〇〇〇件を超える情報公開請求をして、多くの記事が書かれました。また、ちょうど情報公開法施行前に外務省職員による機密費不正流用事件があり、報道各社の記者が情報公開請求をし始めます。徐々に、記者個人や報道機関としてのプロジェクトとして取材の一環で情報公開請求が活用されるようになっていきました。

制度利用の決定打となった福島原発事故

しかし、取材手段として強く関心が持たれ、広く使われるようになったのは、二〇一一年の東日本大震災における福島原発事故が契機ではないかと思います。たとえば、図表1にあるように、原発事故の前と後では、原子力安全・保安院への請求件数が激増しているのがわかります。請求をしたのは多くが報道機関です。つまり、国が発表する情報だけで記事にすることに非常に困難さを感じる記者が増えたのだと思います。政府発表をどう扱うか、政府発表によらずにどう報道するか、ということが報道機関としての大きな課題にもなりました。そのあたりから、独自に情報を掘り出す手段として、情報公開制度を使うことが調査報道のなかで定着してきました。

図表1　原発事故後の情報公開請求：資源エネルギー庁の場合（原子力安全・保安院を含む）

	請求件数	開示	部分開示	不開示
2008	266（ 68）	100	193	12
2009	293（ 67）	94	175	13
2010	322（ 60）	56	185	47
2011	**659（424）**	**189**	**329**	**92**
2012	207（145）	43	116	25

取材手段としての情報公開請求

今は、情報公開請求しなくても、国や自治体のホームページには多くの資料が掲載されています。この公表情報をよく見ることはとても重要です。公表情報をもとに少し突っ込んで話を聞けば足りるなら、時間をかけて情報公開請求をする必要はありませんが、公表するために作成された情報は、公表のために選択された情報であることが往々にしてあります。そこで、公表情報や取材で得られた情報では足りない場合は、最後の手段として情報公開制度を利用することになります。制度を使うことが目的なのではないので、手段として上手に使い分けて、必要な情報を得ることが重要です。

そのとき、自分の関心対象について突っ込んでいって深掘りするためには、事前の情報整理が必要になります。政府や自治体に自分の知りたいことについて、どのようなことを行っているのか聞くという方法もありますが、基本的な仕組みや制度を調べることが重要です。文書は行政が仕事を進める過程で作成されていくので、仕事の仕方や仕組みを知ると、どういう文書は作られているのか、誰に権限があるからどこに情報があるかなどが、ある程度推測できます。周辺情報の収集や行政の仕組みを理解していくと、情報公開制度をより効果的に利用できるようになります。情報公開制度は手段なので、手段としてのノウハウや制度論はありますが、請求する対象は政府や自治体のさまざまな政策や事業に関するものなのです。制度を使っていくと、おのずと政府や自治体の仕事の仕方や仕組みを知るようになります。そうすると、だんだん何が足りていないのか、何を知ることに意味があるのかということがわかってきます。

これは実は取材と一緒だと思います。取材も「ここに問題がある」と漠然的に思っていても、それが社会に問える記事になるのには、一定のプロセスが必ず必要になるわけです。その問題がどういう制度や枠組みのなかで起こっているのか、そのなかで当事者がどういう立ち位置に置かれているのか、あるいはどういう情報がわかっていないがために問題があるのに解決されないのか、ということは、取材をする段階で一定程度自分の頭にないと、適切に取材をして深堀りすることはできません。

情報公開というのも全く一緒のことをしています。この意味で、本来的に、ジャーナリズムと情報公開制度は非常に親和性が高いといえます。それに気が付いた報道機関が使い始める、ジャーナリストが使い始める、ということは、非常に意味があると思います。請求することが目的ではなく、取材手段の一つとして制度を使うということが非常に重要です。

三　情報の発信

不開示・不存在

情報公開請求をしても、不開示、あるいは不存在という場合があります。いろいろと実際にやってみた結果、記事をどう作ることができるのか、ということは、そのときどきの展開によって、さまざまな選択肢があります。ですので、出てきた情報をどう料理するかだけではなく、制度を使っていく過程で、ニュースにできることがたくさんあります。

たとえば真っ黒塗りの文書が出てくれれば視覚的にインパクトがあるので、非公開の不合理を訴えて情報公開を政治的、社会的な争点にして情報公開を政府に求めるということもできます。実際に真っ黒塗りの文書を出したのは政府なので、そこのファクトとしては争いがないという意味では報道機関としては固い問題提起です。ただ深堀り取材や追加情報がないと、打ち上げ花火にはなっても、その後は続かず深まらないという問題もあるので、物事を動かすには組み合わせが重要です。

たとえば、南スーダンＰＫＯの自衛隊日報問題では、防衛省が、ジャーナリストの情報公開請求に対して「日報はすでに廃棄しており文書不存在」としたことが問題になりました。二〇一六年七月の日報が同じ年の九月末の情報公開請求ですでに廃棄済み、ということが神奈川新聞で報道され、自民党の国会議員が疑問を持って防衛省に確認を求めました。そこから、文書不存在の報道だけではそうでもなかった注目が集まり、報道各社が追いかけるようになりました。

この問題に対する防衛省や防衛大臣の対応や発言が報道されるだけでなく、本当はあるのではないかということで内部取材を報道各社は当然進めます。これは大きなプレッシャーになります。二〇一七年一月になって防衛省内で日報が見つかったことが報告されますが、これもいつ見つかったのか、いつ大臣に報告されたのかなどが問題視され、取材結果も交えて報道されていきます。

このとき、ＰＫＯ派遣部隊は陸上自衛隊なのに、日報が陸自からは見つからず中央幕僚監部という別のところからしか見つかっていないということも疑問を持たれるようになります。そこから、陸上自衛隊は本当に日報を保有していないのかが深掘りされ、内部情報として陸自も実は保有していたが、問題化してから廃棄されているようだということが報道され、防衛大臣が内部での特別監察を指示することになります。その後、この監察結果でもっと質の悪い隠ぺい行為が陸上自衛隊内では行われていたことが、明らかになりました。

日報が情報公開請求で不存在になったというだけだと、不存在という判断を覆すのは通常はとても難しいです。しかし、日報不存在を端緒に政治、報道機関、世論の関心の相乗効果で、初めて問題性がどこにあるのかが、世の中に問われるようになってくるわけです。そのなかで、報道機関による取材は、政府発表が事実を反映しているのか、何か隠していないかなど真実を明らかにしていく上で果たしている役割は重要です。

ただ、情報公開請求によって不存在や不開示となることはニュースになりますが、それだけで次の展開がないと、あまり芸がない話になってしまいます。要は、不存在や不開示は同じ情報をＮＰＯや一般市民が請求しても同じ結果になるわけです。情報公開請求以外になすすべがないというのは芸がないので、さまざまな手段を組み合わせて取材することによって、知らせるべき問題を記事化していく。情報公開請求は取材手段の一つですから、それ以外の手段によって問題に迫っていくことがジャーナリズムの本質的な役割でもあります。たとえば、自衛隊日報問題は、文書の有無が本質的な問題ではなく、ＰＫＯなどで自衛隊の海外派遣をどういう場合に認める、継続するのかが問題として議論されるべきものです。この議論につなげることが重要です。情報公開クリアリングハウスによる公開請求だと、防衛省にないとされた日報は、ＰＫＯそのものを所管する内閣府には存在していたことがわかっています。現地派遣部隊の報告を受ける陸上自衛隊や防衛省が政策判断をするわけではないので、本当の問題はＰＫＯなどの海外派遣に関する政策判断のプロセスは機能しているのか、ということになるので、ここに議論がたどりつかなければならないわけです。

記事にする

さて、入手した情報をどう生かすか、どう見せるか、ということは非常に重要です。

たとえば図表２の毎日新聞の記事を見てください。福島県は、福島第一原子力発電所の事故後、県民健康調査を実施しています。そのなかで原発事故当時一八歳以下だった子どもを対象に甲状腺検査をしています。事故後に放出された放射性物質のうち、放射性ヨウ素が甲状腺に取り込まれやすく、

図表2　『毎日新聞』2013年4月22日朝刊

【1面】

甲状腺検査結果を開示

市町村別　福島県、請求拒めず

東京電力福島第1原発事故を受けて福島県が実施している子供の甲状腺検査で、市町村別の判定結果一覧表が、情報公開請求していたNPO法人に開示された。県側は「プライバシー保護」を理由に公表を拒み続けていたが、県の情報公開条例上は非開示にする理由がなく、開示を余儀なくされた。識者からは「一覧表で個人が特定される恐れはなく、情報を出そうとしない県の姿勢は疑問だ」と批判が出ている。

（3面にクローズアップ）

県の甲状腺検査（1次検査）では、しこりの有無などを超音波で調べ、4段階で判定している。開示されたのは、2011年度に検査した子供3万8114人の判定結果を市町村ごとにまとめた一覧表。検査を委託されている県立医大が昨年4月に作成した。NPO法人「情報公開クリアリングハウス」（東京都）の三木由希子理事長が同12月に請求し、今年1月下旬に開示された。

2次検査が必要な「B」と判定された人の割合は0～1.7％、5ミリ以下のしこりなどがある「A2」は25.2～41.6％と、自治体間でややばらつきがあった。

公衆衛生調査に詳しい津田敏秀・岡山大学教授（疫学）は「1回の数値だけで明確なことは言えないが、放射性物質（ヨウ素131）の拡散状況と甲状腺がんの因果関係を調べるのに重要な情報。変化の動向を見るためにも定期的な公表が不可欠だ」と指摘する。

開示決定について、県の県民健康管理課は「条例の規定を踏まえて判断した」と説明した。条例は個人情報や県民に誤解や混乱を与える情報などが記載された公文書は開示しないと定めているが、一覧表はこれらに該当しない。しかし、検査責任者の鈴木真一・県立医大教授は開示後の2月13日の記者会見でも「地域が特定されて本人に迷惑がかかる」と述べ、市町村別の判定結果を明らかにしなかった。【日野行介】

福島県が開示した甲状腺検査の自治体別判定結果（2011年度）

市町村	検査人数	A1	A2	B
田村市	6180人	3928人(63.6%)	2224人(36.0%)	28人(0.5%)
南相馬市	9636人	6197人(64.3%)	3391人(35.2%)	48人(0.5%)
伊達市	10274人	6537人(63.6%)	3688人(35.9%)	49人(0.5%)
川俣町	2188人	1506人(68.8%)	674人(30.8%)	8人(0.4%)
広野町	691人	447人(64.7%)	242人(35.0%)	2人(0.3%)
楢葉町	939人	544人(57.9%)	391人(41.6%)	4人(0.4%)
富岡町	1696人	1034人(61.0%)	656人(38.7%)	6人(0.4%)
川内村	230人	134人(58.3%)	92人(40.0%)	4人(1.7%)
大熊町	1542人	906人(58.8%)	628人(40.7%)	8人(0.5%)
双葉町	716人	459人(64.1%)	257人(35.9%)	0人(0.0%)
浪江町	2922人	1979人(67.7%)	921人(31.5%)	22人(0.8%)
葛尾村	147人	99人(67.3%)	47人(32.0%)	1人(0.7%)
飯舘村	917人	680人(74.2%)	231人(25.2%)	6人(0.7%)
その他	36人	18人(50.0%)	18人(50.0%)	0人(0.0%)
合計	38114人	24468人(64.2%)	13460人(35.3%)	186人(0.5%)

※判定結果は、A1＝しこりなどがない▽A2＝5ミリ以下のしこりなどがある▽B＝5.1ミリ以上のしこりなどがある▽C＝すぐに2次検査が必要。A以外が2次検査の対象になる。11年度はC判定はなかった。「その他」は他の自治体に居住しているが、検査対象の13市町村の学校に当時通学していたことなどを理由に検査を受けた子供の数

【3面】

高まる県民の不信

福島　子供の甲状腺検査

4観察項目省略　公表せず

クローズアップ2013

東京電力福島第1原発事故で放出された放射性物質から子供の健康を守るとして、福島県が実施している甲状腺検査が揺れている。これまでに3人のがん患者が確認され、7人にがんの疑いがあるとされたが、県側は「被ばくとの因果関係は考えにくい」と強調する。「県民の不安解消」を検査の目的に掲げる県だが、情報公開に消極的な姿勢も相まって、保護者の不安と不信はやむ気配がない。【日野行介、写真も】

福島県二本松市の主婦、　　さん(39)は昨秋、長男(6)の検査に付き添った。検査技師はモニターを見つめて何かを測っている様子だったが、結果について何も話さず、2分ほどで終了した。

不安になった　　さんは、一般の病院で改めて検査を受けさせた。10分ほどかかった検査で、7ミリの結節（しこり）が見つかった。県の判定基準では2次検査が必要な「B」に当たる。だが、約1カ月後に県から届いた通知は、経過観察にとどまる「A2」だった。

　　さんは検査画像とリポートの情報公開を請求した。約3週間後に開示されたリポートには1・6ミリののう胞（液体がたまった袋のようなもの）があると記されていたが、結節は「なし」だった。「県の検査は一人一人の子供を真剣に見ていない。本当に親の気持ちを大事にしているとは思えない」と　　さんは憤る。

実は県の検査では、甲状腺検査で一般的に実施される12の観察項

査では見る必要はないと考えた。（内部変化や血流の状態は）一律には見ていないが、必要な場合は見ている」と説明する。検査対象となる事故当時18歳以下の子供は約36万人に上り、検査のスピードアップのために省略したという。

県の検査方法に関し北海道がんセンターの西尾正道名誉院長は「血流の状態の確認をしないと、小さなのう胞と血管の区別はできにくく、精度が高いとはいえない。大きな病気がないかどうか簡単に見るだけの内容だ」と指摘している。

独自検査の動きも

保護者の根強い不信と不安の背景には、情報公開に消極的な県側の姿勢がある。

県立医大が開いている住民説明会では、確認されたがん患者の居住地や、被ばく線量の推計値の説明を求める声が上がった。だが、鈴木教授は「個人情報だ」として明かさず、「被ばく線量は低い」「見つかったがん患者と被ばくの因果関係は考えにくい」と繰り返した。

こうした姿勢に、参加者からは「『被ばくの影響なし』という結論ありきだ」との批判も出ている。会津若松市で3月に開かれた説明会では、ある母親が立ち上がり、「『親の不安を解消する』と言うが、私たちは不安を解消してほしいのではなく事実を知りたい。私たち自身が判断する」と訴えた。

今回開示された「自治体別データ」は、今年1月の開示に合わせて市町村に伝達されたが、それも自らの自治体分だけで「比較できない」と不満も出ていた。そんな中、自治体や市民団体が独自に検査に乗り出す動きも広がる。既に本宮市、浪江町などが開始。NPO法人「いわき放射能市民測定室たらちね」は3月17日、最新機器の寄付を受けて検査を始め、印刷した画像もその場で手渡している。

――1次検査は観察項目を省略し、1人2～3分で終わる。精度は高いのか。

◆小さいのう胞や結節も見つけられる意味で精度は高い。スクリーニング（患者を拾い上げる簡易な）検査としては十分だ。

――2月に座長の辞意を示した理由は。

◆調査の実施部隊（県立医大）と検討評価（検討委）を同じ人間がやるのはおかしいと感じていた。準備会が報道され、調査の客観性や信用性が問われると思い、代わるべきだと思った。

――「不安の解消」を目的に掲げる調査は、「被ばくの影響なし」という結論ありきではないかとの批判がある。

◆誤解を与えたことは申し訳ない。事故直後は不安が強かった。今は段階が変わっている。目的も含めて見直されるべきだ。

しかし半減期が短いので事後的に検知できないという問題があります。甲状腺に放射性ヨウ素が取り込まれたとすると、甲状腺がんや甲状腺の疾患につながる可能性があるということが懸念され、検査が行われているわけです。

この甲状腺検査の結果について、当初福島県は、市区町村ごとのデータを公開できないとしてきました。この健康調査は福島県が福島県立医大に委託するという形で実施されているので、委託に関する文書を私たちが情報公開請求を福島県にしていました。四〇〇枚ほどの文書が公開され、委託した業務に関する福島県立医大からの報告書が含まれていました。そのなかに、これまで福島県が公開できないとしてきた市町村別の甲状腺検査の結果データをまとめた一枚の紙があることに気づきました。そこで、ずっと健康調査をウォッチしている知人に連絡して、県が非公開とし続けていることを確認した上で、この情報をどうやって世の中に出すかを考えることになります。

健康調査について取材をし続けている記者は少ないのですが、ずっと取材を続けて表には出ていないさまざまな問題を明らかにしてきた毎日新聞の記者がおり、その記者に連絡して情報を託しました。というのも、市町村別データが公開されましたというだけだと、なぜそれがこれまで非公開とされてきたのかという問題性を浮かび上がらせることができません。甲状腺検査をめぐるさまざまな問題を深めることにもならないので、この情報がどういう意味があるのかは、さまざまな情報の組み合わせで意味づける必要があると考えたからです。

文書を渡してから記事が出るまでにしばらく時間がかかりましたが、記事になりました。記事が、市町村別のデータが公開されたことが一面で展開されていますが、それだけでは終わりませんでした。二面には、記者が独自で取材をしていた甲状腺検査に関する問題を一面に引きつけて展開をするという構成になっていました。単に市町村別のデータが出ているか出てないかだけでは、深みのある話にはなりませんが、甲状腺検査をめぐる問題がどこにあるのかということをより明確に見せるために、関連する問題も一緒に報道しました。そうすることで、データがどういう意味のあるものなのかがより具体的にわかるわけです。入手した情報をどう生かすか、どう見せるかということは、単にわかったことをそのまま報じたり、その意味づけをしたりするだけではなく、問題は輻輳(ふくそう)的にいろいろと起こって今に至っているので、そこをきちんと見せていく、ということが重要になります。情報公開制度の利用はその手段であり、それをどう使い、そこで公開された情報やわかった事実をどのように最終的に料理するかということなど、ジャーナリズムの役割としてするべきこと、できることがたくさんあります。

特に、最近は調査報道を報道機関も重視する傾向にあります。

小黒純氏が「調査報道の段階」(『権力vs.調査報道』旬報社、二〇一一年)を示していますが、まずは、端緒をつかむことが大事だと指摘しています。日頃からの知識や関心を深めておくということです。それをもとに取材し、集めた情報を評価分析解釈し、最終的に当事者への確認をするという流れが基本です。出てきた情報を右から左に流すだけだったら、誰にでもできます。しかし、当事者側のコメントをとり、当事者側の認識も報道に入れ込むという段階があって初めて記事化、報道化されるという段階になりますので、こういうなかで情報公開を一つの手段としてきちんと位置づけていくということが重要になります。

調査報道が広げる可能性

調査報道の例として、情報公開請求と内部情報が組み合わされた記事があるので、それを紹介したいと思います。

自衛隊日報問題や森友学園問題、加計学園問題などで公文書管理制度が大変注目されるようになりました。国の行政機関は、公文書をファイルに整理して管理していますが、現在、行政文書ファイルは、一八〇〇万件ほどあります。これらはすべて、ファイル名や保存期間、どこの部署のファイルかなどを行政文書ファイル管理簿に登録し、公表する仕組みになっています。ファイル名などで誰でも検索ができるようになっていますが、これは、文書管理を適切に行うことと併せて、情報公開請求をする際の参考となるよう、情報公開法とともにできたものです。

このファイル管理簿で登録されているファイル名が、紙文書でいえばファイルの背表紙になっているもので、これをもとに、行政内部でもファイル管理をされています。公文書管理法で法定化されましたが、以前からファイル名がわかりにくいという批判があり、ファイル名はできるだけわかりやすいものとするよう、政令で定められています。それにもかかわらず、防衛省がファイル名を極端に抽象化して何のファイルかわからないようにしていることが、調査報道で明らかにされました。たとえば、公表されているファイル名が「運用一般（二〇年）〈A〉」となっている文書がありますが、本来のファイル名は、「イラク人道復興支援特別法に基づく対応措置に関わる支援について」です。また、「平成二四年服務指導関連五年保存」というファイル名で公表されているものは、実際には「飲酒運転事故および自殺事故の詳細」です。本来は内容のわかるファイル名がつけられていたようですが、ファイル管理簿で登録する段階で抽象化し、非公開の内部の参考情報として本来の名称が記録されていました。具体的なファイル名にすると、いかにも人々の関心を呼んでしまいますので、実際の内容がわかりにくいようなファイル名にして管理していることがわかったのです。

記者は、内部情報とそれをもとにした情報公開請求によって入手した情報を組み合わせて、報道できる情報にしていくわけです。記事では、抽象的な名称がファイルの背表紙になっているわけですから、日常業務で背表紙だけだと何のファイルだかわからず、業務に支障をきたしているといった内部証言も盛り込まれています。

また、ファイル名の抽象化は情報公開請求で公開された文書をもとに、記事化しています。取材で内部情報を入手したとしても、ニュースソースとの関係でそれをそのまま公開することは通常はできません。こういう場合に、ニュースソースを特定されないためにも、表から情報を取りに行く手段として、情報公開請求は使えるわけです。また、内部情報を得た場合も、体系的に情報が取れるわけでは必ずしもなく、断片的に切り取られた情報であることもあります。そうした場合、体系的に関連情報を得ようと思うと、情報公開請求をしたほうがよいこともあるわけです。請求によって公開された情報は、パブリックなものなので大変使いやすい情報になるわけです。そして、本質を突いた記事は制度の運用の見直しにもつながっていきます。この記事が出たあと、防衛省はファイル名の抽象化問題については検証をして見直すことを表明しています。

このようにして、情報が出た、出ないという単発記事ではなく、あとに必ずつながる記事が世の中に出ていくということになります。内部の情報と表の制度を使って得た情報を組み合わせると、調査報道は可能性が広がるという側面があります。

ただし、こういう問題には組織的な防御反応が必ず出てきます。この報道が内部証言で始まったことが、記事からわかるからです。そうすると、「誰がいったんだ」と犯人探しが始まります。しかしそういう動きがあることも内部情報で寄せられるので、またそれが記事になっていき社会的批判にさらされ、内部での犯人探しが抑制されることにもなり、本来すべきファイル名の抽象化を改善するという方向に話が進むことになるわけです。

世の中にきちんと問題を出していくということが、実は大きな意味での公益を守り、かつ情報を流通させる手段も守ることにつながります。したがって情報公開だけの仕組みを見るのではなく、全体の情報の流れをいかに確保するか、そこの自由をいかに確保するかということも俯瞰（ふかん）して見て、取り組んでいく必要があると思います。

四　まとめ――情報公開とジャーナリズムとの親和性は高い

情報公開とジャーナリズムの関係は、すでに述べたように基本的には親和性が非常に高いと思われます。情報公開請求は、請求者が問題や課題だと思うことについて、情報を探していくための手段です。取材も、問題や課題を設定し、何が起こっているのかという実態に迫るための情報を集めていく作業をしていきます。まず、問題や課題の論点設定があり、知るべき情報を探していくという点では共通性があり、情報公開請求と取材はとても似ています。実際に世界に目を向けると、各国の情報公開制度はジャーナリストの調査報道の手段として活用され、ジャーナリストの要求により情報公開法が制定された国もあります。日本ではよく参考にされるアメリカもそうした背景から、情報公開法が一九六六年に制定されています。

特にＮＰＯや一般市民と異なり、ジャーナリズムは内部情報に深く突っ込んでいくことができるので、情報公開請求の端緒になる情報は日常の取材にあちこちにあるはずなのです。そういう意味では外の人間ができない仕事をジャーナリズムができるというところに価値があります。もちろんうまくいってないこともたくさんありますが、こういうプラスの側面をうまく広げていく。できないことに目を向けるよりも、できてきたことに目を向けて可能性を広げていくことが、ジャーナリストの仕事としてとても重要だと思いますし、私たちはそういう人たちを積極的に支援したいと考えています。

❖講義を終えて　学ぶより慣れる、手段としての情報公開制度

報道の現場に身を置いていないものの、ジャーナリズムとの親和性のある情報公開制度に関わっていると、情報公開制度や情報公開と接点のあるさまざまな問題や課題、事件について、記者やジャーナリストを通じて触れることになります。それらを通じて多くの気づきを得ていますし、社会のさまざまな側面を理解することになりますので、役得ともいえますが、あらゆる問題の根に、情報公開の不十分さや非公開性があることの裏返しでもあります。個人の体感でいえば、この一〇年で取材や報道関係者からの取材は激増しています。それは、クリティカルに社会の問題を捉えていくための手段として、情報公開制度などが定着してきたと思います。

同時に、情報公開制度を使えば何とかなると考えて請求して、思うような成果が出ないと使えないと安易に考えたり、それなりに習熟しないと使いこなせない難しいものと考えたりと、近視眼的に理解される傾向も垣間見えることもあります。「手段は使いよう」「使う人次第」ということは、情報公開制度に限らずあらゆることにいえることです。さまざまな手段を必要に応じて効果的に使うことは、たとえば取材や記事を書くのにパソコンやカメラ、ＩＣレコーダー、その他のさまざまなＩＴツールを効果的に使うのと、本来は何ら変わりがないものです。こうしたツールも、使う側の習熟度やアイディア次第でできることの幅が違うわけで、情報公開制度も基本的には同じです。違いは、相手が行政や政府であり、自分の努力だけではどうにもならないことがあるという点です。

この講義でもその他の機会でも、情報公開制度は学ぶだけのものではなく使うものであること、手段

であって目的ではないことを強調するようにしています。私自身も、情報公開制度は自分で使うところから関わりが始まりました。「学ぶよりも慣れろ」「使ってチャレンジしながらトライ&エラーで学ぶこと」のほうが大変多いものです。こうしたチャレンジ精神をジャーナリズムが失わなければ、すぐには行政や政府が変わらないとしても、変えるための「種」を作り貯めて、何かをきっかけにそれを芽吹かせ社会を変えていく力になると考えています。

これは、実のところ民主制の根本的な原理でもあります。情報公開制度は開示請求をする権利を保障していますが、その権利は誰かが行使する、つまりは請求をすることなしには機能しません。政府が何をしているかを知った上で、私たちが意見を形成し判断し政治に参加することが、民主制を支えることになりますが、そのプロセスに自らの権利を行使するという能動性を求めるのが、情報公開制度でありますジャーナリズムの役割の一端が、民主制における権力の監視であるわけですから、この能動性をジャーナリズムの担い手が発揮していることが、私たちの社会の健全性を維持するためには必要です。そういう私たちの社会の一端が、講義を通じて少しでも伝わっていればよいと思っています。

「日報隠蔽」で感じたジャーナリズムの新しい可能性
――組織から個の時代へ

ジャーナリスト　布施祐仁
朝日新聞記者　三浦英之

石橋湛山記念早稲田ジャーナリズム大賞を受賞した『日報隠蔽――南スーダンで自衛隊は何を見たのか』（集英社、二〇一八年）は、情報公開制度などを駆使して政府が隠してきた自衛隊の海外派遣の実態に迫る取材を一〇年以上にわたって続け、最終的に防衛大臣や陸上幕僚長などが引責辞任することとなった南スーダンＰＫＯ日報隠蔽事件の火つけ役となったジャーナリストの私、布施祐仁と、朝日新聞のアフリカ特派員として南スーダンに一三回取材に入り、日本政府が隠そうとした内戦の実態を現場から告発し続けた三浦英之の二人で書き上げた書籍です。

新聞社の現役記者と大手メディアに属さない在野の記者が組織の枠組みを超えて連携し、このような本を出版するのは異例のことだといわれています。巨大な権力を監視し、その不正を告発するというジャーナリズムの機能を発揮するためには、組織の枠を超えたジャーナリストの連帯が必要になるときがあります。それを示したのが今回の私たちの仕事であり、その連帯を可能としたのはＳＮＳの存在でした。

本稿では、私たちが『日報隠蔽』を共に創り上げるなかで見えてきたＳＮＳ時代の新しいジャーナリズムの可能性について考えてみたいと思います。

一　前代未聞の組織的隠蔽「日報隠蔽」

現地情報と食い違う政府発表

最初に、私、布施祐仁が、「日報隠蔽とジャーナリズム」というテーマで述べさせていただきます。まず、「日報隠蔽事件」の概略を説明しましょう。

南スーダンは、二〇一一年にアフリカのスーダン共和国から独立した世界で一番新しい国家です。数十年にわたる内戦の末に独立し、さまざまな面で脆弱なこの新しい国家の国作りを支援するために、国連はＰＫＯ（平和維持活動）を行うことを決めました。そこに日本も加わり、自衛隊を派遣したのです。

自衛隊が派遣されたのは、比較的治安の安定していた首都のジュバでした。しかし、二〇一六年七月、そのジュバで政府軍と反政府勢力の大規模な戦闘が勃発しました。両者は二〇一五年に和平協定を結んでいましたが、合意が十分に履行されていないことから緊張が高まっていました。そして、ついに停戦状態が崩れてしまったのです。

ご存知の通り、日本がＰＫＯに参加するにあたっては、五つの要件（ＰＫＯ参加五原則）が満たされていることが必要になります。一番目の要件は「紛争当事者の間で停戦合意が成立していること」です。武力紛争がまだ続いている状態で自衛隊を派遣したら、その紛争に巻き込まれて憲法第九条が禁じる武力行使をする危険性があるためです。ですから、停戦合意が崩壊して武力紛争が再発した場合は、自衛隊は撤収しなければなりません。

ところが、ジュバで大規模な戦闘が勃発した際、日本政府は「散発的な発砲事案であり、戦闘や武力紛争は発生していない。ＰＫＯ参加五原則の前提も崩れていない」と主張して派遣の継続を決定しました。

しかし、現地メディアの報道や国連のレポートなどを読めば、それが「散発的な発砲事案」などという軽微な事案でないことは明らかでした。小銃など軽火器しか持たない反政府勢力に対して、政府軍は戦車や戦闘ヘリまで出動させて徹底的に攻撃を加えました。しかも、大統領はこの直後、和平協定に基づいて副大統領に就任していた反政府勢力のリーダーを一方的に解任してしまったのです。反政府勢力の報道官は、英ＢＢＣに「内戦に逆戻りした」とコメントしていました。

このような状況を「散発的な発砲事案」などと矮小化し、国民を欺いて自衛隊の派遣を継続することは許されません。しかも、日本政府は、二〇一五年に成立した新しい安全保障法制に基づいて「駆け付け警護」や「宿営地の共同防護」という新しい任務まで付与しようとしていました。不自然な事態の矮小化は、それを進めるためだと思われました。

これを許してはならないと思った私は、何とか政府のウソを暴くことができないかと思考を巡らせました。注目したのは自衛隊の内部文書でした。ジュバで活動を行う自衛隊の部隊は当然、戦闘勃発時の詳しい状況を日本に報告しているはずです。その報告文書を入手することができれば、内戦の再燃を「散発的な発砲事案」と矮小化する日本政府のウソを暴くことができるのではないかと思ったのです。

私は二〇一六年七月下旬、防衛省に情報公開請求しました。この時点では、まだ日報という文書が作成されていることは知りませんでした。ですから、請求文書には、「戦闘勃発時に現地の部隊が作成した報告書のすべて」と書いて出しました。

「駆けつけ警護」の閣議決定と日報の不開示

防衛省は九月、いくつかの文書を開示しました。しかし、私が期待した戦闘の実態がわかるような文書は一枚もありませんでした。その日に活動したセクションごとの隊員の人数を報告しただけの「人員現況」など、開示されたのは極めて事務的な文書ばかりでした。私は、この結果に強い違和感を覚えました。本当にこのような事務的な報告しか上げていないとすれば、現地の部隊はジュバで発生した戦闘の状況について何も報告していないことになってしまうからです。そんなことはありえません。

まもなく、私の違和感が正しかったことが判明します。陸上自衛隊の海外派遣前の教育・訓練を担当する「国際活動教育隊」が作成した文書のなかに、現地の部隊が「日報」という報告文書を毎日作成していることが記されていたのです。しかも、国際活動教育隊は、この日報から教訓を引き出し、教育・訓練内容に反映しているといいます。このような重要な文書があるにもかかわらず、防衛省はこれを開示せず、事務的な文書のみを開示したのです。私が、防衛省は日報を隠蔽しているのではないか、と疑念を持ち始めたのはこのときからです。それで、今度は、戦闘が勃発した期間に作成された「日報」をピンポイントで指定して、再度開示請求しました。

日報の存在に気付いたのが九月でしたので、残念ながら、「駆けつけ警護」「宿営地共同防護」という新任務が付与される前に政府のウソを暴くことはできませんでした。政府は国会でも「南スーダンでは戦闘も武力紛争も発生していない」といい続け、一一月に新任務の付与を閣議決定したのです。「駆け付け警護」とは、国連PKOの関係者やNGOなどの人道支援者が武力勢力に襲われたときに、自衛隊が駆けつけて救出する任務です。「宿営地共同防護」は、PKOに参加する他国の軍隊と共同で宿営地を守る任務です。いずれも武器を使う可能性の高い任務であり、武器を使えば当然、銃撃戦になります。交戦する相手が南スーダンの政府軍であれば、日本政府の解釈でも憲法が禁じる武力行使になるおそれがあります。しかし、日本政府は、南スーダン政府軍が自衛隊を攻撃することはありえないといって新任務の付与を閣議決定しました。

私の二度目の開示請求に対する決定通知が届いたのは、この直後でした。結果は、戦闘勃発期間の日報は「すでに廃棄されて存在しない」という驚くべき内容でした。

綻んだ防衛省の嘘

海外派遣部隊の日報、しかも、自衛隊の活動地域で戦闘が勃発した期間の日報が、わずか五カ月ですべて廃棄され、防衛省や陸上自衛隊に一部も残っていないなんて、ありえないと思いました。私はすぐにSNS（ツイッター）に、「今年七月に南スーダンのジュバで大規模戦闘が勃発した時の自衛隊の状況を知りたくて、当時の業務日誌を情報公開請求したら、すでに廃棄したから不存在だって……。まだ半年も経っていないのに。これ、公文書の扱い方あんまりだよ。検証できないじゃん」と書き込みました。

これはおかしいと思ったのは、私だけではありませんでした。私のツイッターへの書き込みはあっという間に数千人の人に拡散され、マスコミの記者や政治家の目にも留まりました。神奈川新聞や東京新聞が朝刊の一面で大きく取り上げ、当時自民党行革推進本部長だった河野太郎衆院議員も廃棄を問題視し、日報を再探索して提出するよう防衛省に要求しました。その結果、政府もこれを無視できなくなり、稲田朋美防衛大臣が日報を再探索するよう指示しました。

再探索の結果は、やはり日報は廃棄されていませんでした。私への不開示決定から約二カ月後の二〇一七年二月初旬、防衛省は日報の存在を認め、一部を黒塗りにした上で公表しました。

公表された日報には、日本政府が国会などで一貫して否定してきた「戦闘」という言葉がくり返し用いられていました。自衛隊の宿営地のすぐ近くで戦車砲も含む激しい戦闘が勃発したことも、ありのままに報告されていました。さらには、南スーダン政府軍が国連PKO部隊の宿営地を攻撃する可能性まで言及していました。これも、新任務付与前に日本政府が繰り返し否定してきたことでした。つまり、日本政府が派遣継続と新任務付与の前提としてあげていた論拠と一八〇度異なる事実が派遣部隊の日報には記されていたのです。

こうなると当然、派遣継続と新任務付与のための意図的な隠蔽工作が疑われます。野党も国会でそのことを追及します。しかし、防衛省は隠蔽を強く否定します。「日報を取り扱っていた陸上自衛隊では規則に基づいて日報を廃棄していたが、防衛大臣の指示を受けて他の機関も探索した結果、統合幕僚監部で職員がたまたま保存していたものが見つかった。だから、意図的な隠蔽ではない」というのです。

日報公表の約一カ月後、日本政府は突如、自衛隊を南スーダンから撤収すると発表しました。国会では、派遣継続と新任務付与のために戦闘と書かれた日報を隠蔽したのではないかという野党の追及が続いていましたが、政府は撤収することで幕引きを図ろうとしているのではないかと思いました。

ところが、政府の思惑通りにはいきませんでした。その直後、NHKが、「陸上自衛隊は規則通り日報を廃棄していた」という防衛省の説明がウソであることを同省職員の匿名の証言をもとに報じたのです。陸上自衛隊は日報を廃棄せずに保管していたものの、「一度廃棄して存在しないといったものを、今さらあったとはいえない」という防衛省幹部の判断で他の部署からたまたま見つかったことに「偽装」したというのです。

稲田防衛大臣は、報道が事実であれば防衛省および自衛隊に対する国民の信頼を大きく揺るがすとして、防衛監察本部に特別防衛監察の実施を指示しました。防衛監察本部とは、防衛省・自衛隊の不祥事を調べる内部調査機関です。

隠蔽に大臣は関与しなかったのか

特別防衛監察が佳境に入った同年七月、今度は共同通信が「陸上自衛隊が日報を廃棄していなかったという事実は稲田大臣にも報告されていた」とスクープします。これが事実ならば、稲田大臣も陸上自衛隊に日報があったことを知りながら、「規則通り日報は廃棄されていた。だから隠蔽ではない」と虚偽答弁を繰り返していたことになります。大臣辞任はもちろんですが、議員辞職も避けられない重大な疑惑です。

結局、同月末に特別防衛観察の結果が公表され、私の二度にわたる開示請求に対して、陸上自衛隊が組織ぐるみで日報を隠蔽していたことが認定されました。また、陸上自衛隊が日報を廃棄せずに保管していた事実を、防衛事務次官の判断で意図的に伏せ、虚偽の説明を行っていたことも明らかになりました。

しかし残念ながら、稲田大臣の疑惑については有耶無耶にされてしまいました。とはいえ、防衛省トップとして責任をとるとして大臣を辞任しました。また、背広組（事務方）のトップである事務次官と陸上自衛隊のトップである陸上幕僚長も引責辞任しました。

防衛大臣と事務次官と陸上幕僚長が揃って辞任するのは、防衛庁時代も含めて前代未聞の出来事です。以上が「日報隠蔽」の一連の経過です。

隠された日報の不都合な事実

私は、今回の「日報隠蔽」の最大の責任は、安倍晋三首相にあると考えています。なぜなら、ジュバで戦闘が勃発して内戦が再燃したにもかかわらず、「戦闘ではなく散発的な発砲事案」などといって派遣継続と新任務付与の方針をいち早く決定したのは官邸だからです。陸上自衛隊が「戦闘」と書かれた日報を隠蔽する以前に、政府はすでに「戦闘」の事実を隠蔽していたのです。そんななかで、派遣部隊が「戦闘」と記した日報を開示したら、派遣継続と新任務付与の方針を決めている官邸に迷惑をかけることになる――陸上自衛隊のなかでそんな「忖度」が働いたとしてもおかしくありません。

政府の政策決定プロセスに不正があってはなりませんが、自衛隊員の命がかかった今回のような政策判断には、不正は絶対にあってはなりません。なぜなら、失われた命は二度と戻らないからです。私は、南スーダンに派遣された最後の部隊が、一度も新任務を実行することなく、全員無事に帰国できたことに心から安堵しました。

本来開示すべき日報を不正に隠蔽した上で閣議決定された新任務で犠牲者が出たとしたら、ご遺族の方々は到底納得できないでしょう。国家がウソをついて国民（自衛官）に命をかけさせるということは、絶対にやってはいけない犯罪的行為です。今回の事案を教訓として、このようなことはもう二度と繰り返してはなりません。

二　日報問題における現代のジャーナリズム

情報公開請求の意義

この問題を追究するなかで私が考えた教訓についてお話ししたいと思います。

一つ目は情報公開請求の力です。政府が隠そうとする事実を暴き出すのがジャーナリズムの重要な役割ですが、最近はどんなに事実を突きつけてもそれに向き合わず、かわすばかりの為政者の不誠実な姿勢が目立ちます。そんななか、情報公開制度を活用すれば、今回の日報のケースのように政府の文書によって政府のウソを追及できます。政府自身が作成した文書が根拠となっていますので、簡単にはかわせません。

今回、この件で多くの新聞社やテレビ局からの取材を受けましたが、「私たちも開示請求を行うべきでした」とよくいわれました。マスコミの方々は意外にも、情報公開制度をあまり活用されていないようでした。

よく考えてみると、記者クラブに所属するマスコミの方々は官庁の内部に入って取材できるので、わざわざ情報公開制度を活用する必要性をあまり感じていないのかもしれません。また、情報公開制度は、かける労力やコストのわりに得られる有意な情報は少ないので、活用に消極的になる気持ちも理解できます。重要な文書が開示されても、肝心の部分はほとんど黒塗りにされる場合がほとんどだからです。

ただ、私のように記者クラブに所属できず、その壁に阻まれて官庁の内部で取材することが困難な者にとっては、情報公開制度は官庁から情報をとる貴重な手段です。一回の請求で一〇〇のうち一の情報しか得られなくても、それを一〇〇回続けて一の情報を一〇〇個集めてみると見えてくるものがあるときもあります。

今回の日報のケースも、情報公開請求は無駄だとあきらめるのではなく、コツコツと続けてきたからこそ成果が出たといえます。

長期間の調査・取材だからこそ見えるもの

二つ目は専門記者の重要性です。定期的に部署の異動があるマスコミの記者が、一つのテーマを一〇年単位でしぶとく追い続けることは容易ではありません。他方、自分でテーマを設定して、時間をかけて追い続けることができるのが、私のような在野のジャーナリストの利点です。幸いにも私は、平和・安全保障問題を扱うミニコミ紙の編集に携わっていますので、自衛隊の海外派遣の問題についても二〇〇〇年代初めからずっと追い続けてきました。

実は、海外派遣部隊の日報が隠蔽されたのは、今回の南スーダンの事案が初めてではありません。南スーダンの日報隠蔽が明らかになった翌年の二〇一八年、二〇〇四年から二〇〇六年までイラクに派遣された陸上自衛隊の日報についても存在が確認されました。防衛省はそれまで、「廃棄済み」と説明していましたが、こちらも保管されていたのです。

イラク派遣は、自衛隊の歴史の大きな転換点になりました。停戦下で国連が統括するPKOではなく、まだ戦闘が継続している国で同盟国アメリカが主導する作戦に参加したのです。そして、このオペレーションを一人の犠牲者も出すことなく完遂できたことを実績として、二〇〇七年に自衛隊の国際活動は従来の「付随的任務」から「本来任務」に格上げされ、陸上自衛隊に海外派遣専門の部隊も創設されます。

私は、イラク派遣を「成功体験」として自衛隊の海外派遣を拡大しようとする政治の動きに違和感を覚えました。イラク派遣に関する情報公開と検証が不十分だと思っていたからです。そこで、二〇〇八年頃から、イラク派遣に関する内部文書の開示請求を始めました。二〇〇九年には、「イラクに派遣された部隊から送られた報告書すべて」を請求しています。当然これには日報も含まれますが、日報は特定されませんでした。日報は情報公開請求があっても開示しないという運用は、実はこの頃からすでに始まっていたのです。

二〇一八年になってようやく公表されたイラク派遣の日報には、自衛隊の派遣地域で地元武装勢力と多国籍軍の戦闘が発生していたことや自衛隊の活動が多国籍軍の軍事作戦と一体化していたことなど当時の政府が繰り返し否定していた事実が記されていました。私は、まさに、こうした政府の説明と現実とのギャップを明らかにするために情報公開請求を続けていたのです。

少々大げさかもしれませんが、情報公開制度を使って自衛隊海外派遣の実態を明らかにしようというジャーナリストと、その実態を何とか隠そうとする政府・防衛省の約一〇年間にわたるせめぎ合いの末に起こったのが今回の日報隠蔽事案だといえるかもしれません。このように、一つのテーマを長期間にわたって粘り強く追い続ける在野の専門記者の存在は重要だと思います。

一方で、在野の専門記者ばかりでも物事は動きません。今回は、私のツイッターでの発信を拾って大きな記事にしてくれたマスメディアがいたからこそ大きな問題になっていったのです。専門記者が端緒を開き、マスメディアがそれを大きな問題にしていくという連携は、今後も重要になってくると思います。

SNSによる所属を超えた連携

三つ目には、組織を超えたリアルタイムでの情報共有と連携を生み出すSNSの可能性をあげたいと思います。今回はツイッターがなければここまで大きな問題にできなかったと感じます。

私が三浦英之さんと知り合ったのもツイッター上です。南スーダンで取材する三浦さんが、日本で日報問題の追及を行う私にエールを送る書き込みをしてくれたのです。そこには、「政府が隠そうとする不都合な事実を市民に伝えるという一点で、われわれはもっと連帯できるのではないか」とも書かれていました。この言葉は嬉しかったし、本当に勇気づけられました。

「戦闘」と記された日報を公表して以降も、政府は「法的な意味での戦闘ではない」などといって法律の解釈論で逃げようとしました。それに対して、私は自衛隊自身が日報などの内部文書に記した戦闘の実態を突き付け、三浦さんは南スーダンの現地から内戦の実態を告発して政府のウソを暴こうとしました。お互い直接連絡を取り合っていたわけではありませんが、ツイッターを通じて互いの活動をリアルタイムで知り、情報を共有し、相乗効果を発揮して政府を追い詰めていったのです。このように、ある意味「ともに闘った」信頼感があったので、三浦さんから一緒に本を作らないかと提案があったとき、お会いしたことは一度もありませんでしたが何の迷いもなく喜んでオッケーしました。

この問題が国会でも大きく取り上げられるようになってからは、自分の持っている情報は可能なかぎりオープンにしてツイッターに上げるようにしました。記者クラブに属していない私は、防衛省の記者会見に出て直接防衛大臣などに質問することはできません。ですから、自分の持っている情報はオープンにして、記者会見に出席するマスコミの記者や国会で政府を追及する野党の国会議員に使ってもらおうと考えたのです。

実際に私のツイッターを読んで電話をかけてきたマスコミの記者がたくさんいましたし、私がツイッターに上げた情報をもとに国会で質問してくれた国会議員もいました。

SNSを使うことで、重要な情報を組織の枠を超えて瞬時に共有することができるようになりました。また、直接目に見える形で連携をしなくても、事実上の「共同戦線」を張ることができるようになったのです。

「組織の枠を超えた連携」という点では、防衛省の内部からもさまざまな情報提供がありました。「安全保障に関する考え方は布施さんと大きく異なるが、国民を裏切るようなことはできない」といって情報提供してくださる防衛省の職員の方もいました。これも、この問題の追及を進める上で大きな力になりました。

三　ジャーナリストの存在意義

隠された真実を明らかにする

最後に、ジャーナリズムの役割について、私が考えていることをお話しします。

まずは、国民の知る権利に奉仕することです。権力の監視を行う「Watch dog」、つまり番犬になることがジャーナリズムの大きな役割です。権力は常に暴走する危険性を持っています。とりわけ長期政権は腐敗や暴走の危険性が高くなるといわれます。そして、権力の暴走のなかでも特に防止すべきなのは「戦争」です。多くの命が失われる戦争を止めることがジャーナリズムの最大の役割だと私は考えています。

「戦争の最初の犠牲者は真実である」という言葉があります。過去のさまざまな戦争を振り返ってみても、人がたくさん死ぬ以前に、まず真実が犠牲になった例がたくさんあります。日本も例外ではありません。第二次世界大戦中、いわゆる「大本営発表報道」により軍が流した虚偽の情報を検証せずにメディアが報道し、国民を戦争に駆り立て煽った時代がありました。具体的には、負けていても勝っていると伝えたり、戦況をよいように改竄したりしていたのです。

最近では、イラク戦争がそうでした。『記者たち——衝撃と畏怖の真実』（二〇一七年）という映画があるので、ぜひ観てください。アメリカがイラク戦争に向かうときのアメリカ国内のメディア状況が描かれています。当時、アメリカのメディアの多くは、「イラクのサダム・フセイン政権は大量破壊兵器を隠し持っており、アルカイダと結びついている。イラクの大量破壊兵器がテロリストの手にわたり、再び9・11同時テロのようにアメリカを攻撃してくるかもしれない。だから先制攻撃をしてでもイラクを武装解除する必要がある」という政府の主張をそのまま報道し、ナショナリズムを煽って戦争へと突き進もうとする政府をあと押ししたのです。

しかし実際には、どんなに探しても大量破壊兵器は見つからず、フセイン政権がアルカイダと結びついていたという証拠も出てきませんでした。すべては戦争を正当化するためにねつ造された情報だったのです。ジャーナリズムは本来、政府が戦争へと向かうときこそ、その主張の真偽を厳しく検証しなければならないはずです。映画では、綿密な取材によって政府が開戦のために情報操作を行っている事実を突き止め、さまざまな圧力に屈しないで開戦に異議を唱える報道を続けたある中堅メディアの孤軍奮闘が描かれています。これこそがジャーナリズムの役割でしょう。

連携のきっかけを作る

三浦さんが『日報隠蔽』のあとがきにも書かれていますが、個と個がいかに連携し合い強大な権力に立ち向かうかが、今後のジャーナリズムの大きな課題です。

特に国が戦争に傾いているときこそ強大な権力に立ち向かうジャーナリストの連帯が必要となるでしょう。もちろんジャーナリストだけではなく、市民や国会議員やあらゆる立場の人々が連携しなければ、いったん動き出した戦争への流れは止まりません。そうした連携を生み出す有力なツールがSNSだといえます。

四　隠された「日報」の現場

私、三浦英之は、今は福島県で東日本大震災の被害を受けた原発やその周辺の自治体、そこで暮らす人々の取材をしています。その前の三年間がアフリカ担当でした。

布施祐仁さんが日報隠蔽事件に取り組んでいた時期にちょうどアフリカにいましたので、日本政府の「現地で戦闘は起きていない」という主張に対し、実際に現地に入りこんで本当に戦闘がなかったのか、などについて具体的に取材しました。ジャーナリズムのオーソドックスな手法です。

私は、東日本大震災のときも同じように、何か大きなことが起こった際には必ず、まず一番に現場に入って何が起きているのかを確認し、それを写真に撮り、自分の目を通して記事を書くことを信条にしています。人の行けないところに行くこと、写真を撮ること、記事にして伝えることが自分の仕事だと思っています。

バリケードの先の「戦闘区域」

布施さんが冒頭でおっしゃったように、南スーダンは世界で一番新しい国です。そこでどんなことが起こっていたかをご説明します。

写真1は難民キャンプのような場所です。写真2は南スーダンの街中です。すごく暑い国で、住民はアフリカのなかでも一番肌の色が黒いといわれ、気温は四五℃ほどにもなります。これらの写真は戦闘発生の情報が入った際に入国したときのものですが、戦闘の有無がわからないほど市民生活は続いていました。一方で、一部の立入禁止地域があり、兵士によって封鎖されていました。

たとえば写真3のホテルの前には何枚もバリケードがあっては入れなくなっています。そこを無理に入れてもらいました。このホテルはエイドワーカーという世界各国からの支援を子供たちに提供したり、貧しい国に物資を送り届けたりするNPO機関が宿泊の拠点にしていました。白人の女性を中心に二〇名ほどが宿泊していましたが、紛争が起きた際に真っ先に襲われたのが彼女たちでした。襲ったのは政府軍です。政府軍はまず地元のジャーナリストの頭を撃ち抜いて公開処刑し、その後、男性と女性を二手に分けて一〇人から一五人ほどの女性を兵士八〇人ほどでレイプしたのです。

政府軍の横暴に動けない国際社会

NGO機関の方々は国連の庇護の下で守られているので、国連にSOSを出しました。スマートフォ

写真１　難民キャンプの様子

写真２　南スーダンの街中

写真3　ホテルの前のバリケード

ンや携帯電話を使って、人が殺されている、目の前で女性がレイプされていると報告したのです。しかし、国連軍は動きませんでした。相手が政府軍だからです。反政府勢力やテロリストであれば、兵力はせいぜい爆弾やロケットランチャーです。しかし、政府軍ならばヘリや戦車も持っています。そこにPKOの部隊が行ったところで装備の上で勝ち目はありません。そうなると、国連軍も部下を送り出すことはできません。

ＷＦＰ（世界食糧計画）の倉庫も襲われました。ＷＦＰは貧しい方たちに食糧を届ける役割を担っています。襲われた敷地は早稲田大学ほどの大きさで、三重のバリケードがなされています。何千トンの食糧を運び出すには大きなトラックやクレーンが必要です。ＷＦＰは誰に襲われたかを明らかにしていませんが、できるのは政府軍しかいないのです。しかし、政府軍に襲われたというと国家との関係が悪くなるので公にできない。私が取材のために現場に入ったところ、まだ「暴徒」が食糧を搬出している最中でした。彼らは政府軍の腕章をつけていて国連の輸送車など盗れるものをすべて盗っています。

これらは当時の日本政府にとって都合の悪い情報でした。伝われば明らかに戦闘が起きているという結論になりますし、悪事をはたらいているのは当時日本が援助をしていた南スーダン政府だからです。私はこれらの情報を新聞紙上で記事にすると同時に、リアルタイムでTwitterでも報告していきました。

追いつめられる「戦闘」による孤児たち

写真4は隣国に逃げてきた子どもたちです。全員戦災孤児です。南スーダンがある地域は子供の数が多く八人や九人の兄弟姉妹が一般的なので、両親が殺されると大人数が一度に孤児になってしまいます。孤児たちは難民となり隣の国に逃げていき、当時七〇〇〇人ほどになっていました。こうした孤児たちの間で蔓延している問題は売春です。兄弟とともにキャンプに逃げていくと、女の子は最初に売春を覚えます。

難民キャンプのなかは安全で守られています。募金を元手にたくさん食糧も運ばれてきます。しかし、その食糧は均等に行きわたらず、キャンプ内のリーダーにストックされてしまい、全員に行きわたるはずの食糧が二日に一度や三日に一度になってしまっています。その食糧を少しでも兄弟に分け

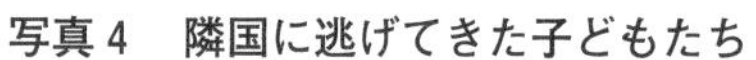
写真4　隣国に逃げてきた子どもたち

写真5　現地での取材道具

るために女の子は売春をするのです。男の子たちは女の子たちを斡旋して食糧を得ようとします。要はみんな食べるために売春をしているのです。

写真5は私の現地での取材道具です。パソコンや防弾ヘルメット、防弾チョッキ、プリンターと衛星通信、マラリアの薬です。昔は「大手マスコミは危ない場所には行かず、フリーランスの記者を雇って送り込み、写真を撮らせている。大手マスコミの記者は安全なところで原稿を書いているだけだ」といわれていました。しかし、私はそんなメディアを見たことがありません。私が知っているかぎりではどのメディアの記者もアフリカの危険地域であろうがアフガニスタンであろうが、最前線に行って写真を撮っています。それが日本のメディアの記者です。

丸裸だった自衛隊駐屯地

防衛省の幹部が見たらひっくり返ってしまうような写真を撮ったこともあります。南スーダンの自衛隊の宿営地の横に写真6のようなビルが建っています。この下に自衛隊が宿営していました。

私は南スーダンでの戦闘の有無が摑めていなかった時期に、政府軍に頼み込んでこのビルに入れてもらいました。すると、ここは建設中に一度反政府軍に乗っ取られて激しい銃撃戦が起こっていたそうで、ロケットランチャーが撃たれ、マシンガンで流し撃ちされた跡がありました。その後、兵士がビルを守っているはずなのですが、兵士はなんと寝ています。怒られて目覚めた兵士は「ここは大砲が当った跡だ」などと、詳細に解説してくれました。上層階に上ると、自衛隊の全景が見えました。

写真６　南スーダンの自衛隊の宿営地の横に建つビル

ここまで説明すればおわかりでしょう。宿営している場所が上から丸見えなのです。
　こんなに戦略上不利な地域に自衛隊がいたという事実は、日本ではまだ誰も知りませんでした。だからこそ、その場で撮影した写真の威力はすさまじいものになりました。この写真は撮影されては大変まずいものです。この撮影場所から狙えば自衛隊をすぐ撃てるということですから。つまり、当時自衛隊は丸裸で、さらにはこの場所は一度反政府勢力に乗っ取られて、政府軍からマシンガンや自動小銃、ロケットランチャーを撃ち込まれているのです。これで自衛隊が戦闘に巻き込まれていないわけがありません。「この場所からどうしたのですか」と案内してくれた兵士に聞いたら、「撃ちはしたが狙っていないだけだ。自衛隊を殺しても意味がないから」とい

写真7　家族の前でレイプされた女の子

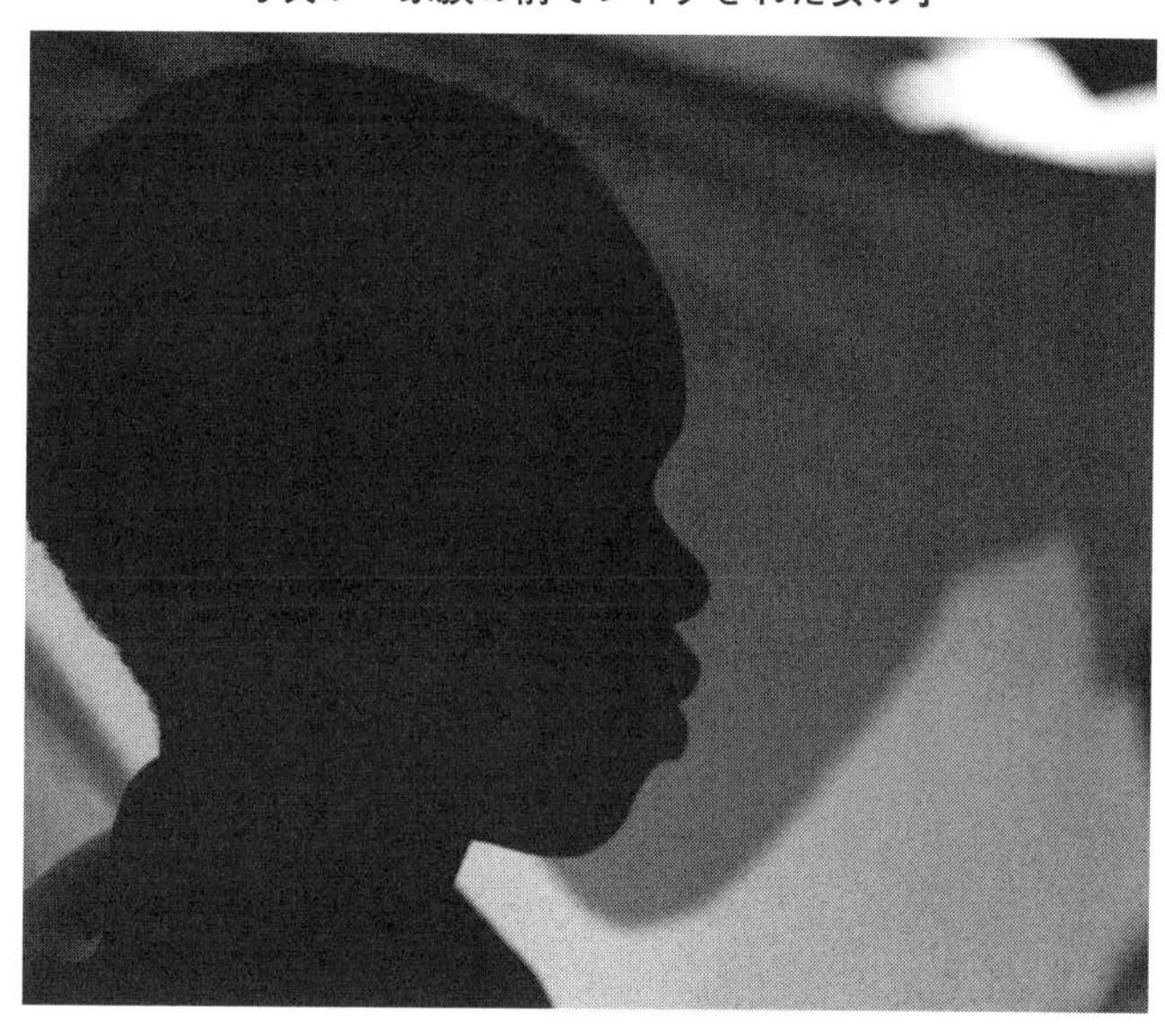

うことでした。これが当時の南スーダンの言い訳といいますか、言いっぷりです。

　これで「戦闘はなかった」と主張することはどう考えてもおかしいことが明白です。その点を布施さんは情報公開請求で明らかにしようとし、私は現地で反政府軍のリーダーであるマシャール副大統領に実情を聞くことで事実をはっきりさせようとしました。彼に「どうしますか、ジュバを奪い返しますか」と聞くと「もちろん奪い返すよ。私は戦力を持っているし」といいます。そこで「日本の自衛隊がいますが大丈夫ですか」と確認すると「Bullets have no eyes（銃弾に目はついていないからそんなことは知らない）」と返ってきました。

五　ジャーナリストの使命は「現場を見る」こと

難民キャンプの話に戻ると、そこにはさまざまな子供たちがいます。前頁の女の子（写真7）は家族の前でレイプされたといっていました。さらに、弟は政府軍から母親をレイプするよう命令され、拒否したところ母親は頭を撃ち抜かれ、弟も腹を撃たれて殺されたそうです。そんなことが南スーダンでは起こっているのです。

この話から何がいいたいかというと、事実は伝わりづらいということです。住民が食事もとれないような戦闘が続いているため、現地からは情報が発信されにくい。だから、誰かが見て来なければなりません。それがジャーナリストの仕事です。

戦争や災害があったとき、政府が発信する情報の多くにはウソが含まれています。それが本当か否かを確かめ伝えるのがジャーナリズムの役割です。最近のメディアは権力に忖度をしているため伝える内容の真偽が疑わしいと思っている方は多いと思います。疑う気持ちはもちろん大事です。しかし、組織のなかにいる記者やフリージャーナリストの多くは、何が事実かを伝えたいと思っていることも知ってほしい。布施さんや私ももちろんそうです。

さらに、何が事実かがうまく伝わらなかったときに、組織を乗り越えて連帯することも必要です。そうしてできたのが布施さんとの共著『日報隠蔽』ですので、ぜひ一度読んでみてください。

❖講義を終えて　強大な権力と対峙するために

布施祐仁

講義を終えた後に送られてきた一四一人の学生の感想文を読み、講義を通して伝えたかったことが伝わったという手ごたえを感じました。

ある学生は、こう記していました。

「知る権利に奉仕する機能は失われてはならない。日報隠蔽事件が国民に示したのは新しい報道形態の可能性である。彼らは政府の綻びを見つけただけでなく、穴を開けてその先の景色を国民に突きつけた。単体としてのメディアの立場が弱くともジャーナリスト間協力であれば、国民の敵意を払拭しうるだろう。日報隠蔽が〝総体としてのメディア〟の先駆けになればと思う」。

全くその通りです。本来、国民の「知る権利」に奉仕すべきメディアが、国民からの信頼を失い、「マスゴミ」などと揶揄され「敵意」すら向けられる状態では、ジャーナリズムは健全に機能しません。

日本のマスコミは、「記者クラブ」という制度を通じて政府にコントロールされ過ぎているように、大手メディアに所属したことがない私の眼には映ります。政府から特別に情報を貰えるという「特権」を餌に、うまく手懐けられてしまっているのではないでしょうか。そして、政府から情報を貰えなくなることを恐れる気持ちから過度な忖度（政府への遠慮）が生まれているように見えます。そこには、政府の情報は主権者である国民のものであるという基本的な視点がすっぽりと抜け落ちてしまっています。

政府は、一部の省庁を除き、記者クラブに所属しない私のようなジャーナリストを記者会見から排除しています。それは、メディアの取材に協力することを、国民の知る権利に応えるという観点ではなく、単なる「便宜供与」と捉えているためです。便宜供与だから、記者会見に参加するジャーナリストを選別しても問題ないというわけです。

しかし、この論理を認めてしまえば、究極的には、記者会見をやらなくても問題ない、取材に一切協力しなくても問題ないということになります。これだけ見ても、日本のジャーナリズムが、非常に脆い基盤の上に立っていることがわかります。本来ならば、国民の知る権利を守るために、マスメディアに所属する記者もそうではない記者も手を携えて、こうした政府の姿勢をただしていかなければなりませんが、実際はそうはなっていません。

強大な権力に立ち向かう場合、一人の個人や一つの組織の力ではかなわないことがあります。そういうときにはジャーナリズムの役割を発揮するために、個人と個人が、また組織と組織が、さまざまな垣根を越えて力を合わせるということが必要になります。しかし、同じ業界の「競争相手」という側面だけ見ると、その垣根を越えるのは容易ではありません。今回の僕と三浦さんの『日報隠蔽』も、それぞれ自分の利益や所属する組織の利益だけを考えていたらこういう連携は成立しなかったと思います。そうした利己心よりも、今ジャーナリズムは何を人々に伝え、何を後世に残すべきなのかという問題意識が根底にあったからこその連携でした。

ささやかな「挑戦」ではありましたが、強大な権力と対峙するためにこうした連携が必要になる場面は今後ますます増えてくると思います。学生の感想文にあるように、今回の僕と三浦さんの仕事がその「先駆け」となれば、これほど嬉しいことはありません。

今回の講義では、「一度はマスコミに絶望したが、ジャーナリズムの未来や可能性はまだまだたくさんあるのだと思った。立場にかかわらず、ジャーナリズムの一線に関わりたい」と感想を記してくれた学生もいました。

ジャーナリズムは、自由や人権、民主主義、平和といった私たちが生きていく社会の基盤を守るために不可欠の機能であり、形態は変わることはあっても、その重要性は今後も変わることはないでしょう。今後も、あとに続く若い人たちに少しでも希望を示せるよう、微力ながら自分にできることを続けていきたいと思います。

❖講義を終えて　もっと読書を

三浦英之

『日報隠蔽』の共著者・布施さんとの講義を終えた後、授業後に提出された感想文やＳＮＳの投稿などによって、受講した多くの学生から生の声を聞くことができました。そのほとんどが「日頃は身近に接することのないジャーナリズムの世界を垣間見られた」と記されていたことに、今回の講義に参加できたことの意義をかみしめています。

そのうちの数人の学生についてはその後、『日報隠蔽』以外の私の書籍を購入してＳＮＳで感想を寄せてくれたり、わざわざ私の講演会などに足を運んでくれたりして今でも交流が続いています。「ジャーナリズムの道に進みたい」と大きな志を打ち明けてくれる学生もおり、心より応援したい気持ちでいっぱいです。

ただ昨今、日頃の取材現場やふらりと立ち寄った大学などで学生や若い世代の方々と話をしていると、いつも感じてしまう懸念があります。それは若い世代の多くが、私たちや私たちの親の世代と比べて、圧倒的に本を読んでいないという事実です。その傾向は早稲田大学のような著名な大学であろうが、そうでなかろうが、それほど違いがないように思います。

現代はインターネットの時代であり、ＳＮＳの時代です。テレビや新聞、書籍は「時代遅れだ」という主張を私は明確には否定しません。でもその一方で、そこにあふれている情報の多くは概して「浅い」。ＳＮＳの海は「広い」けれど「浅い」のです。深い思考や知識を得るためにはどうしても書籍、つまりの読書の習慣が不可欠になってきます。

私は学生時代、一日一冊の本を読むように心がけていました。高校入学から大学院修了までの計一〇年間で約三〇〇〇冊の書籍を読み込んでいます（途中一年間は海外諸国を放浪していましたが、そこでも列車やバスのなかなどで膨大な量の本を読んでいました）。良書だけでなく、悪書を読むことも大切です。悪書を手にすることで、どのような本が良書なのか、その選択眼が自然に身についてくるからです。

学生時代の、まだ人生や精神の随が固まっていない若い時代に、どれだけ多くの本を読めるか。これは自分の人生を変えた（あるいは変える）一冊だと呼べる本を何冊持てるか。

それこそが若者が比較的時間のある学生時代にやっておくことの大切な一つだと私は信じています。人生の岐路にぶち当たったとき、その書籍の蓄積が進むべき道を自然と指し示してくれると思うのです。

人生は長く険しく、多くの先人が例えているように、暴風雨の航海だったり、終わりなき登山だったり、勲章のないマラソンだったりします。そんな航海や登山やマラソンを——何よりたった一回しかない人生を——私たちはどう生きるべきか。そのヒントが書籍には無数に書き記されています。ロマンスでもいい、冒険でもいい、サスペンスでもいい。それらの物語を読み終えたときに、書籍は人に生きることの「豊かさ」を気付かせてくれる。この「ろくでもない世界」を生き抜く知恵と勇気を与えてくれる。そんな幾つもの本に支えられて、私はこれまで生きてきました。

皆さんと再びどこかでお会いできることを、心から楽しみにしております。

場所はどこでしょう？　ジャーナリズムの戦場か、街角のカフェか、あるいは図書館か。

そのときにはぜひ、ＳＮＳの話ではなく、書籍の話をしたいと思っています。

あとがき

世の中には、実に、数多くの優れたジャーナリズムの作品が存在するものだ。大賞作選考のために候補作品を読んだり、視聴したりするたびに、作品が有する迫力に圧倒される。

新聞記事やネット記事、ドキュメンタリー、写真集、ノンフィクション……。石橋湛山記念早稲田ジャーナリズム大賞は、新聞協会賞や民放連賞、ギャラクシー賞、各ノンフィクション賞などとは一線を画し、異なる媒体の各作品をジャーナリズムという一つの物差し（ジャーナリズムとは何かということ自体が毎年、議論の俎上に載せられるのだが）で評価し、選考を進める。ジャンルを横断した総合性を備えた賞である。

応募作品は、問題意識の鋭さや明確さ、調査・取材の多角性や綿密さといった点でいずれも質が高く、毎年の選考では、優劣を付けることの難しさを感じる。とりわけ、二〇一八年度の選考（本書に講義録が収録された年の選考）は「力作ぞろい」との高評価が相次ぎ、最終選考会は長引いた。その結果、授賞作は大賞四件、奨励賞二件の計六件となった。ここ数年は計四件の授賞がつづいており、計六件の授賞は一八回の歴史のなかで初めてのことである。

市民の信頼に応える良質のジャーナリズム活動は、全国各地で着実に取り組まれ、もしかすると増えているのではないか。受賞作を含む一八四件の応募作品群は、そのような期待を抱かせてくれる。

選考委員の吉岡忍さん（作家、日本ペンクラブ会長）は、贈呈式の講評において以下のように指摘している。

いったいジャーナリズムにおける力作とは何でしょうか。
今回の大賞、奨励賞の作品に共通していることは、記者や制作者自身が「知りたい」「理解したい」「わかりたい」と切実に思ったことをテーマにしている、ということです。そのテーマをしっかり保持しながら取材し、考え、また調べて、作品にしています。（中略）あくまで自分の関心に忠実に、脇目も振らず、まっすぐにテーマに突き進んでいく。これが力作を生む最初の条件です。
もうひとつ、ジャーナリズムではしばしば「公正・公平・中立」が大事だ、と言われますが、少し乱暴な言い方をすれば、そんなことを言っているうちは取材や思考が足りない、ということです。記者や制作者がほんとうに知りたいと思ったことを取材し、調べ、そこで手にした事実に基づいて考えに考えていけば、だんだんにわかってくるのは究極の事実、これしかないという真実です。そこまでたどり着いたとき、力作が生まれる。

優れたジャーナリズム作品の特質が、吉岡さんの言葉で端的に語られている。

二〇一九年度の授業に講師としてお越しいただいたのは、二〇一八年度石橋湛山記念早稲田ジャーナリズム大賞受賞者五名（このうち自衛隊日報問題は受賞者二名）▽同奨励賞受賞者二名▽ファイナリスト三名（最終選考会の候補作代表者）▽科学ジャーナリスト大賞受賞者一名▽山本美香記念国際ジャーナリスト賞受賞者一名▽ #MeToo、ファクトチェック、情報公開、日産ゴーン事件に関わるジャーナリスト、専門家たち四名——である。

本書は講義内容を元にしながら、学生の質問への応答も加えて再構成し、新たに「講義を終えて」というコラムも執筆していただいた。お忙しいなか、ご協力いただいた講師の方々に厚くお礼を申し上げたい。

最後に、講座の運営と本書の作成にあたっては多くの方にお世話になった。とりわけ、早稲田ジャーナリズム大賞事務局長の湯原法史氏、早稲田大学広報室の猪俣亮介氏、宮田園子氏、太田あき子氏、そして早稲田大学出版部の木内洋育氏に深く感謝申し上げる。

二〇一九年一一月七日

瀬川至朗

執筆者紹介（掲載順）

遠藤　大志（えんどう　ひろし）

毎日新聞仙台支局記者。2011年北海道大学大学院文学研究科修了、同年岩手日報入社、14年毎日新聞入社、17年より現職。関心テーマは障害者福祉、吃音、東日本大震災。キャンペーン報道「旧優生保護法を問う」で新聞協会賞（企画部門）受賞。共著に『強制不妊――旧優生保護法を問う』（毎日新聞取材班、毎日新聞出版、2019年）。

湯本　和寛（ゆもと　かずひろ）

信越放送記者。2002年筑波大学卒、04年慶應大学大学院修士課程修了。SBCスペシャル「100歳のごはん」（2011年日本民間放送連盟賞優秀）、同「ボルネオ島 死の行軍――戦後70年“忘れられた悲劇”」（2016年同賞優秀）。共訳書にD. マクウェール（大石裕監訳）『マス・コミュニケーション研究』（慶應義塾大学出版会、2010年）

三村　忠史（みむら　ただし）

1996年NHK入局。「NHKスペシャル」を担当。主な番組に「SARSと闘った男」（放送文化基金賞本賞ほか）、「ある文民警察官の死」（ギャラクシー賞大賞、早稲田ジャーナリズム大賞ほか多数）、「戦慄の記録インパール」（芸術祭優秀賞、橋田賞、早稲田ジャーナリズム大賞ほか多数）、2015年に放送文化基金賞個人賞を受賞。

松岡　哲平（まつおか　てっぺい）

NHK報道局ディレクター。2006年京都大学大学院修了。番組にNHKスペシャル「日航ジャンボ機事故　空白の16時間」（2015年）、同「沖縄　空白の１年――“基地の島”はこうして生まれた」（2016年、「地方の時代」映像祭選奨）、同「沖縄と核」（2017年、ギャラクシー賞優秀賞、「地方の時代」映像祭優秀賞）。

伊藤　詩織（いとう　しおり）

ジャーナリスト、ドキュメンタリー監督。New York Festivals 2018でドキュメンタリー『Lonely Death』（CNA）と『Racing in Cocaine Valley』（Al Jazeera）が2部門で銀賞受賞。『Black Box』（文藝春秋）で第７回自由報道協会賞大賞を受賞し、5言語で翻訳される。

長谷川 玲（はせがわ　れい）

1992年早稲田大学政治経済学部卒、同年朝日新聞社入社。山形支局、京葉支局を経て97年から東京社会部に所属し、主に裁判や教育の分野を担当。同部次長、名古屋報道センター長などを務めた後、2017年に東京社会部長となり、森友・加計問題の報道に携わった。18年ゼネラルマネジャー補佐、19年名古屋本社編集局長。

島袋 良太（しまぶくろ　りょうた）

2007年琉球新報入社。社会部、経済部、中部支社報道部、ワシントン特派員、政治部などを経て19年度から社会部記者。現在は米軍基地に起因する環境汚染や騒音問題などを担当。連載「日米廻り舞台検証フテンマ」で2014年平和・協同ジャーナリスト基金賞。

Hans Greimel（ハンス　グライメル）

オートモーティブニュース　アジア地区編集部長。専門はアジアの自動車産業。2019年「China's Turn」特集シリーズでNeal Award（Best Industry Coverage部門）受賞、2018年「豊田章男の教育：トヨタのCEOはマスタードライバー、遅咲きの人」でEddie Awardを受賞、・2018年「業界の再設計」でAzbee Gold Award受賞。

笠井 千晶（かさい　ちあき）

お茶の水女子大学文教育学部卒、1998年より静岡放送、中京テレビの報道部勤務を経て、2015年フリーに。作品に、ドキュメンタリー映画：「Life 生きてゆく」（第５回山本美香記念国際ジャーナリスト賞、2018年）、テレビ番組：NNNドキュメント'18「我、生還す――神となった死刑囚・袴田巖の52年」（ギャラクシー 賞奨励賞）など。

小田 克朗（おだ　かつろう）

読売新聞東京本社社会部記者。立命館大学法学部卒。2005年読売新聞東京本社入社、新潟支局を経て現職。専門分野は司法問題、司法と福祉の連携、医療・福祉。共著に『東電OL事件――DNAが暴いた闇』（読売新聞社会部、中央公論新社、2012年）。

小松 恵永（こまつ　けえ）

長野県生まれ。中央大学法学部卒。1994年信濃毎日新聞社入社。連載「つながりなおす　依存症社会」(科学ジャーナリスト賞2018大賞、ファイザー医学記事賞大賞など受賞）で取材班デスクを担当。連載「笑顔のままで　認知症――長寿社会」（2010年度新聞協会賞、JCJ賞など受賞）で取材班キャップ。

澤 康臣（さわ　やすおみ）

共同通信編集局特別報道室編集委員。深掘りニュース担当。1990年東京大学文学部卒、同年共同通信入社。著書に『グローバル・ジャーナリズム　国際スクープの舞台裏』（岩波書店、2017年)、『英国式事件報道　なぜ実名にこだわるのか』（文藝春秋、2010年)、『世界の裁判員――14か国イラスト法廷ガイド』（共著、日本評論社、2009年)。

楊井 人文（やない　ひとふみ）

慶應義塾大学総合政策学部卒、産経新聞記者を経て、2008年弁護士登録。12年一般社団法人日本報道検証機構を設立。17年ファクトチェック・イニシアティブ（FIJ）を設立し、理事兼事務局長。19年インターネットメディア協会（JIMA）監事。共著に『ファクトチェックとは何か』（岩波書店、尾崎行雄記念財団ブックオブイヤー受賞)。

三木 由希子（みき　ゆきこ）

大学在学中より情報公開法を求める市民運動にかかわり、1999年特定非営利活動法人情報公開クリアリングハウス室長、2011年より理事長。共著に『憲法と情報公開』（白潤社)、『高校生からわかる政治の仕組み　議員の仕事』（トランスビュー)、『社会の見える化をどう実現するか――福島原発事故を教訓に』（専修大学出版）など。

布施 祐仁（ふせ　ゆうじん）

2001年北海道大学経済学部卒、NGOが発行するミニコミ紙の記者・編集者に。著書に『ルポ イチエフ 福島第一原発レベル７の現場』(2012年、岩波書店、平和協同ジャーナリスト基金賞大賞、ＪＣＪ賞受賞)、『日米密約　裁かれない米兵犯罪』（2010年、岩波書店)、『経済的徴兵制』（2015年、集英社）など。

三浦 英之（みうら　ひでゆき）

朝日新聞福島・南相馬支局員。2000年京都大学大学院修了、朝日新聞社入社。著書に『五色の虹　満州建国大学卒業生たちの戦後』（集英社、2015年、第13回開高健ノンフィクション賞）、『牙　アフリカゾウの「密猟組織」を追って』（小学館、2019年、第25回小学館ノンフィクション大賞）。『南三陸日記』（集英社文庫、2019年）など。

「石橋湛山記念 早稲田ジャーナリズム大賞」受賞者

第18回　2018年度

【公共奉仕部門】
受賞者　森友学園・加計学園問題取材班　代表 長谷川 玲（朝日新聞社 ゼネラルマネジャー補佐）
作品名　森友学園や加計学園の問題をめぐる政府の情報開示姿勢を問う一連の報道
発表媒体　朝日新聞・朝日新聞デジタル

【公共奉仕部門】
受賞者　「駐留の実像」取材班　代表 島袋 良太（琉球新報社）
作品名　連載「駐留の実像」を核とする関連ニュース報道
発表媒体　琉球新報

【公共奉仕部門】
受賞者　NHKスペシャル「戦慄の記録　インパール」取材班　代表 三村 忠史（NHK大型企画開発センター　チーフ・プロデューサー）
作品名　NHKスペシャル「戦慄の記録　インパール」
発表媒体　NHK総合テレビ

【草の根民主主義部門】
受賞者　布施 祐仁（ジャーナリスト）、三浦 英之（朝日新聞社 記者）
作品名　『日報隠蔽』南スーダンで自衛隊は何を見たのか
発表媒体　書籍（集英社）
＊奨励賞

【草の根民主主義部門】
受賞者　「旧優生保護法を問う」取材班　代表 遠藤 大志（毎日新聞社 仙台支局）
作品名　キャンペーン報道「旧優生保護法を問う」
発表媒体　毎日新聞

【文化貢献部門】
受賞者　「消えた 村のしんぶん」取材班　代表 湯本 和寛（信越放送情報センター報道部記者）
作品名　SBCスペシャル「消えた 村のしんぶん～滋野村青年団と特高警察～」
発表媒体　信越放送（SBCテレビ）

【ファイナリスト】
候補者　堀井 友二、村田 亮（北海道新聞編集局報道センター）
作品名　「こころ揺らす」
発表媒体　北海道新聞

候補者　「孤絶　家族内事件」取材班　小田 克朗（読売新聞東京本社編集局社会部）
作品名　連載「孤絶　家族内事件」と一連の調査報道
発表媒体　読売新聞

候補者　ＮＨＫスペシャル「731部隊の真実」取材班　代表 西脇 順一郎（ＮＨＫ報道局社会番組部チーフ・プロデューサー）
作品名　ＮＨＫスペシャル「「731部隊の真実」～エリート医学者と人体実験～」
発表媒体　ＮＨＫ総合テレビ

候補者　ＮＨＫスペシャル「沖縄と核」取材班　代表 松木 秀文（NHK沖縄放送局放送部制作副部長）
作品名　ＮＨＫスペシャル「スクープドキュメント　沖縄と核」
発表媒体　ＮＨＫ総合テレビ

候補者　「パラダイス文書」報道日本取材班　朝日新聞代表　奥山 俊宏（朝日新聞編集委員）、共同通信代表　澤　康臣（共同通信特別報道室編集委員）、NHK代表　加戸 正和（NHK大阪放送局報道部副部長）
作品名　パナマ文書、パラダイス文書に関する、国や会社の壁を越えた共同取材による調査報道
発表媒体　朝日新聞社、共同通信社、日本放送協会

第１回　2001年度

【公共奉仕部門】

受賞者　三木 康弘（故人）と神戸新聞論説委員室
作品名　阪神・淡路大震災からの復興に向けての論説、評論活動
発表媒体　神戸新聞

【草の根民主主義部門】

受賞者　曽根 英二
作品名　「島の墓標」
発表媒体　山陽放送

【文化貢献部門】

受賞者　毎日新聞旧石器遺跡取材班　代表 真田 和義（渡辺 雅春、山田 寿彦、高橋 宗男、早川 健人、山本 健、本間 浩昭、西村 剛、ほか取材班）
作品名　旧石器発掘ねつ造問題の一連の企画ならびに『発掘捏造』の出版
発表媒体　毎日新聞

第２回　2002年度

【公共奉仕部門】

受賞者　田城 明
作品名　「21世紀　核時代　負の遺産」
発表媒体　中国新聞

【公共奉仕部門】

受賞者　広河 隆一
作品名　『パレスチナ　新版』並びに雑誌などへの発表
発表媒体　書籍（岩波新書など）

第３回　2003年度

【公共奉仕部門】

受賞者　　鈴木 哲法
作品名　　「鉄路　信楽列車事故」の長期連載を中心とした鉄道の安全を考える一連の報道
発表媒体　京都新聞

【公共奉仕部門】

受賞者　　Ｃ型肝炎取材班　代表 熱田 充克
作品名　　一連の「Ｃ型肝炎シリーズ」及びその特別番組
発表媒体　フジテレビ「ニュースJAPAN」及び特別番組

【文化貢献部門】

受賞者　　佐藤 健（故人）、生きる者の記録取材班　代表 萩尾 信也
作品名　　「生きる者の記録」
発表媒体　毎日新聞

＊奨励賞

【草の根民主主義部門】

受賞者　　「ずく出して、自治」取材班　代表 畑谷 広治
作品名　　「ずく出して、自治～参加そして主役へ～」
発表媒体　信濃毎日新聞

【文化貢献部門】

受賞者　　塚田 正彦
作品名　　「さんばと12人の仲間～親沢の人形三番叟の一年～」
発表媒体　長野放送

第４回　2004年度

【公共奉仕部門】

受賞者　　琉球新報社地位協定取材班　代表 前泊 博盛
作品名　　日米地位協定改定キャンペーン「検証　地位協定～不平等の源流～」
発表媒体　琉球新報

【公共奉仕部門】

受賞者　　NHK「東京女子医科大学病院」取材班　代表 影山 博文
（山元 修治、北川 恵、落合 淳、竹田 頼正、山内 昌彦、角 文夫）
作品名　　NHKスペシャル「東京女子医科大学病院～医療の現場で何が起きているか～」
発表媒体　NHK総合テレビ

【草の根民主主義部門】

受賞者　　「わしも‘死の海’におった～証言・被災漁船50年目の真実～」取材班　代表 大西 康司
作品名　　「わしも‘死の海’におった～証言・被災漁船50年目の真実～」の報道
発表媒体　南海放送

＊奨励賞

【公共奉仕部門】
受賞者　　鹿沼市職員殺害事件取材班　代表 渡辺 直明
作品名　　「断たれた正義」－なぜ職員が殺された・鹿沼事件を追う－
発表媒体　下野新聞
【文化貢献部門】
受賞者　　赤井 朱美（プロデューサー兼ディレクター）
作品名　　石川テレビ放送ドキュメンタリー「奥能登　女たちの海」
発表媒体　石川テレビ放送

第５回　2005年度
【公共奉仕部門】
受賞者　　「少年事件・更生と償い」取材班　代表 田代 俊一郎
作品名　　「少年事件・更生と償い」シリーズ
発表媒体　西日本新聞
【公共奉仕部門】
受賞者　　「沖縄戦新聞」取材班　代表 宮城 修（国吉 美千代、志良堂 仁、小那覇 安剛、宮里 努、高江洲 洋子）
作品名　　沖縄戦新聞
発表媒体　琉球新報
【文化貢献部門】
受賞者　　「沈黙の森」取材班　代表 棚田 淳一（朝日 裕之、片桐 秀夫、村上 文美、谷井 康彦、浜浦 徹）
作品名　　キャンペーン企画「沈黙の森」
発表媒体　北日本新聞
＊奨励賞
【草の根民主主義部門】
受賞者　　永尾 俊彦
作品名　　『ルポ諫早の叫び～よみがえれ干潟ともやいの心～』
発表媒体　書籍（岩波書店）

第６回　2006年度
【公共奉仕部門】
受賞者　　「検証　水俣病50年」取材班　代表 田代 俊一郎
作品名　　「検証　水俣病50年」シリーズ
発表媒体　西日本新聞
【公共奉仕部門】
受賞者　　古居 みずえ
作品名　　ドキュメンタリー映画「ガーダ～パレスチナの詩～」
発表媒体　映画
【草の根民主主義部門】
受賞者　　「地方発憲法を考える」取材班　代表 山口 和也
作品名　　連載「地方発憲法を考える」

発表媒体　熊本日日新聞

第7回　2007年度

【公共奉仕部門】

受賞者　　朝日新聞編集局特別報道チーム　代表 市川 誠一
作品名　　「偽装請負」追及キャンペーン
発表媒体　朝日新聞および書籍（朝日新書）

【草の根民主主義部門】

受賞者　　朝日新聞鹿児島総局　代表 梶山 天
作品名　　鹿児島県警による03年県議選公職選挙法違反「でっちあげ事件」をめぐるスクープと一連のキャンペーン
発表媒体　朝日新聞

【文化貢献部門】

受賞者　　RKB毎日放送報道部　代表 竹下 通人
作品名　　「ふるさとの海～水崎秀子にとっての祖国にっぽん～」
発表媒体　RKB毎日放送

＊奨励賞

【公共奉仕部門】

受賞者　　「同和行政問題」取材班　代表 東田 尚巳
作品名　　検証「同和行政」報道
発表媒体　毎日放送

【草の根民主主義部門】

受賞者　　「お産SOS」取材班　代表 練生川 雅志
作品名　　連載「お産SOS ～東北の現場から～」
発表媒体　河北新報

第8回　2008年度

【公共奉仕部門】

受賞者　　「新聞と戦争」取材班　キャップ 藤森 研
作品名　　連載「新聞と戦争」
発表媒体　朝日新聞

【草の根民主主義部門】

受賞者　　「やねだん」取材班　代表 山縣 由美子
作品名　　「やねだん～人口300人、ボーナスが出る集落～」
発表媒体　南日本放送

【文化貢献部門】

受賞者　　「探検ロマン世界遺産」取材班　代表 寺井 友秀
作品名　　探検ロマン世界遺産スペシャル「記憶の遺産～アウシュビッツ・ヒロシマからのメッセージ～」
発表媒体　NHK総合テレビ

第９回　2009年度

【公共奉仕部門】

受賞者　　土井 敏邦（ジャーナリスト）
作品名　　ドキュメンタリー映画「沈黙を破る」
発表媒体　映画

【公共奉仕部門】

受賞者　　斉藤 光政（東奥日報社社会部付編集委員）
作品名　　①「在日米軍基地の意味を問う」一連の記事
　　　　　②『在日米軍最前線〜軍事列島日本〜』
発表媒体　①東奥日報
　　　　　②書籍（新人物往来社）

【文化貢献部門】

受賞者　　大西 成明（写真家）
作品名　　写真集『ロマンティック・リハビリテーション』
発表媒体　書籍（ランダムハウス講談社）

第10回　2010年度

【公共奉仕部門】

受賞者　　NHKスペシャル「日本海軍400時間の証言」取材班　藤木 達弘（日本放送協会大型企画開発センターチーフ・プロデューサー）
作品名　　NHKスペシャル「日本海軍400時間の証言」全３回
発表媒体　NHK総合テレビ

【草の根民主主義部門】

受賞者　　生活報道部「境界を生きる」取材班　丹野 恒一
作品名　　「境界を生きる」〜性別をめぐり苦しむ子どもたちを考えるキャンペーン〜
発表媒体　毎日新聞

【文化貢献部門】

受賞者　　国分 拓（日本放送協会 報道局 社会番組部 ディレクター）
作品名　　『ヤノマミ』
発表媒体　書籍（日本放送出版協会）

＊奨励賞

【公共奉仕部門】

受賞者　　笠井 千晶（中京テレビ放送 報道部 ディレクター）
作品名　　NNNドキュメント2009「法服の枷〜沈黙を破った裁判官たち〜」
発表媒体　NNN（Nippon News Network）

第11回　2011年度

【公共奉仕部門】

受賞者　　ETV特集「ネットワークで作る放射能汚染地図　福島原発事故から２か月」取材班　　代表 増田 秀樹（日本放送協会制作局文化･福祉番組部チーフ・プロデューサー）
作品名　　ETV特集「ネットワークで作る放射能汚染地図　福島原発事故から２か

月」
発表媒体　NHK　Eテレ
【公共奉仕部門】
受賞者　　大阪本社社会部・東京本社社会部「改ざん事件」取材班　代表 板橋 洋佳
作品名　　「大阪地検特捜部の主任検事による押収資料改ざん事件」の特報および関連報道
発表媒体　朝日新聞
【草の根民主主義部門】
受賞者　　三上 智恵（琉球朝日放送　報道制作局　報道制作部　ディレクター）
作品名　　報道特別番組「英霊か犬死か－沖縄靖国裁判の行方－」
発表媒体　琉球朝日放送
＊奨励賞
【文化貢献部門】
受賞者　　鎌仲 ひとみ（映画監督）
作品名　　ドキュメンタリー映画「ミツバチの羽音と地球の回転」
発表媒体　渋谷ユーロスペース他劇場と全国約400ヶ所の自主上映

第12回　2012年度

【公共奉仕部門】
受賞者　　「プロメテウスの罠」取材チーム　代表 宮﨑 知己（朝日新聞東京本社報道局特別報道部次長）
作品名　　連載「プロメテウスの罠」
発表媒体　朝日新聞
【草の根民主主義部門】
受賞者　　渡辺 一史
作品名　　『北の無人駅から』
発表媒体　書籍（北海道新聞社）
【文化貢献部門】
受賞者　　NHKプラネット九州　制作部　エグゼクティブ・ディレクター　吉崎 健
作品名　　ETV特集「花を奉る　石牟礼道子の世界」
発表媒体　NHK　Eテレ
＊奨励賞
【草の根民主主義部門】
受賞者　　三陸河北新報社　石巻かほく編集局　代表 桂 直之
作品名　　連載企画「私の3.11」
発表媒体　石巻かほく
【文化貢献部門】
受賞者　　「阿蘇草原再生」取材班　代表 花立 剛（熊本日日新聞社編集局地方部次長）
作品名　　連載企画「草原が危ない」と阿蘇草原再生キャンペーン
発表媒体　熊本日日新聞

第13回　2013年度

【草の根民主主義部門】

受賞者　「波よ鎮まれ」取材班　代表 渡辺 豪（沖縄タイムス社特別報道チーム兼論説委員）

作品名　連載「波よ鎮まれ～尖閣への視座～」

発表媒体　沖縄タイムス

【文化貢献部門】

受賞者　ETV特集「永山則夫100時間の告白」取材班　代表 増田 秀樹（日本放送協会大型企画開発センター　チーフ・プロデューサー）

作品名　ETV特集「永山則夫100時間の告白～封印された精神鑑定の真実～」

発表媒体　NHK　Eテレ

＊奨励賞

【公共奉仕部門】

受賞者　木村 英昭（朝日新聞東京本社報道局経済部）
　　　　宮﨑 知己（朝日新聞社デジタル本部デジタル委員）

作品名　連載「東京電力テレビ会議記録の公開キャンペーン報道」

発表媒体　朝日新聞

【公共奉仕部門】

受賞者　林 新（「原子力“バックエンド”最前線」取材チーム　日本放送協会　大型企画開発センター　プロデューサー）
　　　　酒井 裕（エス・ヴィジョン代表）

作品名　BSドキュメンタリーWAVE「原子力“バックエンド”最前線～イギリスから福島へ～」

発表媒体　NHK　BS1

第14回　2014年度

【公共奉仕部門】

受賞者　NNNドキュメント取材班　代表 大島 千佳（NNNドキュメント取材班ディレクター）

作品名　NNNドキュメント'14「自衛隊の闇～不正を暴いた現役自衛官～」

発表媒体　日本テレビ

【草の根民主主義部門】

受賞者　下野新聞社編集局子どもの希望取材班　代表 山﨑 一洋（下野新聞社編集局社会部長代理）

作品名　連載「希望って何ですか～貧困の中の子ども～」

発表媒体　下野新聞

【文化貢献部門】

受賞者　与那 原恵

作品名　『首里城への坂道～鎌倉芳太郎と近代沖縄の群像～』

発表媒体　書籍（筑摩書房）

＊奨励賞

【草の根民主主義部門】
受賞者　伊藤 めぐみ（有限会社ホームルームドキュメンタリー・ディレクター）
作品名　ドキュメンタリー映画「ファルージャ～イラク戦争　日本人人質事件…そして～」
発表媒体　映画

第15回　2015年度

【公共奉仕部門】
受賞者　新垣 毅（琉球新報社編集局文化部記者兼編集委員）
作品名　沖縄の自己決定権を問う一連のキャンペーン報道～連載「道標求めて」を中心に～
発表媒体　琉球新報
【草の根民主主義部門】
受賞者　堀川 惠子
作品名　『原爆供養塔～忘れられた遺骨の70年～』
発表媒体　書籍（文藝春秋）
【文化貢献部門】
受賞者　朴 裕河
作品名　『帝国の慰安婦～植民地支配と記憶の闘い～』
発表媒体　書籍（朝日新聞出版）
＊奨励賞
【公共奉仕部門】
受賞者　NHKスペシャル「水爆実験60年目の真実」取材班　代表 高倉 基也（NHK広島放送局チーフ・プロデューサー）
作品名　NHKスペシャル「水爆実験60年目の真実～ヒロシマが迫る“埋もれた被ばく”～」
発表媒体　NHK総合テレビ

第16回　2016年度

【公共奉仕部門】
受賞者　日本テレビ報道局取材班　代表 清水 潔（日本テレビ報道局特別報道班）
作品名　NNNドキュメント'15「南京事件兵士たちの遺言」
発表媒体　日本テレビ
【草の根民主主義部門】
受賞者　「語り継ぐハンセン病～瀬戸内３園から～」
取材班　阿部 光希、平田 桂三（ともに山陽新聞社編集局報道部）
作品名　「語り継ぐハンセン病～瀬戸内３園から～」
発表媒体　山陽新聞
＊奨励賞
【公共奉仕部門】
受賞者　新潟日報社原発問題取材班　代表 仲屋 淳（新潟日報社編集局報道部次長）
作品名　長期連載「原発は必要か」を核とする関連ニュース報道

発表媒体　新潟日報

【草の根民主主義部門】

受賞者　　菅野 完

受賞作品　『日本会議の研究』

発表媒体　書籍（扶桑社）

第17回　2017年度

【公共奉仕部門】

受賞者　　NHKスペシャル「ある文民警察官の死」取材班　代表 三村 忠史（日本放送協会大型企画開発センター チーフ・プロデューサー）

作品名　　NHKスペシャル「ある文民警察官の死～カンボジアPKO23年目の告白～」

発表媒体　NHK総合テレビ

【草の根民主主義部門】

受賞者　　「新移民時代」取材班　代表 坂本 信博（西日本新聞社編集局社会部デスク・遊軍キャップ）

作品名　　「新移民時代」

発表媒体　西日本新聞

【文化貢献部門】

受賞者　　林 典子

作品名　　『ヤズディの祈り』

発表媒体　書籍（赤々舎）

＊奨励賞

【公共奉仕部門】

受賞者　　「枯れ葉剤を浴びた島2」取材班　代表 島袋 夏子（琉球朝日放送記者）

作品名　　「枯れ葉剤を浴びた島2～ドラム缶が語る終わらない戦争～」

発表媒体　琉球朝日放送

本賞選考委員（第19回） （50音順）

秋山耿太郎（朝日新聞社元社長）、瀬川至朗（早稲田大学政治経済学術院教授：ジャーナリズム研究）、高橋恭子（早稲田大学政治経済学術院教授：映像ジャーナリズム論）、武田　徹（ジャーナリスト、専修大学文学部教授）、土屋礼子（早稲田大学政治経済学術院教授：メディア史、歴史社会学）、中谷礼仁（早稲田大学理工学術院教授：建築史、歴史工学研究）、中林美恵子（早稲田大学社会科学総合学術院教授：政治学、国際公共政策）、アンドリュー・ホルバート（城西国際大学招聘教授、元日本外国特派員協会会長）、山根基世（アナウンサー）、吉岡　忍（作家、日本ペンクラブ会長）

過去に選考委員を務められた方々 （50音順、職名は委員在任時）

新井　信（編集者、元文藝春秋取締役副社長、第１回～第15回）、内橋克人（評論家、第１回～第８回）、江川紹子（ジャーナリスト、第１回～第３回）、岡村黎明（メディア・アナリスト、第１回～第10回）、奥島孝康（早稲田大学総長、早稲田大学法学学術院教授、第１回～第３回）、鎌田　慧（ルポライター、第１回～第15回）、河合隼雄（心理学者、文化庁長官、第１回）、黒岩祐治（元フジテレビジョンキャスター、第11回）、小池唯夫（元パシフィック野球連盟会長、元毎日新聞社社長、元日本新聞協会会長、第１回～第10回）、後藤謙次（ジャーナリスト、元共同通信編集局長、第12回～第17回）、小山慶太（早稲田大学社会科学総合学術院教授、第１回～第10回）、佐藤滋（早稲田大学理工学術院教授、第15回～第16回）、佐野眞一（ノンフィクション作家、ジャーナリスト、第１回～第12回）、清水功雄（早稲田大学理工学学術院教授）、下重暁子（作家、第５回～第13回）、竹内　謙（日本インターネット新聞社代表取締役社長、第１回～第13回）、谷藤悦史（早稲田大学政治経済学術院教授、第１回～第14回）、田沼武能（写真家、日本写真家協会会長、第１回～第10回）、坪内祐三（評論家、第13回～第17回）、永井多恵子（世田谷文化生活情報センター館長、元NHK解説主幹、第１回～第４回）、箱島信一（朝日新聞社顧問、元日本新聞協会会長、第11回～第13回）、長谷川眞理子（早稲田大学政治経済学部教授、第１回～第５回）、花田達朗（早稲田大学教育・総合科学学術院教授、第６回～第13回）、林　利隆（早稲田大学教育・総合科学学術院教授、第１回～第５回）、原　剛（毎日新聞客員編集委員、早稲田環境塾塾長、早稲田大学名誉教授、第１回～第15回）、原　寿雄（ジャーナリスト、元共同通信社長、第１回～第３回）、土方正夫（早稲田大学社会科学総合学術院教授、第14回～第16回）、広河隆一（フォトジャーナリスト、「DAYS JAPAN」発行人、第11回～第18回）、ゲプハルト・ヒールシャー（ジャーナリスト、元在日外国報道協会会長、元日本外国特派員協会会長、第１回～第９回）、深川由起子（早稲田大学政治経済学術院教授、第８回～第13回）、松永美穂（早稲田大学文学学術院教授、第14回～第16回）、八巻和彦（早稲田大学商学学術院教授、第４回～第17回）、山崎正和（劇作家、東亜大学学長、第１回～第４回）、吉永春子（ドキュメンタリープロデューサー、現代センター代表、元TBS報道総局専門職局長、第１回～第８回）

「石橋湛山記念　早稲田ジャーナリズム大賞記念講座」シリーズ

報道が社会を変える
コーディネーター　原　剛　早稲田大学出版部　2005年　本体価格1800円

ジャーナリズムの方法
コーディネーター　原　剛　早稲田大学出版部　2006年　本体価格1800円

ジャーナリストの仕事
コーディネーター　原　剛　早稲田大学出版部　2007年　本体価格1800円

「個」としてのジャーナリスト
コーディネーター　花田達朗　早稲田大学出版部　2008年　本体価格1800円

「可視化」のジャーナリスト
コーディネーター　花田達朗　早稲田大学出版部　2009年　本体価格1800円

「境界」に立つジャーナリスト
コーディネーター　花田達朗　早稲田大学出版部　2010年　本体価格1800円

「対話」のジャーナリスト
コーディネーター　花田達朗　早稲田大学出版部　2011年　本体価格1800円

「危機」と向き合うジャーナリズム
コーディネーター　谷藤悦史　早稲田大学出版部　2013年　本体価格1800円

ジャーナリズムの「可能性」
コーディネーター　谷藤悦史　早稲田大学出版部　2014年　本体価格1800円

ジャーナリズムの「新地平」
コーディネーター　谷藤悦史　早稲田大学出版部　2015年　本体価格1800円

「今を伝える」ということ
編著者　八巻和彦　成文堂　2015年　本体価格1500円

日本のジャーナリズムはどう生きているか
編著者　八巻和彦　成文堂　2016年　本体価格1500円

「ポスト真実」にどう向き合うか
編著者　八巻和彦　成文堂　2017年　本体価格2000円

ジャーナリズムは歴史の第一稿である。
編著者　瀬川至朗　成文堂　2018年　本体価格1800円

編著者紹介

瀬川 至朗（せがわ しろう）

岡山市生まれ。東京大学教養学部教養学科（科学史・科学哲学）卒。毎日新聞社でワシントン特派員、科学環境部長、編集局次長、論説委員などを歴任。現在、早稲田大学政治経済学術院教授。「石橋湛山記念 早稲田ジャーナリズム大賞」選考委員、同記念講座コーディネーター、早稲田大学ジャーナリズム大学院（大学院政治学研究科ジャーナリズムコース）プログラム・マネージャー。ファクトチェック・イニシアティブ（FIJ）、報道実務家フォーラム各理事長。専門はジャーナリズム研究、科学技術社会論。著書に『科学報道の真相――ジャーナリズムとマスメディア共同体』（ちくま新書、2017年〔科学ジャーナリスト賞2017を受賞〕）などがある。

ニュースは「真実」なのか
「石橋湛山記念 早稲田ジャーナリズム大賞」記念講座2019

2019年12月5日　初版第１刷発行

編著者　瀬川至朗
デザイン　佐藤篤司
発行者　須賀晃一

発行所　株式会社早稲田大学出版部
〒169-0051 東京都新宿区西早稲田1-9-12
TEL03-3203-1551
http://www.waseda-up.co.jp

印刷・製本　シナノ印刷株式会社

ISBN978-4-657-19025-3

石橋湛山記念
早稲田ジャーナリズム大賞

建学以来、早稲田大学は「学問の独立」という建学の理念のもと、時代に迎合せず、野にあっても進取の精神で理想を追求する多数の優れた人材を、言論、ジャーナリズムの世界に送り出してきました。

先人たちの伝統を受け継ぎ、この時代の大きな転換期に、自由な言論の環境を作り出すこと、言論の場で高い理想を掲げて公正な論戦を展開する人材を輩出することは、時代を超えた本学の使命であり、責務でもあります。

このような趣旨にのっとり「石橋湛山記念 早稲田ジャーナリズム大賞」を創設しました。

本賞は広く社会文化と公共の利益に貢献したジャーナリスト個人の活動を発掘し、顕彰することにより、社会的使命・責任を自覚した言論人の育成と、自由かつ開かれた言論環境の形成への寄与を目的としています。

賞の名称には、ジャーナリスト、エコノミスト、政治家、また本学出身の初の首相として活躍した石橋湛山の名を冠しました。時代の流れにおもねることなく、自由主義に基づく高い理想を掲げて独立不羈の精神で優れた言論活動を展開した湛山は、まさに本学の建学の理念を体現した言論人であるといえます。

（本賞制定の趣旨より）